발간에 부쳐

앞으로의 세대 모두가
다양한 지역과 교류하기 위해서는
'디자인적 관점'이 매우 중요하다고 생각합니다.
그것은 오랫동안 지속될 것입니다.
디자인적 관점이란
본질을 가진 물건을 꿰뚫어 보고
그것을 모두가 쉽게 이해하고 즐길 수 있도록 돕는
창의적인 연구를 말합니다.
인구 밀도가 높은 대도시에서 시작하는 유행과는 달리
다소 지역색이 강하더라도 그 안에 숨은 '개성' —
그것을 단서로
실제로 그 지역을 찾아가는 데 도움이 될 만한
'디자인적 관점'을 가진 관광 가이드가 지금,
필요하다고 생각합니다.
그러한 마음으로 우선 일본 47개 도도부현을 시작으로
세계 각 지역까지 한 권 한 권 동등하게
같은 항목으로 취재하고 편집하여
같은 정도의 페이지 수로 발행해갈 것입니다.

d design travel
발행인 나가오카 겐메이 ナガオカケンメイ

A Few Thoughts Regarding the Publication of This Series

I believe that a "design perspective" will become extremely important for future generations, and indeed people of all generations, to interact with all areas of the world. By "design perspective," I mean an imagination, which discerns what has substance and will endure, and allows users to easily understand and enjoy innovations. I feel that now, more than ever, a new kind of guidebook with a "design perspective" is needed. Therefore, we will first cover the 47 prefectures in Japan, and then each region of the world. The guidebooks will be composed, researched, and edited identically and be similar in volume.

Our editorial concept:

- Any business or product we recommend will first have been purchased or used at the researchers' own expense. That is to say, the writers have all actually spent the night in at the inns, eaten at the restaurants, and purchased the products they recommend.
- We will not recommend something unless it moves us. The recommendations will be written sincerely and in our own words.
- If something or some service is wonderful, but not without

편집 일러두기

- 반드시 자비로 이용한다.
  실제로 숙박하고, 식사하고, 물건을 구매하여 확인한다.
- 진심으로 감동하지 않은 것은 소개하지 않는다.
  솔직하게 느낀 점을 자신의 언어로 표현한다.
- 다소 문제점이 있더라도 훌륭하다고 생각한다면
  그 문제를 숨기지 않고 추천한다.
- 취재 당사자의 원고 확인은 사실 확인에 그친다.
- 롱 라이프 디자인적 관점으로 오래 지속될 수 있는
  것만을 소개한다.
- 사진 촬영은 특수 렌즈를 사용하여 과장하거나 꾸미지
  않는다. 있는 그대로의 모습을 촬영한다.
- 소개한 장소와 사람과는 책 발행 이후에도 계속해서
  교류를 이어나간다.

취재 대상 선정에 대하여

- 지역다운 것이어야 한다.
- 지역의 소중한 가치와 메시지를 전하고 있어야 한다.
- 지역 사람이 하는 일이어야 한다.
- 가격이 합리적이어야 한다.
- 디자인에 대한 연구가 있어야 한다.

SIGHTS
지역을 알다
To know the region

CAFES
지역에서 차를 마시고,
술을 마시다
To have tea
To have a drink

RESTAURANTS
지역에서 식사하다
To eat

HOTELS
지역에서 숙박하다
To stay

SHOPS
지역 상품을 구매하다
To buy regional goods

PEOPLE
지역 핵심 인재를 만나다
To meet key persons

problems, we will point out the problems while recommending it.
- The businesses we recommend will not have editorial influence. Their only role in the publications will be fact checking.
- We will only pick up things deemed enduring from the "long life design" perspective.
- We will not enhance photographs by using special lenses. We will capture things as they are.
- We will maintain a relationship with the places and people we pick up after the publication of the guidebook in which they are featured.

Our selection criteria:
- The business or product is uniquely local.
- The business or product communicates an important local message.
- The business or product is operated or produced by local people.
- The product or services are reasonably priced.
- The business or product is innovatively designed.

Kenmei Nagaoka
Founder, d design travel

003

Normal for KYOTO
교토의 일상

d design travel 편집부가 발견한
교토의 평범한 일상

그림·쓰지이 기후미 辻井 希文

교토의 동네와 사람을 지키는 빨간 양동이   교토는 국가 지정 중요 문화재 건축물 수가 일본 전역에서 1위를 차지하는 곳이다. 지역 자체가 보물인 교토에서 무엇보다 주의하고 조심해야 할 것이 있다면 화재가 아닐까 싶다. 교토 골목을 걷다 보면 '문화재를 화재로부터 지킵시다'라는 포스터를 종종 발견할 수 있는데, 그것보다 먼저 눈에 띄는 것이 건물 입구마다 놓인 빨간 양동이다. 빨강색 바탕에 흰색 글씨로 '방화용' '소화용' 등이 적혀 있는데 그 안에는 항상 물이 가득 담겨 있다. 갑자기 화재 기운이 감지되면 곧바로 물을 끼얹어 불씨를 끄는 것이다. 어느 지역에서는 동네 자치구 비용으로 집마다 두 통씩 양동이를 지급받고 수도요금도 무료라고 한다. 또 며칠이 지나도 물을 새로 갈지 않으면 "옆집 아저씨, 어디 아프신 거 아닌가?"라며 이웃의 안부를 확인한다고 한다.

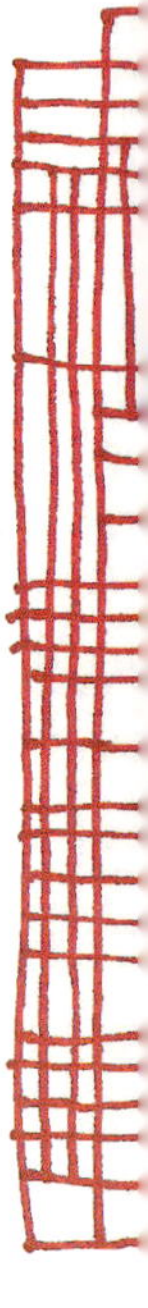

길 이름을 노래로 기억한다   교토의 중심 거리는 길이라는 뜻의 '도리通り'를 붙여 동서로는 '마루타마치도리丸太町通り'부터 '주조도리+条通り'까지, 남북으로는 '데라마치도리寺町通り'부터 '센본도리千本通り'까지 합쳐서 50곳 이상의 길이 있다. 북쪽으로 가는 것을 '아가루上ル', 남쪽으로 가는 것을 '사가루下ル', 동쪽으로 가는 것은 '히가시이루東入ル', 서쪽으로 가는 것은 '니시이루西入ル'라고 한다. 택시를 이용할 때 정확한 주소로 행선지를 말하기보다 '붓코지도리에서 니시노토인도리 쪽으로 조금 내려간 곳'이라는 식으로 전달하면 단연코 소통이 수월하다. 길 이름을 외우기 쉽게 만든 노래도 있는데 남북이 '데라고코寺御幸', 동서가 '마루타케에비스丸竹夷'라고 하면, '마루타케에비스니오시오이케, 아네산롯카쿠타코니시키, 시아야부쓰다카마쓰만고조, 세쓰타차라차라우오노타나, 로쿠조산

Ordinary objects founds in Kyoto by the d design travel editorial department

Illustration: Kifumi Tsujii

Shopping in the city   In temples and shrines all over Kyoto, they sponsor so many different kinds of market every week: "handcraft market", "used books market", "junk market" and others. It's not just popular among the locals but also tourists come, packing up the market. Even if there's nothing I am looking for, I can't help but to browse around to find something unexpected.

Ultra specialized shops   In Kyoto, you can still find very specialized independent shops all over the city. It is as if the entire city is like one big department shop. This is the city that takes pride in craftsmanship, and these shops have been supporting artisans. Most of these shops opened their doors more than hundred years ago. When I make a comment about how long they have been around, most of them reply humbly, "We're still

테쓰도리를 지나 시치조로 넘어가면 하치쿠조, 주조토오지까지 다다른다'라고 노래로 불러 기억한다. 현재는 명칭이 달라진 길도 있지만, 모든 길 이름의 첫 글자가 절묘한 리듬의 가사로 맞춰져 이 노래를 따라 부를 수 있다면 교토를 더는 헤매지 않아도 된다.

장인들의 전문점 거리 교토의 골목골목에는 소규모 개인이 경영하는 작은 전문점이 시내 중심부에도 많이 남아있다. 머리를 자르려면 이발소, 커피를 마시려면 찻집, 두부가 먹고 싶으면 두부 가게, 염주가 필요하면 염주 가게, 지팡이가 필요하면 지팡이 가게, 빗자루가 필요하면 빗자루 가게, 구두를 수선하려면 구두수선 가게, 외투에 이름표를 달고 싶으면 이름표 가게 등 필요한 것은 뭐든지 전문점에 가면 살 수 있다. 일본 전역에서 유명한 '다이마루'나 '다카시마야'와 같은 오랜 역사를 자랑하는 백화점이 창업을 시작한 지역이기도 한 교토는 지역 전체가 하나의 백화점처럼 동네의 전문가, 장인, 베테랑 판매원 등이 곳곳에 넘쳐난다. "진정한 전문점 거리의 도시"라고 해도 과언이 아니다. 게다가 이러한 전문점이 대부분 100년 넘게 이어져 내려왔다는 점은 두말하면 잔소리이다. "오랜 전통을 이어온 노포이군요!"라는 말에 "전혀요, 아직 멀었어요. 이곳에서 100년은 보통이니까요"라고 겸손한 대답이 돌아온다. 오래 이어간다는 것은 교토의 평범한 일상인 것이다.

시장에서 장보기, 골동품 찾기 교토 여행의 추억으로 "우연히 방문한 사찰에 장이 섰는데 반나절이나 구경했다"라고 입을 모아 말하는 사람도 적지 않을 것이다. 교토의 시장이라고 하면 단연 매달 21일 사찰 도지東寺에서 열리는 '고보이치弘法市'와 매월 25일에 열리는 기타노 덴만구의 '기타노 덴만구 고엔니치北野天満宮御縁日'이다. 그 밖에도 수많은 신사, 불당에서 매주 '수공예 시장' '잡동사니 시장' '헌책 시장' 등 다양한 시장이 열려 우연히 좋은 물건을 만날 기회가 상당히 높다. 어느 시장을 둘러봐도 경내를 빼곡히 채운 방문객으로 인산인해이다. 현지인은 물론 관광객으로 가득 차고 남녀노소를 불문하고 모두에게 대인기! 갖고 싶던 물건, 찾던 물건이 있든 없든 신기하게도 그저 계속해서 걷고 또 걸으며 구경하게 된다. 그러다 우연히 발견해서 구입한 물건은 하찮은 잡동사니나 골동품일지라도 교토 여행의 보물 같은 추억으로 오래도록 남을 것이다.

quite young compared to others. It's normal around here." It is normal in Kyoto to keep doing it for longer than a century.

Singing the names of streets There are nearly 50 streets in Kyoto, starting from Marutamachi Street and Jujo Street which go east and west, and Teramachi Street and Senbon Street that go north and south. It's a lot easier to say the street names than giving the address when you are in the taxi. There are two songs that would help you memorize the street names: for the streets that go north and south, "Tera Goko", and for streets that go east and west, it's "Maru Take Ebisu". The first characters of each street are presented to be sang with hypnotic melody. If you can remember this, you will never get lost in Kyoto!

Red buckets that protect the city and the people If you walk around the city, you would come across posters reminding people to be careful with fire to protect historical buildings. But more than these posters, you would see red buckets placed in front of buildings all over the city. With "Beware of Fire" written with white letters, the bucket can be used by anyone who sees fire.

교토의 열두 달

12 Months of KYOTO

기온의 '세쓰분 귀신 쫓기'(교토시) 액운을 물리치려는 풍습 세쓰분(입춘의 입춘으로 2월 3일경) 귀신 쫓기節分おばけ', 게이코芸妓(일본 전통 춤과 노래를 전문으로 접객을 함) 일행이 가부키 복장을 하고 기온 골목을 거니는 모습은 마치 핼러윈을 떠올리게 한다. 저녁이 되면 하나미 골목에서 마주칠지도!
사진: 오시마 타쿠야

KYOTOGRAPHIE 교토국제사진제 (교토시) 2015년 주제는 'TRIBE 부족_당신은 어디에 있는가?' 푸에고섬 주민을 촬영한 마르틴 구신데(Martin Gusinde, 1886-1969)의 작품 등 14팀의 작품을 소개함. 평소에는 비공개인 '켄닌지建仁寺' 내부 등을 전시회장으로 사용.

야스라이축제 (교토시)
90쪽에 소개

1 JANUARY 2 FEBRUARY 3 MARCH 4 APRIL 5 MAY 6 JUNE

하쓰토라타이사이初寅他大祭 (교토시) 1월 초순 호랑이의 날寅の日에 구라마데라鞍馬寺의 비샤몬텐毘沙門天에서 무료로 찹쌀떡을 나눠주는 행사. 축제가 열리는 사흘 동안 '액운을 떨치는 후쿠자사福笹(사업이 번창하는 효험이 있다는 조릿대)' 수여식이 있어 기간 한정으로 한 달간 액운을 막는 인형 '어흥 호랑이'를 판매.

신차견학회 (우지시宇治市) '마루큐코야마엔丸久小山園'에서 매해 한 차례, 닷새 동안 개최하는 찻잎 수확 체험과 공장 견학. 취재하던 편집부가 함께 참가했는데, 견학 후 시음한 말차에 감격했다고. (예약 필수, 공장 견학만 가능하며 매년 5월에 실시)

교토타워계단오르기 (교토시) 일체 골조가 없이 원통형으로 설계된 교토타워. 평소에는 비공개인 내부를 관람하면서 오르면 285단의 나선 계산도 단숨에 오를 수 있다. 게다가 인증서도 받을 수 있다고. 3월과 10월에 해마다 두 차례 개최한다.

5~9월 가모가와강 노료유카鴨川納涼床 (교토시) 니조대교에서 고조대교까지 상점 100여 곳이 가모가와강 앞에 평상식의 테라스 노료유카를 설치한다. 강바람을 맞으며 '모리타야モリタ屋'에서 먹었던 스키야키 맛을 잊을 수 없다.

교토미야마사이클링투어 (난탄시) 미야마초美山町에서 이틀 동안 개최하는 자연 체험과 사이클링을 혼합한 행사. 총 주행거리 125킬로미터의 명물은 사슴고기 카레, 은어 초밥, 황금 고구마 디저트이다. 볏짚마을을 돌아보는 것도 매력적이다.

이네노우먀몬축제伊根のうみゃーもん祭 (요사군与謝郡) 이네초 청사 광장에서 개최. '이네 참치'는 물론 진미인 '고등어 헤시코へしこ(고등어를 미강으로 발효시킨 전통 발효식품)'나 '고모이케다이나곤薦池大納言 팥죽' 등도 추천할 만한 별미이다.

교토고잔오쿠리비京都五山送り火 (교토시) 추석 무렵에 맞이한 선조의 혼백을 다시 하늘로 보내기 위한 전통 행사로 밤 7시경부터 히가시야마뇨이가타케東山如意ヶ嶽산에서 '다이몬지大文字'의 글자 순서대로 오쿠리비를 점화한다. 활활 타오르는 횃불 소리에 귀를 기울이며 마음속 잡념마저 떨쳐 버린다.

유키신사 예제由岐神社例祭의 불축제 (교토시) 유키신사의 전통 축제이다. 젊은 무리가 횃불을 밝혀 함께 기합을 외치고 하늘에 불꽃을 날리며 거리 곳곳을 누비고 다닌다. 미코시神輿(제례나 축제에 쓰이는 신체나 신위를 실은 가마)에 거꾸로 매달려 다리로 큰 대大자 모양을 만드는 퍼포먼스가 압권이다.

7 8 9 10 11 12
JULY AUGUST SEPTEMBER OCTOBER NOVEMBER DECEMBER

기온마쓰리祇園祭 (교토시) 한 달에 걸쳐 열리는 축제의 메인 이벤트는 17일과 24일에 열리는 '쓰지마와시辻回し'이다. 야마호코山鉾(대 위에 산 모양을 만들고 창, 칼 등을 꽂은 화려한 수레) 33대가 시조카와라마치四条河原町에서 일시에 방향을 전환한다. 쓰러질 듯 쓰러지지 않는 야마호코의 휘청거림에 관객들은 숨을 죽인다.

교토음악박람회 (교토시) 우메코지 공원에서 개최하는 교토 출신 밴드 '구루리くるり' 주연의 야외 페스티벌. 영국 뮤지션 '펭귄 카페' 등이 참가해 더 특별해진 2014년의 라이브에서는 관객의 열기가 여름 무더위보다 더 뜨겁게 달아올랐다고.

'도키노아토토키ときのあととき' 연주회 (교토시) 아코디언 연주자 이코마 유코生駒祐子, 콘트라베이스 연주자 시미즈 고스케清水恒輔로 구성된 유닛 'mama! milk'가 호넨인法然院에서 연주회를 갖는다. 방장정원(주지의 처소 혹은 본당 앞에 조성해놓은 정원)의 나무들이 바람결에 흩날리는 소리, 대나무 물레방아 '시시오도시鹿威し'(원래는 소리로 산사에 출몰하는 들짐승을 쫓아내는 용도로 만들어졌으나 정원 인테리어로 널리 사용됨)'의 자연음과 어우러진 황홀한 음악에 빠져든다.

사진: 미타우라 료

교토한겨울북헌팅 (교토시) 사쿄구에 있는 '게이분샤恵文社' '젠코도善行堂' '하기쇼보萩書房' '호호호좌ホホホ座' '마이고迷子' 다섯 곳의 서점이 개최하는 헌책 페스티벌. '100엔 책 시장' '사진집 특집' 등의 행사를 다수 기획한다. 희귀 절판본도 만날 수 있다.

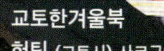

*1 d design travel 조사(2015년 4월)   *2 국토지리원 홈페이지 자료
*3 총무성통계국 홈페이지 자료(2015년 4월)
*4 사단법인 일본관광협회(편)「숫자로 보는 관광」인용(2014년판)   ※ ( ) 안의 숫자는 전국 평균 수치
*1 Figures compiled by d design travel. Date as of April 2015.   *2 Extracts from the website of Geographical Survey Institute, Ministry of Land, Infrastructure,Transport and Tourism.   *3 According to the website of the Statistics Bureau, Ministry of Internal Affairs and Communications. Date as of April 2015.
*4 From Suuji de miru kanko, by Japan Travel and Tourism Association (2014 Edition)
※ The value between the parentheses is the national average.

교토의 숫자
Numbers of KYOTO

미술관 등의 수 *1 (122)	스타벅스 매장 수 *1 (22)	역대 G마크 수상자 수 *1 (826)
Museums — Number of institutions registered under the Kyoto Prefecture Association of Museums	Starbucks Coffee Stores	Winners of the Good Design Award
137	**25**	**830**

경제산업대신 지정 전통공예품 *1 (4)	일본 브랜드 육성지원사업에 채택된 프로젝트 수 *1 (7)	일본건축가협회 교토 등록 회원 수 *1 (88)	일본그래픽디자이너협회 교토 등록 회원 수 *1 (64)
Traditonal crafts designated by the Minister of Economy, Trade and Industry	Projects selected under the JAPAN BRAND program	Registered members of the Japan Institute of Architects	Registered members of the Japan Graphic Designers Association Inc.
니시진오리西陣織・쿄카노코시보리京鹿の子絞・쿄쿠미히모京くみひも・쿄사시모노京指物・쿄쿠로몬쓰키조메京黒紋付染 등 Nishijin-ori (Woven textiles), Kyo-kanoko-shibori (Dyed textiles), Kyo-kumihimo (Braided cord), Kyo-sashimono (Wood crafts), Kyo-kuromontsuki-zome (Black dyeing)			
17	**12**	**88**	**62**

부청 소재지	시읍면의 수 *1 (36)	인구 *3 (2,724,624) 명
Capital	Municipalities	Population
교토시 Kyoto City	**26**	**2,636,092**

면적 *2 (8,041) km²	1년간 관광객 수 *4 (59,640,000) 명
Area	Annual number of tourists
4,612	**76,740,000**

향토음식	국가지정 중요문화재의 건축물 수 *1 (51) 건
Local specialties	Nationally Designated Important Cultural Property (Buildings)
사이쿄야키西京焼(된장절임구이), 가모나스덴가쿠賀茂茄子田楽(오리가지 된장구이), 유바ゆば(두유를 가열할 때 표면에 응고된 엷은 막), 시바즈케しば漬(여름 채소를 붉은 차조기의 잎과 소금을 넣고 절인 저장 식품), 지리멘잔쇼ちりめん山椒(산초멸치볶음으로 잔멸치를 산초와 간장 등 조미료를 넣고 볶은 멸치볶음)	 **293**
Saikyo-yaki (Broiled miso-marinated fish) Kamo-nasu-dengaku (Broiled eggplant with miso glaze) Yuba (Tofu skin) Shibazuke (Salt-pickled eggplant and cucumber with red perilla) Chirimen Zansho (Dried whitebait with sansho pepper)	

주요 출신 유명인(현재 시 명칭, 고인을 포함함)
Famous people from Kyoto

기타오지 로산진 北大路魯山人(예술가, 교토시), **아베 마키오**阿部牧郎(작가, 교토시), **이노우에 우메쓰구**井上梅次(영화감독, 각본가, 교토시), **기시다 시게루**岸田繁(밴드「구루리」, 뮤지션, 교토시), **고바야시 가오루**小林薫(배우, 교토시), **사도 유타카**佐渡裕(지휘자, 교토시), **노무라 가쓰야**野村克也(야구선수, 교탄고시), **미우라 준**みうらじゅん(일러스트레이터, 교토시), **와타야 리사**綿矢りさ(소설가, 교토시) 등

Kitaoji Rosanjin (Artist, Kyoto), Makio Abe (Writer, Kyoto), Umetsugu Inoue (Film director, screenplay writer, Kyoto), Shigeru Kishida ("Quruli", Musician, Kyoto), Kaoru Kobayashi (Actor, Kyoto), Yutaka Sado (Orchestra director, Kyoto), Katsuya Nomura (Baseball player, Kyotango), Jun Miura (Illustrator, Kyoto), Risa Wataya (Novelist, Kyoto)

목차

교토편

編集 일러두기
교토의 일상
교토의 열두 달
교토의 숫자
d design travel KYOTO TRAVEL MAP
d MARK REVIEW KYOTO
가모가와/가와이간지로기념관/다쿠타쿠/작은쪽염색미술관
세이보리/주니단야 본점/다우타샤
쓰지모리자전거상회/아리쓰구/시바큐/나이토상점
이노다커피 본점/잇포도차호 다실 가보쿠/미야마스이센안 SAI/팩토리카페 고센
이시하라/오야도누노야/교토아트호스텔 구마구스쿠/니시진이사초 마치야
호리베 아쓰시/미나토산지로/후지와라 호마루/구로키 히로유키
편집장이 자전거로 구석구석 찾아가는 구가 트래블 I
교토의 그래픽 사카다 사부로
교토 롱라이프 스타일 축제 「풍류를 즐기는 교토」 사카모토 다이자부로
교토의 민예 가와이 간지로 「일의 노래」 다카키 다카오
롱라이프 디자인 케이스 스터디 다카라주조의 「다카라 캔 츄하이」
편집장이 버스와 전철로 찾아가는 구가 트래블 II
In-Town Beauty KYOTO

002 006 010 013 022 023 024 032 038 046 054 062 074 088 090 092 097 098 108

CONTENTS

- 002   Introduction: Our Editorial Philosophy
- 006   Normal for Kyoto
- 010   12 Months of Kyoto
- 013   Numbers of Kyoto
- 022   d design travel Kyoto Travel Map
- 023   d Mark Review Kyoto
- 074   Kuga Travel 1: Editor's Travel Notes
- 088   Graphic of Kyoto: Saburo Sakara
- 090   Kyoto's Long-Lasting Festival by Daizaburo Sakamoto
- 092   Mingei of Kyoto by Takao Takaki
- 096   Long-Life Design Case Study: Takara Can Chu-hi
- 098   Kuga Travel 2: Editor's Travel Notes
- 108   In-Town Beauty Kyoto
- 109   Books of Kyoto by Kenji Yamashita
- 111   CDs of Kyoto by Takashi Umeno
- 112   Movie Set in Kyoto by Shinya Matsumoto

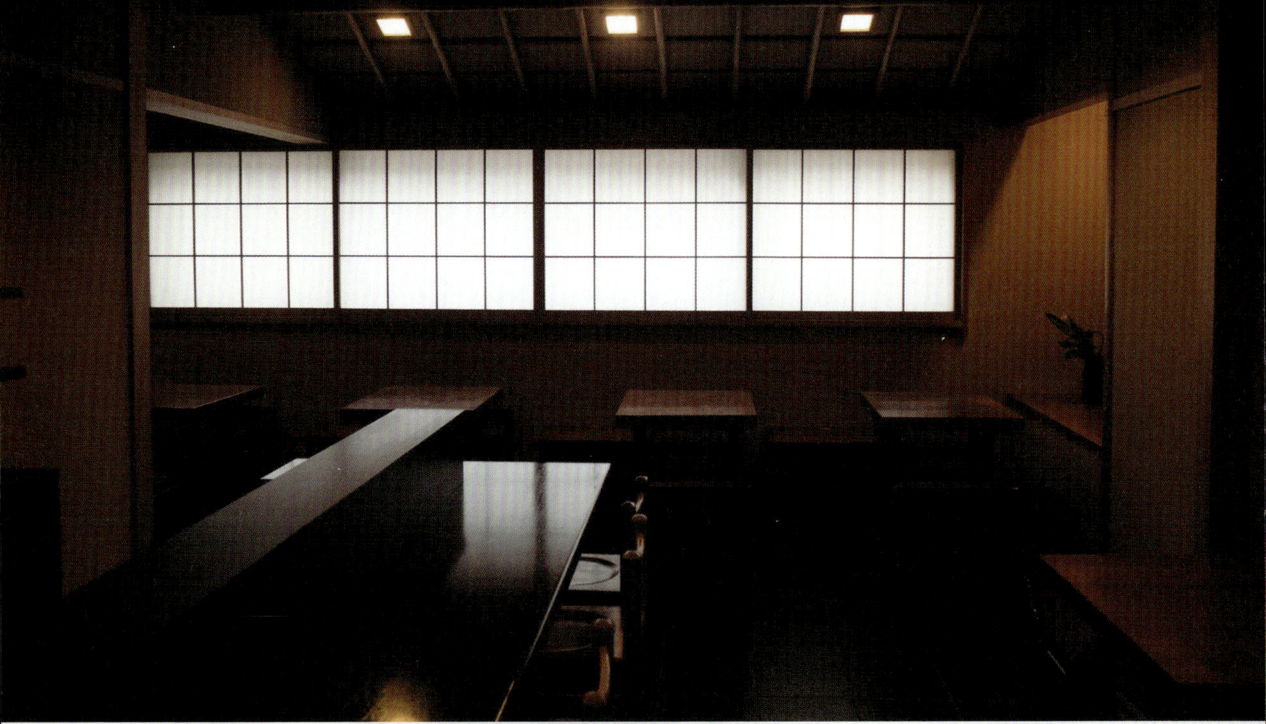

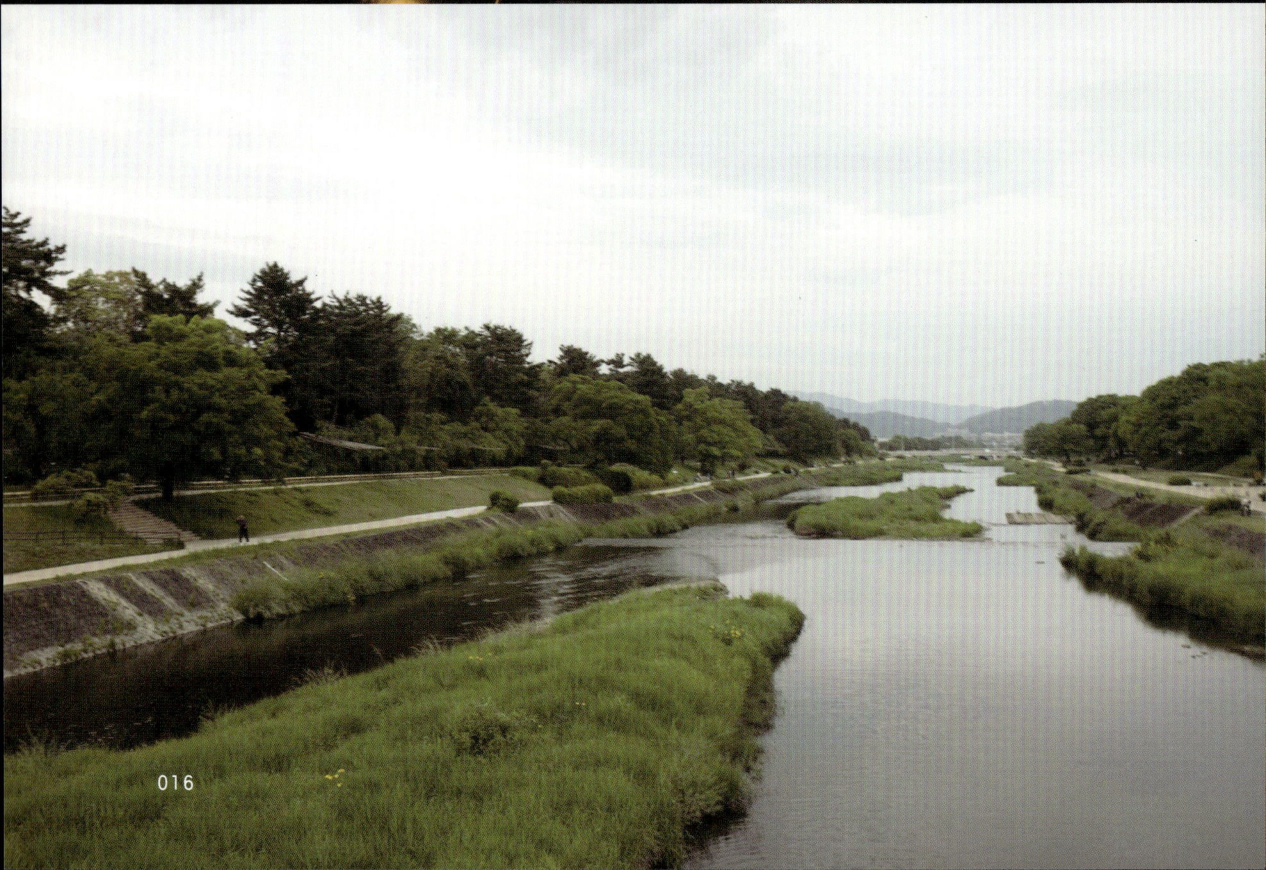

109		교토의 책
111		교토의 CD
112		교토를 무대로 한 영화 「가메라 3: 사신 이리스의 각성」
114		교토의 롱라이프 디자인 산지를 따라 떠나는 여행 NIPPON VISION
120		편집장이 자동차로 찾아가는 구가 트래블 Ⅲ
126		교토의 맛 교토정식
136		편집부, 취재가 아니어도 가고 싶은 교토의 맛
140		편집부가 추천하는 맛있는 달걀 요리
142		LIST OF PARTNERS
144		디자이너의 쉼표 「보통」 후카사와 나오토
148		47 REASONS TO TRAVEL IN JAPAN
153		D&DEPARTMENT INFORMATION
178		CONTRIBUTORS
182		「조금 긴 편집장 후기」
184		D&DEPARTMENT KYOTO by 교토조형예술대학 이야기
186		d design travel KYOTO TRAVEL INFORMATION
190		OTHER ISSUES IN PRINT

114　Nippon Vision
120　Kyoto's "Home Grown" Meals
126　Kuga Travel 3: Editor's Travel Notes
136　Tasty Souvenirs from Kyoto
140　Kyoto's Delicious Local Foods
142　The Recommended Dish by the Editorial Team: Fabulaus Egg Dishes
144　List of Partners
148　Futsuu (Nomal): The Riverscape by Naoto Fukasawa
153　47 Reasons to Travel in Japan
178　D&DEPARTMENT Information
182　Contributors
184　Instead of the Afterwards by the Editor-in-Chief, a word about "D&DEPARTMENT KYOTO by Kyoto University of Art and Design"
186　d design travel Kyoto Travel Information
190　Other Issues in Print

017

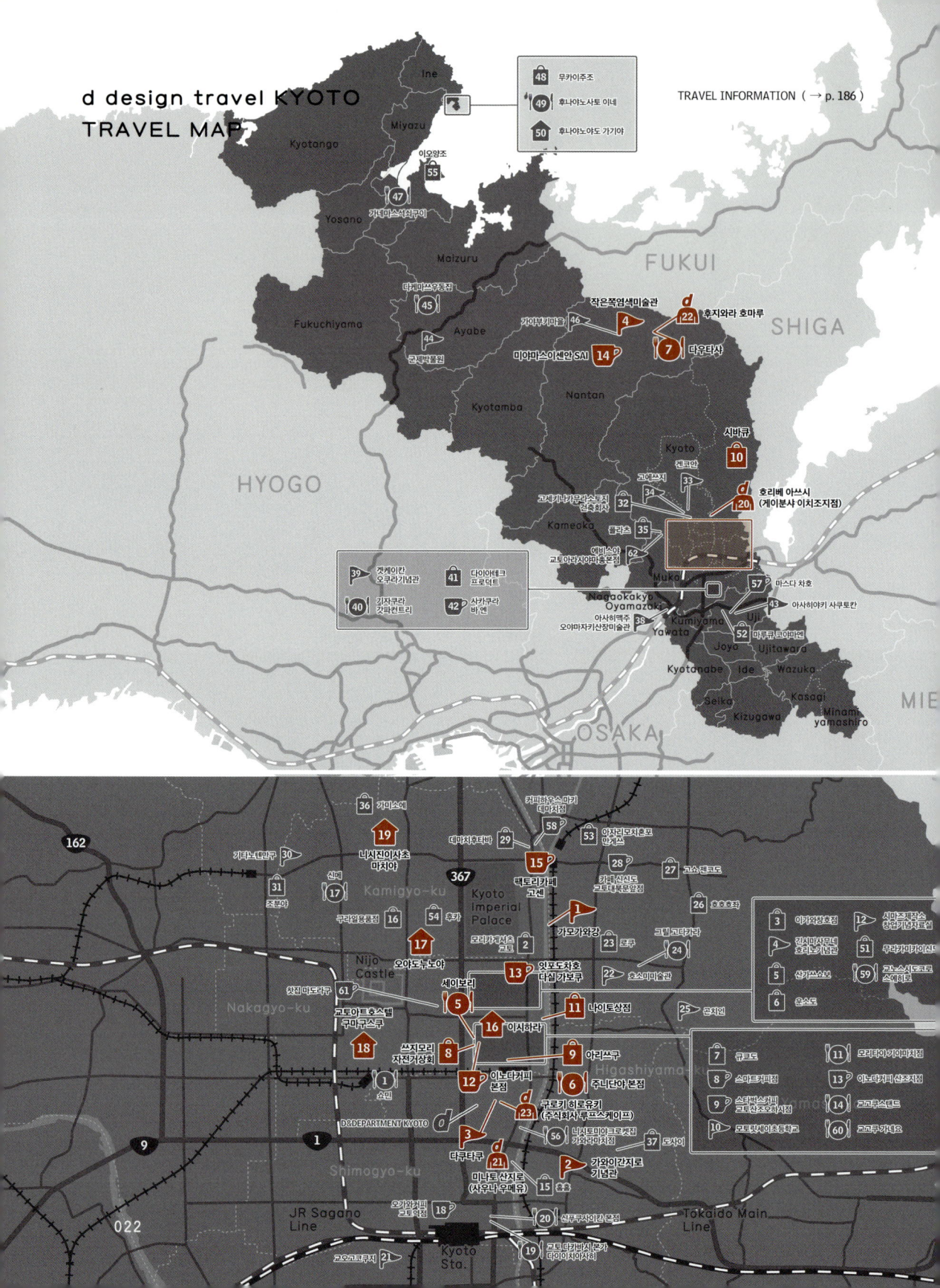

d MARK REVIEW KYOTO

SIGHTS

p. 024–p. 031
1. 가모가와강 Kamo River
2. 가와이간지로기념관 KAWAI KANJIRO'S HOUSE
3. 다쿠타쿠 Taku Taku
4. 작은쪽염색미술관 The Little Indigo Museum

CAFES

p. 046–p. 053
12. 이노다커피 본점 Inoda Coffee Honten
13. 잇포도차호 다실 가보쿠 Ippodo Tea Main Store in Kyoto Kaboku Tearoom
14. 미야마 스이센안 SAI Miyamasuisen-an SAI
15. 팩토리카페 고센 FACTORY CAFE KOSEN

RESTAURANTS

p. 032–p. 037
5. 세이보리 Savory
6. 주니단야 본점 JUNIDANYA
7. 다우타샤 Tautasha

HOTELS

p. 054–p. 061
16. 이시하라 Ishihara
17. 오야도누노야 Oyado Nunoya
18. 교토아트호스텔 구마구스쿠
19. 니시진이사초 마치야 Nishijin Isa-cho Machiya

SHOPS

p. 038–p. 045
8. 쓰지모리자전거상회 Tsujimori Cycle
9. 아리쓰구 Aritsugu
10. 시바큐 Shibakyu
11. 나이토상점 Naito Shoten

PEOPLE

p. 062–p. 069
20. 호리베 아쓰시 Atsushi Horibe
21. 미나토 산지로 Sanjiro Minato
22. 후지와라 호마루 Homaru Fujiwara
23. 구로키 히로유키 Hiroyuki Kuroki

p. 070
영문 여행 정보
Travel Information for English Readers

가모가와강

1. 교토시 시민 모두가 편히 쉬어갈 수 있는 세로로 긴 공원.
유역의 거리 31킬로미터(일급 하천 23킬로미터).
큰도롱뇽도 물총새도 둑중개도 사는 맑고 아름다운 일급수 강.

2. 불필요한 시설과 쓰레기가 없다.
아름다운 경관과 환경을 유지하는, 하천 정비의 표본.
청소 하청업체가 보도 주변과 휴지통 청소를 담당하고,
학생 등 자원봉사자들까지 매일 청소에 참여한다.

3. 원류까지 교토 시민의 사랑으로 지켜오고 있다.
1953년에 대홍수로 큰 수해를 겪어 10년 이상 걸쳐 하저를 파는 대공사를 진행한 결과 현재 모습을 갖추게 되었다.

가모가와강만큼 사랑받는 강은 없다 교토시 중심 거리를 가로질러 곧게 뻗어 있는 가모가와강은 번화한 거리의 인파를 바로 벗어난 곳에 둔치가 있다. 그곳에서 끝없이 펼쳐진 광활한 하늘 아래 자리를 깔고 누워 강을 바라보며 콧노래를 부르고 시원한 맥주나 향긋한 커피 한 잔을 마실 여유를 느낄 수 있다. 일부 하천에는 잔디가 심어져 있어서 일광욕이나 달 구경을 즐기는 사람들도 종종 보인다. 강 가운데 모래톱에서 자라는 수풀에서는 새끼 사슴과 마주칠 수도 있다. 현지인들은 조금 더 한가로운 고우진다리荒神橋에서부터 이어지는 북쪽을 특히 선호하는 편이라고. 원래는 지금처럼 멋진 조경이 조성되지 않아서 다소 삭막한 분위기였는데, 이제 봄에는 벚나무가 조금씩 꽃을 피우고 겨울에는 검은머리갈매기가 날아다니는 풍광 덕분에 자연을 느낄 수 있다. 동시에 울퉁불퉁 험했던 길을 정비해 자전거로도 편하게 달릴 수 있게 되었다. 지금도 쾌적함을 위한 변화는 멈추지 않고 이어지고 있다. 급경사의 거친 강이어서 시치조대교만 100년을 버티고 있고, 산조대교와 고조대교 모두 격류에 무너져버렸다. 가모가와강의 원류는 기타오지부터 북쪽으로 차로 30여 분 거리에 자리한 구모가하타라는 아름다운 이름의 산속에 있다. 산의 소유주인 구보 쓰네지 씨는 현재 77세로, 어릴 적 강에서 놀다가 물속에서 소변을 보려고 하자 아버지께 호되게 혼났던 일화를 전하며 쓴웃음을 짓는다. 지금도 생활 배수를 그대로 강으로 흘려버리는 일은 금지되어 있다고. "어린 나무의 뿌리가 길게 자라지 못하면 폭우가 그대로 시내로 흘러 범람한다. 따라서 제대로 솎아 베기를 해줘야 한다"라며 강을 지키는 일의 마음가짐 및 산림 관리 방법을 학생이나 청년들에게 꾸준히 전수해오고 있다. 이토록 교토 사람들의 사랑을 받기에 가모가와강이 아름다운 것 아닐까. 가모가와강이 아름답기에 교토가 아름다운 것일 수도. (구가 오사무空閑理)

Kamo River

1. A very long park where Kyoto citizens relax
2. A park without excess facilities or wastes, Kamo River preserves the landscape and environment.
3. A river loved all the way to its source

Kamo River runs through the center of Kyoto. You can always escape the crowds of the business district and go to the riverbed to sing, drink coffee or beer, or take a nap under the expansive blue sky. Part of the riverbed is covered with grass, and many go there to tan and watch the moon. In the past, there were no plants along the river and it was a bit dreary, but cherry trees were gradually planted and the previously bumpy road was fixed. It's now easy to bike on. The origin of Kamo River is located in Kumogahata, an approximately 30-minutes drive north from Kitaoji. Tsuneji Kubo, the owner of the mountain from which the Kamo River flows, explains, "If the young trees don't take root, the rain will flow directly into the city. It's important to thin the trees as need." He teaches university students and children about the importance of protecting the river and how to perform mountain work. The Kamo River is beautiful because Kyoto citizens love it. (Osamu Kuga)

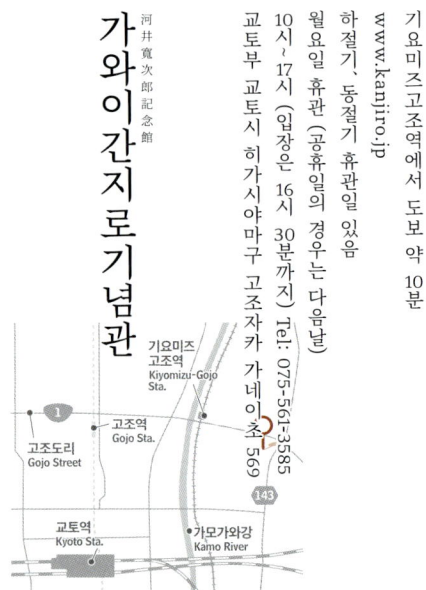

가와이간지로기념관 河井寬次郞記念館

기요미즈고조역에서 도보 약 10분
www.kanjiro.jp
하절기, 동절기 휴관일 있음
월요일 휴관 (공휴일의 경우는 다음날)
10시~17시 (입장은 16시 30분까지) Tel: 075-561-3585
교토부 교토시 히가시야마구 고조자카 가네이초 569

1. 교토에서 작업을 이어갔던 도예가 고 가와이 간지로河井寬次郞의 주택 겸 작업장.
1937년 가와이 간지로가 직접 설계한 건물. 도예, 목조, 금속공예, 서예 등 100여 점이 넘는 작품을 전시하고 있다. 서재에서는 그가 실제로 사용했던 의자에 앉아볼 수 있다.

2. 기요미즈데라清水寺, 산주산겐도三十三間堂 등 신사와 불당이 많은 지역에 있다.
동쪽 산 기슭에 도요쿠니 신사豊国神社, 지샤쿠인智積院 근처에 고요히 홀로 자리하고 있다.

3. '간지로의 잔으로 차를 즐기는 모임' 등 가족이 운영하는 장점을 살려 민예품의 매력을 널리 알린다.
1963년 개관 이래 자녀에서 손자로 이어져 가족 경영을 유지하고 있다.

디자인이 돋보이는 교토 생활 도구의 유산 '가와이간지로기념관'은 가와이 간지로가 생전에 가족과 함께 살던 집이다. 먼저 현관을 들어서자마자 검지로 곧게 하늘을 가리키는 목조 조각이 한눈에 들어온다. 간지로 작가에 대한 매력을 한층 끌어올리는 작품이 아닐 수 없다. 거실은 천장이 뻥 뚫려 있고, 2층으로 가려면 도예가 하마다 쇼지濱田庄司(1894~1987)가 기증한 상자 계단을 올라야 한다. 뚫린 부분에 자리한 공간이 서재로, 커다란 절구 테이블과 오브제로서 지자이카기自在鉤(난로나 화덕에 작은 솥이나 주전자 등을 매달아 둘 수 있게 만든 목제 갈고리) 등이 방에 조화롭게 놓여 있다. 심신이 차분해지는 공간이다. 중정을 사이에 둔 복도에는 대만의 대나무 장인이 만든 선반과 금속공예 장인이 만든 놋쇠 담뱃대 등이 전시되어 있다. 도자기 가마 앞 다실에서 보이는 정원에는 동창에게 받았다는 돗토리현鳥取県 다이콘섬大根島의 둥근 돌이 있다. 그리고 공방을 지나면 공동의 노보리가마登り窯(계단 모양 도자기 가마)가 있다. 목수의 아들이었던 간지로는 꼼꼼하게 설계된 통로, 방, 장지문의 손잡이 등 세밀한 부분까지 직접 디자인했고, 친형을 따르던 야스기 출신 후배 작업자들과 함께 만들었다. 가마에는 현지 도공들이 모여들었고, 집에도 많은 손님이 왕래했다고 간지로의 손자이자 미술관 관장 사기 다마에鷺珠江 씨가 전한다. 미술 평론가 야나기 무네요시柳宗悦(1889~1961)는 교토를 방문할 때는 간지로에게 신세를 져도 된다고 지인들에게 소개했다고 한다. 민예 운동을 일으켰던 간지로, 나는 이곳에서 주변 사람들에게 사랑을 받던 인품과 근면한 태도에서 탄생한 다양한 디자인에 깊은 감명을 받았다. 해마다 두 차례 가족 모두 힘을 모아 대청소를 한다는 이곳 '가와이간지로기념관'은 누구에게나 오래도록 사랑받는 이유가 충분한 멋진 기념관이다. (신도 히데토神藤秀人)

KAWAI KANJIRO'S HOUSE

1. Home and studio of the late Kyoto-based potter Kanjiro Kawai
2. Located in an area with many popular Kyoto destinations
3. With events such as "tea ceremonies using Kanjiro's pottery," it carries on the values of the *mingei* folk art movement.

The entrance hall of the house is built in a wellhole style. To reach the second floor, one must climb the stair-shaped storage cabinet gifted by the late Shoji Hamada. Along the corridor, which circumscribes the courtyard, various objects such as bamboo shelves made with bamboo artisans in Taiwan and brass smoking pipes made with a metalsmith are displayed. The tearoom, located in front of the bisque-firing kiln, provides a view of the garden decorated with a round stone from Daikon Island in Shimane Prefecture, which Kawai received from an old schoolmate. Born into a family of carpenters, Kawai meticulously designed the corridors, rooms, and even the handles on the sliding paper doors himself, and constructed them with artisans from his hometown Yasugi, who worked under his brother, a master carpenter. The kiln drew many local potters. KAWAI KANJIRO'S HOUSE is a wonderful museum that's loved by all. (Shindo Hideto)

다쿠타쿠 磔磔

가와라마치역에서 도보 약 5분
www.geisya.or.jp/~takutaku/
(기본은 라스트 오더 22시 30분) 휴일은 유동적
영업시간은 이벤트 개장 및 종료 시간에 따라 다름
붓코지아가루 스지야초 136-9 Tel: 075-351-1321
교토부 교토시 시모교구 도미노코지도리

1. 교토시 시가지에 있는 전통 라이브 하우스.
1974년 당시 유행하던 민예풍 술집으로 개점.
일본 전역의 음악 애호가들이 선망하는 수많은 명연주 무대.
'다쿠타쿠'는 의성어로, 한자 그대로 '찢다磔'라는 뜻은 아니다.

2. 손수 리모델링한 100년 역사를 자랑하는
술 창고의 멋진 음향.
분장실에서 보이는 지붕 밑 노출된 대들보에 '다이쇼 6년(1917년)'이라는 붓글씨가 쓰여 있다. 고인이 된 니시오카 교조西岡恭蔵, 해체한 '보 간보스ボ·ガンボス', '구루리' 등의 라이브 앨범 녹음.

3. 맥주에 야키소바, 명물인 매일 바뀌는 카레 등
다채로운 메뉴.
내부 중앙의 기둥 근처에 테이블을 놓을 때가 종종 있어서 제등 (자루에 달려 있고 접어서 보관할 수 있는 등) 아래에서 식사하며 연주를 들을 수 있다. 게다가 맛도 훌륭.

좋아하는 뮤지션이 이곳에서 공연한다면 반드시! 4월 16일은 포크 뮤지션 다카다 와타루高田渡 씨의 기일이라 교토 출신인 아들 다카다 렌高田漣 씨가 '다쿠타쿠' 헌정 라이브 공연을 열었다. 100석 정도의 객석은 물론 뒤쪽 공간에 서서 관람하는 관객까지 발 디딜 틈 없이 꽉 채워졌다. 관객들 뒤의 벽은 영국 기타리스트 윌코 존슨Wilko Johnson을 시작으로 이곳에서 공연한 유명한 뮤지션들의 사인지로 가득 차 있다. 내 자리는 벽쪽 벤치 끝이어서, 바로 앞이 출연진이 지나가는 통로였다. 뮤지션들과 손이 닿을 정도로 가까운 거리에서 그들이 무대에 오르는 모습을 직접 볼 수 있었다. '아이스크림' '자전거에 타' '돈이 없다면' '생활의 격' 그리고 '교토에서 놓쳐선 안 되는 것' '커피 블루스'까지 연주했다. 몇 분 전까지 옆자리에서 카레를 맛있게 먹고 있던 아저씨가 눈물을 훔치다가 미소를 머금다가 하면서 함께 노래를 따라 불렀다. 다카다 와타루의 10주기에 같은 날 같은 공간에서 아들이 부르는 아버지의 노래를 아버지 세대와 아들 세대 관객이 하나가 되어 경청했다. '다쿠타쿠'는 개점 당시는 선술집이었는데 '라이브 하우스'라는 이름조차 생소하던 시대에 조금씩 알려지기 시작했다. 이곳에서 노래하고 음악을 감상하고 싶어하는 관객이 점점 늘어나 마루바닥이었던 좌석이 무대가 되고, 창호 미닫이문을 콘크리트벽으로 개조해 교토를 대표하는 라이브 공연장으로 거듭나게 되었다. 레코드도 CD도 팔리지 않는 요즘, 음원을 구입하기보다 공연장에 가는 것을 선호하는 음악 애호가들이 늘어나고 있는 느낌이 든다. 그렇기에 이곳 '다쿠타쿠'가 교토에 오래도록 남기를 간절히 바란다. (구가 오사무)

Taku Taku

1. A legendary club located in central Kyoto
2. A 100-years-old sake cellar renovated by hand offers amazing acoustics
3. Plenty of drinks and dishes including beer, fried noodles, and the famous curry of the day

On April 16, the anniversary of folk singer Wataru Takada's death, his son Ren Takada, who was born in Kyoto, performed a tribute show at "Taku Taku." The club was filled to capacity and on the wall behind the audience were giant hand-painted signs for previous shows performed by artists such as Wilco Johnson. The performing members passed at such close proximity that they nearly brushed against my knees, took the stage, and performed a number of Wataru Takada's hits. When Taku Taku first opened, it was a bar. No one called it a club, but eventually, more and more people started to express interest in performing and listening to music here. The tatami room was turned into a stage and Taku Taku became one of Kyoto's most famous clubs. I think that in this day and age, when neither CDs nor records sell, many music fans are going to see live music instead of buying recorded music. That's why I want Taku Taku to continue its existence. (Osamu Kuga)

작은쪽염색미술관
ちいさな藍美術館

소노베 IC부터 차로 약 45분
Shindo-shindigo.com
12월~3월 휴무
11시~17시 목·금요일 휴무(공휴일인 경우 개관)
Tel: 0771-77-0746
교토부 난탄시 미야마초 기타카미마키 41

1. 동화 속에서 나온 듯한 풍경의 초가집 집락촌 '가야부키마을かやぶきの里'에 위치.
산책하고 싶어지는 미야마초이치美山町一
경승지의 기타무라北村 산촌 취락에 있는 명소.

2. 200년 역사를 자랑하는 이발소를 리모델링한 쪽염색藍染め 공방 겸 미술관.
마을에서 가장 오래되고 큰 건물의 작은 미술관.

3. 쪽염색 작가 신도 히로유키新道弘之 씨가 관장을 맡고 있다.
작업 공정을 눈앞에서 볼 수 있고, 손수건이나 쓰노부쿠로角袋 (옷감을 비스듬히 잘라 바느질한 주머니) 등 다양한 작품을 구매할 수 있다.

교토의 작지만 위대한 미술관 교토 시가지에서 차로 1시간 반 정도 걸리는 미야마초 북쪽 '가야부키마을'은 입구에서 시작되는 비탈길 양쪽으로 초가집이 줄지어 있는 아름다운 산촌이다. 이곳에서 가장 큰 건물인 '작은쪽염색미술관'은 동그란 안경을 쓴 관장 신도 히로유키 씨가 언제나 밝은 미소로 맞이해주는 곳이다. 입장료 250엔을 내면 "편히 머물다 가세요"라는 인사와 함께 지붕 뒤쪽으로 안내를 받는다. 관장이 30년 넘게 모아온 18세기 청바지의 기원으로 알려진 데님이나 다이쇼시대 교토린파문양京都琳派模樣(장식예술)의 형지(무늬를 박아서 염색한 것) 등 지금까지 본 적 없는 일본 및 해외의 쪽염색 의류품이 대략 30점 정도 전시되어 있다.

학창 시절부터 유명 작가의 예술품이 아닌 서민의 의복이나 직물에 흥미가 있었다는 신도 씨는 "이렇게 훌륭한 것을 누가 염색한 걸까?"라며 감탄했다고 한다. 발효시킨 식물 잎이 천을 선명한 푸른색으로 물들이는 쪽염색에 매료되어 졸업 후에도 도시에서 작가로 활동하다 1981년, 늘 바라던 조용한 활동을 이곳 기타무라에서 시작하게 되었다고.

정착하고 얼마 지나지 않아 가야부키마을이 '중요 전통건축물 보존지구'로 지정되어 많은 관광객이 방문하는 곳이 되었다. 쪽염색의 매력을 조금 더 많은 사람들에게 알리고자 2005년 4월부터 컬렉션을 전시하고 공방을 미술관으로 일반 관광객에게 공개하게 되었다고 한다. 지금도 매일 토방에서 수도관으로 썼던 도구에 새하얀 생지를 정성스럽게 말아가는 신도 씨. 더 나은 물건을, 일상에서 사용할 수 있기를 바라는 마음으로 고안해 만드는 쪽염색 작업을 아낌없이 방문객에게 소개한다. (신도 히데토)

The Little Indigo Museum

1. Situated in Kayabuki no Sato, a fairytale-like hamlet of thatched houses
2. An indigo dye atelier and museum converted from a 200-year-old Shoya house
3. Hiroyuki Shindo, the indigo artist and the museum director

Kayabuki no Sato, a little hamlet in Miyama-cho Kitamura region, is a very picturesque place filled with thatched houses. When you walk into the Little Indigo Museum, the biggest building in the hamlet, you will be greeted by the bespectacled museum director, Hiroyuki Shindo. Up in the attic, which has been converted into an exhibition space, you will see nearly 30 indigo-related artifacts that Shindo has collected over the past 30 years, including a pair of denim jeans from the 18th century. He has been fascinated by indigo—a simple plant, the leaves of which, when fermented, dye textiles bright blue. Originally from Kyoto city, he moved his atelier to Kitamura in 1981. Soon after, this hamlet was designated as a historic site and brought in tourism. He opened the museum in his atelier in April 2005. He wants visitors to see, first hand, his dyeing process and, through that experience, to be inspired to use high-quality indigo-dyed items in their everyday life. (Hideto Shindo)

세이보리 セイボリー

1. 참신한 신선식품점 '교토 야오이치 본관' 옥상 레스토랑.
3층 건물 옥상에 초록이 가득한 새로운 교토의 부엌.
1층에서 신선식품이나 반조리 형태 반찬 등을 판매.

2. 눈앞에서 재배 수확하는 채소 등 신선한 식재료.
창밖으로는 옥상 농장 '롯카쿠농장六角農場'이 한눈에 보인다.

3. 쇼지 사쿠莊司索 셰프가 만드는 창의적인 요리.
채소의 다양한 개성을 소중히 다루며 즐겁게 만들고, 상세히 소개도 해준다. 셰프와 담소를 나눌 수 있는 카운터 자리를 추천.

가라스마오이케역에서 도보 3분
www.kyotoyaoichihonkan.com
코스 메뉴는 21시 라스트 오더, 수요일 휴무
디너 17시 30분~20시 30분 (라스트 오더)
점심 11시 30분~15시 (라스트 오더), 티타임 14시~16시 30분
산조가루 산몬지초 220 야오이치 본관 3층 Tel: 075-223-2320
교토부 교토시 나카교구 히가시도인도리

배불리 맛볼 수 있는 '진정한 교토 채소' 롯카쿠도리六角通り의 '쓰지모리자전거상회辻森自転車商会' 옆 마트 '교토야오이치본관京都 八百一本館' 3층의 엘리베이터 문이 열리면 펼쳐지는 옥상 밭. 부드럽고 비옥한 땅에 다양한 채소가 작은 싹을 틔웠다. 한창 작업 중인 한 여성에게 물어보니 지금은 근대로도 불리는 스위스 차드(비트의 일종)를 심고 있다고. 산책 삼아 자주 방문한다는 동네 주민 할머니와 잠시 벤치에 앉아 쉬고 있자, '롯카쿠도六角堂'에서 오후 5시를 알리는 종소리가 들려왔다. 일주일 뒤 다시 방문했더니 유채꽃이 만개했다. 다른 채소들도 잎이 짙어지고 먹기에 딱 알맞게 영근 것들이 많았다. 이 농장에서 운영하는 레스토랑 '세이보리'에서는 젊은 요리사가 요리하는 도중에 농장으로 나와 허브 같은 채소를 톡톡 따가는 모습을 종종 볼 수 있다. 엄청나게 인기가 많아서 예약하지 않고는 방문할 엄두를 낼 수 없는 곳이지만 만일 카운터 자리가 한 자리라도 비었다면 망설이지 말기를! 사실 그곳은 특등석이다. 흰색 조리복을 멋지게 차려입은 쇼지 사쿠 셰프가 "더 드실 수 있지요? 이것도 한 번 드셔보세요!"라면서 특별한 추천 요리를 내어주기도 한다. 요리는 눈앞에 보이는 농장과 야오이치에서 들여오는 채소가 중심이라 식감이 아삭아삭 신선하다. 맛도 플레이팅도 모두 창의적인 일품 요리이다. "아주 작은 차이로 더욱 맛있어지지요"라고 웃으며 요리의 팁을 알려주는 셰프. 레스토랑에서 쓰이는 채소는 아래층에서 구입할 수도 있다. 교토의 일상을 특별한 날로 풍요롭게 해주는 신선한 배움의 장소이다. (구가 오사무)

Savory

1. A restaurant located on the roof of "Kyoto Yaoichi Honkan," an innovative grocery store

2. The restaurant uses the freshest ingredients grown and harvested on site.

3. Saku Shoji, the restaurant's charismatic chef makes creative dishes.

"Savory" is located on the roof of "Kyoto Yaoichi Honkan," a grocery store adjacent to "Tsujimori Cycles" on Rokkaku Street. Go up to the third floor, and when the elevator doors open, you'll step out onto the building's roof. There's a farm there, and on the rich soft soil, there are many ripe greens and other vegetables that are ready to be eaten. Savory faces this farm. Sometimes, young chefs come to the farm to take some herbs. If a counter seat is open, it's actually your best option. Chef Saku Shoji, dressed in a white work jacket, may ask you, "Do you still have room? Want to try this?" And serve you a special dish. The food is made primarily with ingredients from the farm or Yaoichi. The texture of the ingredients is crisp and all of the dishes are served and seasoned beautifully. All the food there is first class.
(Osamu Kuga)

주니단야 본점
十二段家

기온시조역에서 도보 약 5분
junidanya-kyoto.com
런치 11시 30분~13시 30분 (라스트 오더)
디너 17시~20시 (라스트 오더)
Tel: 075-561-0213 목요일, 둘째 주 수요일 휴무
교토부 교토시 히가시야마구 기온초미나미가와 570-128

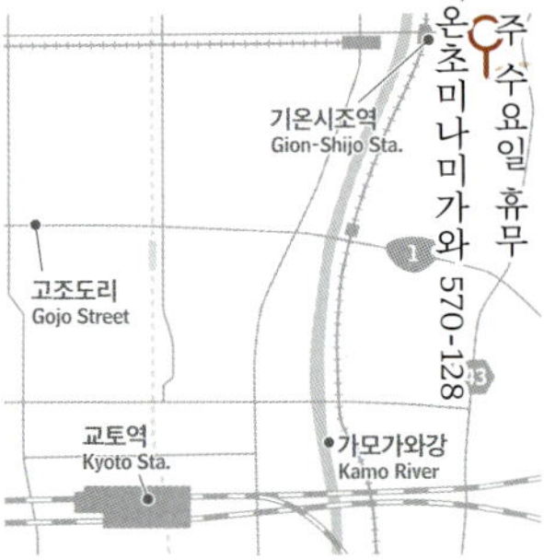

1. 일본 민예운동의 창시자 야나기 무네요시, 가와이 간지로, 판화가 무나가타 시코 棟方志功 등 민예운동의 중심 인물이 모였던 식당.
모든 객실에는 가와이의 도자기 함, 하마다 쇼지의 슬립웨어 (Slipware, 진흙을 묽게 타서 표면에 바르고 구워낸 도기와 옹기) 등 가족 모두가 사랑하는 작품이 전시되어 있다.

2. 증명된 샤부샤부 발상지.
선대가 디자인한 동으로 만든 냄비는 거품이 잘 나지 않아 국물이 깔끔해서 마지막 한 방울까지 남김 없이 마시기에 좋다.

3. 기온에서 가장 아늑하게 쉴 수 있는 고향집 같은 곳.
150년 전통 다실을 개조. 3대 주인인 니시가키 다카미쓰 西垣隆光 씨 가족이 언제나 친절하게 반겨준다.

기온의 '민예 다옥' '주니단야 본점'의 각 방에는 무나가타 시코의 '석가 십대 제자 釈迦十大弟子'의 맹장지 그림, 가와이 간지로와 하마다 쇼지의 도자기와 꽃꽂이 그릇 등 약 100점이 곳곳에 전시되어 있다. 모든 방은 도예가 우에다 쓰네지 上田恒次가 실내 장식을 맡았는데, 일본풍에서 서양풍으로 개조한 화로가 있던 방도, 우에다가 직접 구웠다는 타일이 깔린 화장실도 마치 '가와이간지로기념관' 같다. 사가현 이마리시에서 만드는 도자기 이마리야키 伊万里焼의 큰 접시에 담아주는 새우, 둥근가지 등 다섯 종류의 전채요리, 물을 담은 오목한 그릇을 냄비 아래에 받침으로 놓고, 숯불을 넣은 기둥이 있는 냄비로 즐기는 명물 샤부샤부 코스 요리. 5초, 내가 추천하는 고기 데치는 시간이다. 깨소스에 살짝 담가 윤기가 흐르는 고급 소고기 오미규 近江牛를 눈 깜짝할 사이에 비웠다. 1921년 일본 전통 과자점으로 시작해 하나미코지 花見小路 쪽으로 이전한 뒤 오차즈케 전문점 '주니단야'로 약 40년간 이어왔으나 전쟁으로 초대 가게는 문을 닫았다. 2대 고(故) 니시가키 미쓰하루 西垣光温 씨가 오사카에서 서점을 운영하고 있을 때 무나가타 시코의 소개로 가와이 간지로의 자택(현 가와이간지로기념관)을 방문하게 되었다. 그때 그곳에서 본 수많은 작품과 가구, 생활 양식으로부터 영감을 받아 1945년 교토로 이주해 현재의 건물을 리모델링하여 '주니단야'를 다시 열게 되었다고 한다. 이듬해 민예운동가 요시다 쇼야 吉田璋也와 함께 수많은 샘플링을 거듭해 오리지널 냄비를 디자인했고, 가와이와 맛을 탐구하며 깨소스를 만들었다. 그렇게 훗날 샤부샤부로 일본 전국에 전파된 '소고기 데침' 요리가 이곳에서 탄생한 것이다. 현관에 장식되어 있는 선대가 디자인한 커다란 냄비는 무척이나 우아하고 아름다운 자태를 뽐낸다. 이것이야말로 실용의 미가 아닌가! 전율을 느꼈다. (신도 히데토)

JUNIDANYA

1. The restaurant that drew the central figures of the mingei folk art movement, such as Muneyoshi Yanagi, Kanjiro Kawai, Shoji Hamada, and Shiko Munakata
2. The restaurant, where "shabu-shabu" was invented
3. The most relaxing restaurant in Gion and one that feels like you're at home

In the drawing room of "JUNIDANYA," are approximately 100 works by key figures of the *mingei* folk art movement, including screen paintings by Shiko Munakata, and pottery and vases by Kanjiro Kawai and Shoji Hamada. All the rooms were decorated by the late potter Tsuneji Ueda, and the restaurant feels like "KAWAI KANJIRO'S HOUSE." The five appetizers are served on a large Imari pottery plate and the famed shabu shabu is cooked in a chimneyed pot heated with charcoal sitting on a Shussai pottery plate. In 1921, JUNIDANYA had been open for approximately forty years, but the first owner closed shop after the war. The second owner Mitsuharu Nishigaki reopened the restaurant in 1945, after he moved to Kyoto and renovated the building. In 1946, he designed the special pot with the late Shoya Yoshida, also a member of the *mingei* movement, and created the sesame sauce with Kanjiro Kawai. (Hideto Shindo)

7

다우타샤 田歌舎

소노베 IC에서 차로 약 50분
peraichi.com/landing_pages/view/tautasya
일요일, 화요일 휴무 (간헐적 휴무)
※동절기는 카페도 예약제 12월～3월은 토요일, 일요일, 공휴일만 영업
카페 레스토랑 11시 30분～14시 30분(예약제)
가이드 투어, 화요일 휴무 (예약 필수)
교토부 난탄시 미야마초 도우타가미 고나미 1-1 Tel: 0771-77-0509

1. 미야마초美山町의 식재료를 자급자족하는 레스토랑.
고대 쌀, 사슴 또는 멧돼지고기, 꿩 알, 산나물 등을 먹을 수 있다.
사슴고기를 이곳 특산품으로 만든 미야마초 명소.

2. 사냥 체험이나 캠핑 등을 통해 미야마초의 풍부한 자연을 널리 알린다.
숲에 들어가 식재료를 직접 수확해서 조리하는 프로그램이 있다.
유라강由良川 강가에서 먹는 특제 도시락이 별미.

3. 숲을 개척해 건물 전체를 손수 건축했다.
용수를 끌어온 독자적인 수도 시스템과 67기의 태양광 발전기.
벌채한 삼나무를 레스토랑이나 화장실 등의 건축재로 사용하고,
문 손잡이는 사슴뿔을 사용.

야생의 레스토랑 국도 38호선의 유라강 상류에 있는 팔각형의 산속 오두막 레스토랑 다우타샤에 가면 바로 눈앞에 논이 펼쳐져 있고, 곤줄박이 등 다양한 야생 조류들의 지저귐과 강물 흐르는 소리가 들린다. 다우타 지구의 자연을 피부로 속속들이 느낄 수 있는 아름다운 환경을 자랑하는 곳이다. 요리는 근처 숲에서 사냥한 사슴이나 멧돼지, 논에서 농사지은 쌀과 채소를 사용한다. 게다가 된장과 식초, 향신료 등 조미료까지 거의 모든 식재료를 직접 재배한다. 우리는 사슴고기로 만든 링 소시지와 두릅을 올린 산채 피자를 주문했다. 2003년, 현재의 주방에서 테이블 하나로 시작한 레스토랑 '다우타샤'는 2008년 숙박 건물을 짓고 2011년에 지금의 레스토랑을 만들었다. 건축 자재로는 삼나무를 사용하고, 디자인 등 모든 공정을 스스로 해결했다. 동식물이나 곤충이 많은 원생림 투어 가이드와 포획한 사슴, 멧돼지를 시식하는 사냥 체험 등 좀처럼 경험하기 힘든 다양한 이벤트를 기획했다. 사슴고기는 지금은 거의 모든 부위를 먹을 수 있게 되어 수요도 늘어난 추세이지만, 이곳에서는 로스 등의 고급 부위 외에도 사슴 케밥 등 새롭고 맛있는 메뉴를 개발해 선보인다. 대표 후지와라 호마루藤原誉 씨는 많은 사람들에게 자연 속에서 살아가는 소중함과 즐거움, 그리고 마음만 먹으면 자연에서의 삶이 누구에게나 가능한 것이라는 사실을 널리 전하기 위해 노력해왔다. "새끼 오리 봤나요?"라며 활짝 웃는 호마루 씨. 벼농사에 오리농법을 시작한 것도 올해로 7년째라고 한다. 요리와 함께 나오는 직접 구운 빵에 오리알을 넣은 샐러드를 올려 먹었는데 정말 입에서 살살 녹았다. (신도 히데토)

Tautasha

1. As self-sustaining restaurant in Miyama
2. Promotes the richness of Miyama's natural environment through camping and hunting classes
3. Its owner opened the forest and built the restaurant himself.

There is a farm in front of "Tautasha." You can also hear birds singing and the river flowing there. It's a place where you can really feel nature. The food is made with deer and boar hunted in neighboring forests and produce from the restaurant's own farm. The miso, vinegar, and spices are also almost entirely homegrown.
In 2003, "Tautasha" started as a single-building restaurant operating out of the kitchen that's still used today. In 2008, a building for lodging, and in 2011, the current restaurant building was built. The buildings are made of Japanese cedar and were designed and constructed by its owner Homaru Fujiwara. Tautasha also organizes tours of the virgin forest, which offers a rich variety of animals, insects, and plants, and tours in which participants and hunt and cook the game they kill. Fujiwara says he wants to share the importance and joy of living in a natural environment and show that anyone can do the same. (Hideto Shindo)

쓰지모리자전거상회
辻森自転車商会

가라스마오이케역에서 도보 3분
tsujimori.com
9시~18시 일요일, 공휴일 휴무
Tel: 075-221-5732
히가시토인 롯카쿠아가루 산몬지초
교토부 교토시 나카교구

1. 교토 생활에 빠질 수 없는 자전거의 정취가 있는 전문점.
새롭고 세련된 상점은 진입 장벽이 높지만 이곳이라면 남녀노소 누구나 "자전거, 상태 좋네!" 하며 가볍게 들를 수 있다.

2. 롯카쿠도리의 명소로 알려진 100년 전통 건축물.
롯카쿠도리를 따라 벽에 걸린 낡은 자전거가 간판 역할을 하고 있다.

3. 어떠한 요청도 거절하지 않고, 자기만의 방식으로 대처하여 수리해주는 가게.
선대가 건강상의 이유로 운영을 중단하자 전문 지식이 없던 현재 사장이 독학으로 열심히 공부해 이어받았다. 그렇게 노력한 결과 80년이 넘은 자전거도 탈 수 있도록 수리하는 능력을 갖췄다.

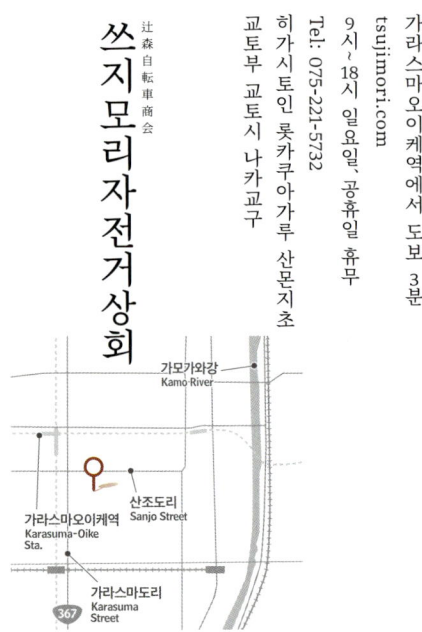

교토 생활의 필수품 교토시에는 자전거 가게가 이곳저곳에 많이 있지만 "여기서 사고 싶어"라고 강하게 끌리는 곳은 롯카쿠도리와 히가시노토인도리 사이의 번화한 교차로에 있는 '쓰지모리자전거상회'이다. 기와 지붕의 목조 건물 외벽에는 공습 경보를 알리는 벨이 남아 있고, 붉은색 'HONDA' 간판이 눈에 띈다. 창가 진열대에는 '브루노BRUNO' 등 최신 모델 자전거가 즐비한 가운데, 히가시노토인도리 쪽은 가게와 거리를 가로막는 장애물 없이 개방된 작업장이 한눈에 보인다. 지금은 신기한 공간처럼 느껴지는 옛 정서가 고스란히 남아있는 자전거 가게이다.

오고 가는 사람들 대부분이 발걸음을 멈추고 자전거를 세워 "안장이 살짝 휘어버렸나봐요" "체인이 빠졌어" "다이짱!(주인장 애칭) 펑크! 펑크!"라면서 주인장 미야모토 다이스케宮本大輔 씨에게 다가온다. 몇 분 지나지 않아 "이제 완벽해! 고마워요!"라고 인사를 건네며 사라진다. 내가 자전거를 고르는 1시간 동안 주인장에게 부탁하는 사람만 해도 50명이 넘는 것 같았다. 수리나 부품 조달에 대한 상담은 물론, 길을 묻는 관광객, 훌쩍 자란 아이와 인사하러 들른 단골 손님, 신발 밑창이 빠졌다거나 장식장이 기울어졌는데 바로 세우려면 어떻게 해야 하느냐, 심지어는 연애 상담까지, 자전거와는 전혀 관계가 없어 장사에는 도움이 안 되는 상담도 있지만, "이 건물과 함께 이곳을 지키고 있는 느낌이 들어요"라며 주인장은 미소를 짓는다. 이곳에서 자전거를 구매하면 그것으로 그치는 것이 아니라 딱히 정비가 필요하지 않은 때에도 편하게 들르고 싶어진다. 그것은 교토 사람들의 일에 대한 근면한 태도와 사람에 대한 다정함 때문이 아닐까. 이곳 주인장의 인품에서도 짐작할 수 있었다. (구가 오사무)

Tsujimori Cycle

1. A bicycle shop with great ambiance; bicycles are essential for Kyoto living

2. Housed in an over-100-years-old building and landmark of Rokkaku Street

3. A bicycle shop that will accept all requests and respond within the repairperson's ability

There are many bicycle stores in Kyoto, but the one that made me want to buy a bike there is "Tsujimori Cycle," located at the busy intersection of Rokkaku and Higashinotoin Streets. In the window are the latest models from "Bruno" and others, but the side of the shop facing Higashinotoin Street is completely open and houses the work area. It's an old school bicycle shop, the likes of which are quickly disappearing. Many people biking by stop and talk to the shop owner Daisuke Miyamoto. In the hour it took me to choose a bicycle, no less than 50 people stopped in to talk to him. People asked about repairs and parts and tourists asked for directions. Some of the questions had nothing to do with bicycles, but Miyamoto laughed and said, "It's all a part of living in this city with this building." Now I've bought the bike, but I still want to visit the shop. (Osamu Kuga)

아리쓰구 有次

가와라마치 역에서 도보 약 5분
www.kyoto-nishiki.or.jp/stores/aritsugu
9시~17시 30분, 1월 1일~3일 휴무
Tel: 075-221-1091
니시키코지도리 고코마치니시이루
교토부 교토시 나카교구

1. 누구나 인정하는 최고의 부엌칼과 요리 도구점.
"도구는 사용하는 사람이 스스로 닦고 손질함으로써 비로소 손의 일부가 된다"라고 손님 한 사람 한 사람에게 물건을 소중히 다루는 마음가짐을 전수한다.

2. 타협하지 않는 뚝심과 결코 흔들림 없는 상인의 자세.
전세계에서 관광객이 찾아올 만큼 신념과 스타일을 두루 겸비한 곳. 구매는 현금으로만 가능하다.

3. 십수 년 전 상품이라도 수리할 수 있는 평생 서비스.
"칼이 녹슬거나 날이 마모되어도 수리해서 오래 쓸 수 있는 물건을 만드는 것이 장인"이라며, 전국의 장인과 기술자를 양성하는 일에도 사명감을 가진다.

물건의 생명은 소중하다 얼마 전, 30년 전 부모님의 결혼 기념일 선물이었다는 황동 주전자를 회사 동료가 건네주었다. 일부가 찌그러지고 손잡이 부분이 떨어졌고 내부 바닥은 검게 변색되어 있었다. 동료는 이것을 수리할 수 있는지 물어봐달라고 했다. 이 주전자를 구매한 '아리쓰구'는 교토시의 '니시키시장錦市場'에 있다. 손님으로 인산인해인 매장에서 간신히 안쪽 카운터로 가서 사정을 설명하니 점원은 "어디 한번 보지요"라며 주전자를 열어보았다. "이렇게까지 잘 사용해 주셔서 너무 다행이군요. 그럼 여기, 여기… 여기도" 하면서 수리할 부분을 순식간에 살펴보더니, 바로 요금표를 첨부해 견적까지 받는 데 5분도 채 걸리지 않았다. 30년도 더 된 물건인데, 거의 같은 형태의 새 제품을 가져와서 보여주더니 수리하면 이렇게 새것처럼 고쳐진다고 친절하게 설명해주었다. 그 모습에 감동하고 있자니 장인처럼 보이는 점원 분이 "도구란 그런 거니까요"라고 짧게 한마디 하며 기분 좋은 미소를 지었다. 동행한 편집부 사사키 아키코佐々木晃子 씨도 감동한 나머지 이곳의 도구를 사야겠다며 1시간 정도 심사숙고 끝에 부엌칼을 골랐다. 칼을 구매하면 무료로 이름을 새겨주는데 새기는 동안 칼 가는 법도 찬찬히 일러준다. "날렵하게 잘 사용되어라"라는 기능적인 것 이상으로 "오래 도움이 되기를, 힘들면 수리하러 오렴"이라는 다정한 당부와 함께 칼에게 영혼을 불어넣는 듯하다. 도구는 소중히 다루면 영원할 수 있는 생명력이 있다. 그 사실이 틀림없음을 일깨워주는 상점이다. (구가 오사무)

Aritsugu

1. The finest knife and cookware shop in the world

2. A shop that sticks to its beliefs and style and draws customers from around the world

3. The shop offers comprehensive aftercare service. It will repair products sold decades ago.

A colleague gave me a copper kettle, which she said it was given to her parents as a wedding gift over 30 years ago. A part of it was dented, the handle had come off, and the interior had turned black. He wanted me to see if it could be repaired. "Aritsugu," where it was purchased, is located in Kyoto's Nishiki Market. I walked through the crowded shop to the counter at the back and explained the situation. The clerk commented, "So nice that it was used so much. Here, here, and here." Immediately assessing the parts that needed mending, he looked at the price list and gave me an estimate. It took all of five minutes. He brought a new, almost identical product and said, "It'll look like this when we're done." The shop will also engrave your name if you desire. Used with care, good tools will last forever. This is a shop that clearly conveys that fact. (Osamu Kuga)

시바큐 志ば久

오라하 버스 정류장에서 도보 약 10분
www.shibakyu.jp
9시~17시 30분, 수요일 휴무
Tel: 075-744-4893
교토부 교토시 사쿄구 오하라쇼린인초 58

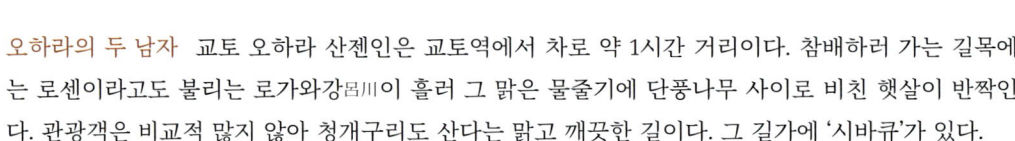

1. 전통 차조기 잎으로 만드는 명물 '시바즈케志ば漬'.
고집스럽게 씨와 밭을 지키고, 특별한 맛을 추구해 철두철미하게 지켜낸 오하라만의 시바즈케.

2. 오하라를 일으킨 리더와 같은 존재인 아버지와 아들.
아버지가 판매와 기획을 담당하며 매장을 지키고, 아들이 영업과 제조를 담당해 밭을 지킨다. 세상에서 좋다고 말하는 것이 아니라 본인들이 좋다고 생각하는 것을 만들고 판매한다.

3. 산젠인三千院 참배에 가면 꼭 기념품으로 사오고 싶은 아름다운 포장지.
포장지와 종이 가방은 다섯 종류로 그중 좋아하는 색을 고를 수 있다. 전부 모으고 싶을 정도로 멋지고 예쁘다.

오하라의 두 남자 교토 오하라 산젠인은 교토역에서 차로 약 1시간 거리이다. 참배하러 가는 길목에는 로센이라고도 불리는 로가와강呂川이 흘러 그 맑은 물줄기에 단풍나무 사이로 비친 햇살이 반짝인다. 관광객은 비교적 많지 않아 청개구리도 산다는 맑고 깨끗한 길이다. 그 길가에 '시바큐'가 있다.

토속적인 서체의 간판과 쪽염색한 포렴(점포의 처마 끝이나 출입구에 간판처럼 늘인 천 장식)이 상쾌한 느낌을 준다. 대표 상품은 물론 시바즈케로, 주원료인 차조기 잎을 재배하는 밭이 가게 바로 뒤에 있어 농사를 담당하는 구보 하지메久保統 씨가 안내해 주었다. 이곳의 차조기 잎은 매년 직접 재배한다고 한다. 오하라는 주변이 산으로 둘러싸인 작은 분지로 꽃가루 등이 외부로부터 날아들기 어려워 이곳의 차조기 잎은 원종原種에 가깝다고 한다. 방문했을 때 만개한 유채꽃이 관광객의 눈을 호강시키기에 충분했는데 시들면 꽃잎은 차조기 잎의 비료가 되고 봉우리는 절임으로 만들어진다. 한 달 뒤쯤 다시 방문해보니 작은 잎이 두세 장 보이던 차조기 잎이 무성하게 자라 비닐하우스에서 조금 떨어진 밭에 옮겨 심어져 있었다. 구보 씨 가족 모두가 정성스럽게 손으로 하나하나 작업한다. 밭은 오하라의 산마을이 눈 아래 펼쳐지는 멋진 조망을 자랑한다. 관광객이 안쪽에서 산책하며 그 풍경을 볼 수 있도록 밭 일부를 비워서 길을 내었다. 밭 입구에는 구보 씨의 아버지가 자필로 써서 만든 관광 안내판이 세워져 있는데 '여기서부터 눈길이 닿는 곳 모두가 오하라 마을'이라고 적혀 있다. 여행객의 마음에 남는 것은 깊은 역사나 장대한 이야기가 아닌 진심 어린 다정함과 배려가 아닐까, 마음에 새겨본다. (구가 오사무)

Shibakyu

1. Shibazuke pickles made with heirloom shiso leaves
2. A father and son team that leads the revitalization of Ohara
3. Beautiful wrapping paper, which you must get as a Sanzen-in temple souvenir

"Kyoto Ohara Sanzen-in" is an hour drive from Kyoto station. The sunlight filtered through the maple leaves plays radiantly upon the surface of the Ro River, which runs serenely along the path to the temple. It's a beautiful approach. "Shibakyu" is located along this path. Its folk craft style sign and indigo-dyed shop curtain are brilliant. Its most popular item is the "shibazuke" pickles. The shiso leaves, which it's made of, is grown just behind the shop. Hajime Kubo, who grows them, showed us the farm. He and his family plant and grow all the shiso by hand. The farm is also a beautiful sight and a path just wide enough for tourists to walk through has been left open. A sign placed at the entrance of the farm by Kubo's father reads, "From here on, is Ohara village as far as the eye can see." I thought to myself, "What make the strongest impressions on a travelers' heart are earnestness and sincerity."
(Osamu Kuga)

나이토상점
内藤商店

교토부 교토시 나카교구
산조오하시니시즈메 기타가와
Tel: 075-221-3018
www.joho-kyoto.or.jp/~sankoba/omiseyasan/naito/naito.html
9시 30분~19시 비정기적 휴무, 1월 1일~1월 3일 휴무
산조역에서 도보 약 3분

1. 한눈에 반할 만한 종려나무 제품 전문점.
장인의 기술로 만들어낸 빗자루, 수세미, 욕실 매트,
모두 특별한 상품. 기술의 정교함, 제대로 만든다는 자신감을
미소로 전해주는 곳.

2. 조금씩, 확실한 품질의 물건만을
무리하지 않는 선에서 판매.
간판도 없고 온라인 판매도 하지 않는다. 물론 재고를 특별히
남겨주지도 않는다. 이곳에서만 판매하는 특별한 한 점을 사기
위해서는 발품을 팔고 운도 따라야 한다.

3. 교토의 거리 곳곳에서 사용되며
아름다운 풍경의 일부가 되고 있다.
교토의 사찰, 전통 여관, 카페, 서점, 편집숍 등에서 이곳의
빗자루나 매트를 사용한다. 교토의 정취를 느낄 수 있는 또
하나의 방법.

매일 사용하는 최고급품 가모가와강으로 향하는 길 산조도리. 산조대교 바로 앞을 지나면 잠시 시간이 멈춘 듯한 느낌을 받는다. 백년이라는 세월을 지키고 있는 종려나무 제품 전문점 때문이다. 앞쪽 진열장에는 수세미가 가지런히 놓여 있는데 마치 빵처럼 동글동글 귀엽고 맛있어 보인다. 만져보니 촉감이 부드럽다. 위쪽 문틀에 걸어놓은 빗자루를 가리키며 엉뚱한 질문을 해본다. "저건 빗자루인가요?"라고. 그 정도로 예쁜 빗자루였다. 7대째 주인장 나이토 사치코 内藤幸子 씨는 "예쁘지요? 실내용 빗자루에요"라고 웃으며 하나를 꺼내 사용하는 방법을 알려주었다. 몸의 정면에서 수직에 가까운 각도로 잡고 빗질은 낮게 부드럽게 쓰다듬듯이 쓴다. 카페트나 다다미 사이에 낀 먼지도 깨끗하게 쓸린다. 종려나무를 빗자루로 만드는 작업은 무척이나 정교하다. 검은색 대나무를 쪼개 만든 얇은 막대가 사용하는 사람마저 아름답게 보이게 하는 마법의 빗자루이다.

첫 방문 때는 다음 취재 일정 때문에 구매하지 못해 부랴부랴 다음 날 사러 갔지만 안타깝게도 품절되어버렸다. 재입고를 문의하자 실내용 빗자루를 만드는 장인은 한 명뿐인데 긴 것 열두 가지, 짧은 것 다섯 가지를 순서대로 만든다고 한다. 따라서 내가 원하는 종류의 빗자루가 입고되는 날을 확답할 수 없다고. 아쉬움을 뒤로한 채 일주일 후에 다시 방문해봤는데 원래 진열되어있던 위치에 빗자루가 걸려 있었다. 다른 종류의 빗자루였지만 망설이지 않고 바로 구매했다.

"예쁘니까 걸어두기만 하는 사람도 있지만 꼭 사용해주세요. 정말 좋은 빗자루이고, 쓰면 쓸수록 빗자루도 더 예뻐진답니다." 왜 교토가 이토록 깨끗한지 그 이유를 알 것 같았다. (구가 오사무)

Naito Shoten

1. A shop specializing in hemp-palm products, which you'll fall in love with at first sight

2. A shop that humbly sells only a small number of items, and only what it truly believes in

3. Its products are used throughout Kyoto and help maintain its beautiful appearance.

On Sanjo street, towards the Kamo River and just before Sanjo Ohashi bridge is a hemp-palm store that's nearly 200 years old. Walking into it is like traveling back in time. At the front of the store are rows of delicious scrubbing brushes that look like croquettes. I pointed to a broom and foolishly asked, "Is this a broom?" It was so beautiful that I was unsure. The seventh-generation owner Sachiko Naito answered, "It's beautiful, isn't it? This one's for interior use." She smiled and showed me how to use it. It's great for cleaning carpeted floors and dust caught between tatami mats. When I visited again the next day, the broom had been sold. When I asked when she might restock it, she replied that there's only one person that makes the indoor brooms, and that he's making seventeen variations in order, so that it was difficult to say when. A week later, however, the same broom was hanging in the same place. I bought it without hesitation this time. (Osamu Kuga)

12 이노다커피 본점
イノダコーヒ

교토부 교토시 나카교구
사카이마치도리 산조사가루 도유초 140
Tel: 075-221-0507
7시~17시 30분(라스트 오더) 휴무일 없음
www.inoda-coffee.co.jp
가라스마오이케역에서 도보 약 5분

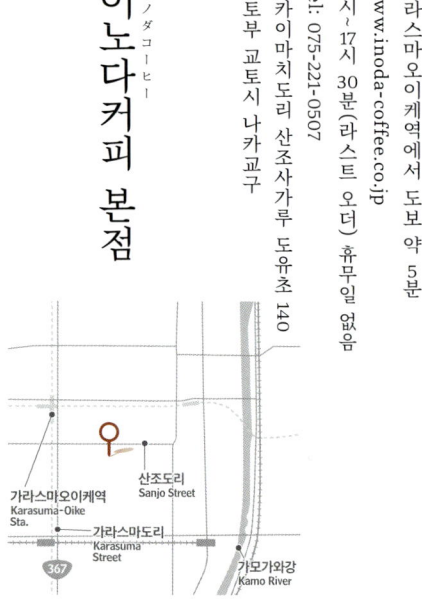

1. **1947년 개점한 교토 커피 문화의 대표격.**
격식 있는 훌륭한 접객 서비스와 쾌적하고 안락한 분위기. 세련된 플레이팅과 빨간색 커피포트 로고가 곳곳에서 빛을 발한다.

2. **1999년 화재를 겪었지만, 교토 사람에게 사랑받던 이전 모습으로 완벽하게 복원.**
방화지구여서 목조 건축 허가를 얻지 못해 콘크리트로 보수했지만 목조로 느껴지도록 외관을 재현해 2000년 재오픈했다.

3. **다양한 명물 메뉴와 오리지널 블랜딩 '아라비아의 진주'가 특별하다.**
간판 메뉴는 비프가스샌드와 새우튀김을 넣은 롤빵 세트. 매일 바뀌는 특별 메뉴와 생과일 오렌지 주스도 별미이다.

이노다를 만나러 현지인과 관광객 모두에게 오래도록 사랑받고 있는 산조 사카이마치堺町의 유명한 '이노다 커피 본점'. 입구의 짙은 갈색 포렴을 가르고 들어오는 사람들 얼굴에 미소가 가득하다. 기와지붕과 검정색 외벽은 마치 오래된 창고와 같은 격조가 느껴지는데 2000년에 신축되었다고 해서 무척 놀랐다. 화재와 노후화 등을 이유로 수작업으로 정성을 들여 해체한 후에 가급적 원래 재료로 새 건물을 복원했다고 한다. 재건축으로 인한 변화를 우려해 매일 공사 현장을 확인하러 온 단골도 적지 않았다고. 외관은 예전 모습을 그대로 재현했고 창문틀은 알루미늄 재질이지만 마치 목제처럼 도장했다. 스테인드글라스, 정원의 연못도 예전 모습 그대로 훌륭하게 재현하는 데 성공했다. 입구 왼쪽 적색, 흰색, 청색 삼색 외관의 '추억의 방'에는 1947년 개업 당시의 시계, 카운터 등을 설치해두었다. 금연실을 원하면 낮은 조도의 차분한 레트로 분위기의 구관으로 안내해준다. 흡연실을 원하면 천장이 5미터 정도 높게 뚫려 시원한 개방감이 느껴지는 넓고 모던한 신관에 앉을 수 있다. 의자와 테이블은 예전에 사용하던 것을 수리해 쓰고 있다. 새롭게 들인 것들도 동일한 디자인으로 맞춰 통일감을 느끼게 한다. 새것이지만 예전 분위기가 고스란히 남아 있다. 변하지 않고 모두가 사랑한 '이노다'로 계속 남아 있는 모습은 훌륭한 서비스, 맛있는 커피와 요리, 그리고 손님을 대하는 이노다만의 태도를 통해 느낄 수 있다. (구가 오사무)

Inoda Coffee Honten

1. Symbol of Kyoto's coffee culture opened in 1947
2. Damaged by fire in 1999, it retains its original appearance loved by Kyoto locals
3. Offers many famous items including the delicious "Arabian Pearl" blend

The main branch of Inoda Coffee has been loved by locals and tourists alike for years. Everyone enters and exits the shop through its dark brown shop curtain with a smile. With its tiled roof and black exterior wall, it looks like an old cellar building, and I was surprised to learn that it was rebuilt in 2000. The exterior was finished to replicate the original building. The window frames, for example, are aluminum, but have been painted to look like wood. The stained glasswork and pond in the garden have all been restored to retain the original Inoda Coffee's appearance. The "Memorial Room," painted red, white, and blue, and located to the left of the entrance, has been restored to its 1947 form with the original clock and cash register. Ask for the non-smoking section, and you'll be lead to a low-ceilinged, dimly lit retro-feeling room in the old wing. Ask for smoking, and you'll be led to the new wing, which features a modern, refreshing well-type structure with a five-meter high ceiling. (Osamu Kuga)

13

다실 가보쿠 잇포도차호
喫茶室 嘉木 一保堂茶舗

교토시청역에서 도보 약 5분
www.ippodo-tea.co.jp
10시~17시 (라스트 오더 16시 30분) 연말연시 휴무
Tel: 075-211-3421
데라마치도리 니조아가루
교토부 교토시 나카교구

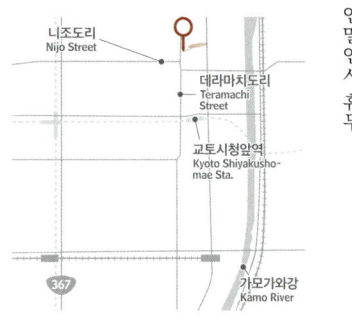

1. 정통 교토 명차를 간편하게 즐길 수 있는, 일본차 전문점이 운영하는 찻집.
메뉴는 일본차 한 가지. 산책할 때 마시기 좋은 찻주전자로 내려주는 일본차 테이크아웃 서비스가 있다.

2. 기요미즈야키淸水燒 찻주전자 등 오리지널 다기로 배우는 체험형 찻집.
손님 한 사람 한 사람 정성껏 가르치는 잇센메一煎目(찻잎을 넣은 다호에 뜨거운 물을 붓고 살짝 불린 뒤 따르는 첫 번째 차). '차 내리는 법 강좌' 이벤트도 정기적으로 열리며 외부 출장 강의도 한다.

3. 마셔본 후 마음에 드는 일본차를 매장에서 구매할 수 있다.
상품에 어울리는 세련된 패키지 디자인이 매력적이다. 고르는 즐거움과 선물하는 기쁨을 동시에 맛본다.

스스로 내려 마시는 최고의 교토 명차 과자점 '무라카미카이신도村上開新堂' '산가쓰쇼보三月書房' 등이 있는 은행나무길 데라마치도리에서 일본차 전문점 '잇포도차호'는 중후한 분위기를 자아낸다. 매장 내 선반에는 다호가 줄지어 진열되어 있고, 흰옷을 입은 남성과 흰색 삼각보를 머리에 쓴 여성이 카운터에서 손님을 맞이한다. 모두 밝고 활기가 넘친다. '가보쿠'는 상점 안에서 운영하는 찻집으로 매장에서 판매하는 일본차 대부분을 주문해 마실 수 있다. 일곱 명이 앉을 수 있는 카운터 좌석과 두 명이 앉는 테이블이 열두 석 있다. 나는 카운터에 앉아 교쿠로(옥로차)를 주문했다. 잠시 기다리니 찻주전자에 찻잔 네 개와 화과자가 함께 나왔다. "설명해드릴게요"라고 여성 점원이 말을 건넨다. "교쿠로는 우선 뜨거운 물을 찻잔에 담습니다. 그리고 찻잔 네 개로 뜨거운 물을 바꿔 담아 69도 정도로 식힌 후 찻잎을 넣어둔 찻주전자에 붓습니다. 같은 방법으로 세 번 정도 우려내어 드시면 됩니다"라고 일대일로 상세하게 가르쳐주었다. 1717년 차와 잡화를 취급하는 가게로 창업한 이곳은 가장 맛있는 일본차를 제공하고 차 내리는 법을 널리 알리자는 취지로 1995년부터 체험형 찻집을 오픈했다. "마지막 한 모금까지 풍미가 응축되어 있지요." 손에 알맞게 쥐어지는 찻주전자로 스스로 정성껏 내려 마시는 고급스러운 금색을 띈 교쿠로는 극강의 구수함과 마치 맛있는 국과 같은 감칠맛마저 느껴진다. 옆자리 외국인 관광객은 혼자서 말차를 우려내고 있었다. 유창한 영어로 친절하게 가르쳐주는 점원이 곁에 있어서일까 무척이나 능숙해 보였다. 차를 다 마시고 계절 한정으로 판매하는 신차를 선물용으로 골랐다. (신도 히데토)

Ippodo Tea Main Store in Kyoto Kaboku Tearoom

1. A Japanese tearoom where one can enjoy authentic Kyoto tea casually
2. An experiential tearoom where one can enjoy original tea pottery
3. One can purchase any tea leaves you like

The Ippodo tea main store is beautiful. Inside, tea urns line the shelves, and staff in white cheerfully welcome customers over the counter. Kaboku is adjacent to the tea shop. When I ordered a cup of gyokuro, the female staff cheerfully explained it in detail as I sipped it. Ippodo opened its door in 1717, selling tea and other things. In order to teach people how to make tea in a manner appropriate to the leaves they sell, they opened Kaboku in 1995. At the next table, tourists from abroad were making maccha tea, and next to them stood staff who spoke fluent English. As a gift, I bought new tea leaves only sold this season. (Hideto Shindo)

14

미야마스이센안 SAI
美山粹仙庵

소노베 IC에서 차로 약 40분
카루노 54-1
교토부 난탄시 미야마초 우치쿠보시타

1. 유라강, 오래된 민가, 물레방앗간, 벚꽃과 은행나무 등 아름다운 경치를 어느 자리에서나 감상할 수 있다.
경치가 압권이므로 반드시 창가 자리에 앉기를 권한다.

2. 봄은 민물고기, 여름은 은어, 가을은 표고버섯, 겨울은 멧돼지 등 미야마초의 계절 식재료 요리가 단연 으뜸.
카페 이용만으로는 아쉬울 정도로 훌륭한 주인장 야마다 타케시 씨가 만드는 사계절 형형색색의 요리.

3. 양조 기술자인 영국인 필립 하퍼Philip Harper 씨의 일본술을 판매.
이곳에서만 살 수 있는 세 가지 명주 '와쿠와쿠교미야마和く輪く京美山' '미야마스이센美山粹仙' '와쿠와쿠和く輪く'는 주인장의 아버지 후미오文男 씨가 만든 일본술.

미야마의 사계절에 흠뻑 매료된 부자가 운영하는 곳 미야마에 5월에 방문했는데 벚꽃 시즌은 이미 끝났지만 초록이 싱그럽고 아름다운 날이었다. '가야부키마을'에서 유라강 하류로 차로 약 5분 달리면 강가 언덕에 자리잡은 오래된 민가 '미야마스이센안'이다. 연두색 포렴을 가르고 안으로 들어가면 강가 쪽 벽이 전부 유리창이어서 유라강을 한눈에 내려다볼 수 있는 최고의 경치가 펼쳐진다. 구두를 벗고 좌식 자리로 이동해 창쪽에 앉았다. 주인 야마다 다케시山田剛志 씨의 아버지 후미오 씨는 1991년 미야마초의 자연에 매료되어 오사카에서 미야마초 가시하라樫原로 이주했다. 오래된 민가를 리모델링해 하루 한 그룹만 이용할 수 있는 민박 '미야마스이센안'을 이곳에서 운영하기 시작했다. 아버지의 뒤를 이어 다케시 씨도 미야마초의 자연에 흠뻑 빠져 2008년 부부가 함께 이 마을로 이주했다. 아버지 밑에서 2년간 배운 후 에도시대 기름집이었던 건물을 매입해 가족 모두 힘을 모아 리모델링했다. 창문에서 바라보는 아름다운 경치를 가장 중요하게 여겨 설계했다고. 아버지의 친구가 경영하는 '기노시타주조木下酒造'의 양조자 필립 하퍼 씨가 초가집의 오래된 억새풀을 비료를 사용해 빚어내는 '와쿠와쿠교미야마' 등 일본술은 창고를 리모델링한 옆 주류점에서 어머니가 주로 판매를 담당한다. 민물고기 소금구이가 메인인 '슌사이고젠'을 먹고 후식으로 미야산의 검은콩차를 마셨다. 흐르는 강물 소리, 물레방아 소리가 기분 좋게 들린다. 본가의 아버지께 드릴 일본술을 한 병 구입해 가는 발걸음이 유난히 경쾌하게 느껴졌다. (신도 히데토)

Miyamasuisen-an SAI

1. The view of Yura River, old houses, water mill, cherry blossom and ginko trees from every table

2. Serves seasonal local dishes: Amago trout in spring, ayu fish in summer, shiitake mushrooms in autumn, and boar in winter

3. Can purchase Philip Harper's sake

Miyamasuisen-an SAI is an old house built atop the river cliff. Through the yellow-green curtain, you find that the entire wall is a window with a view of the river. I sat at the window seat. Fumio Yamada, the current owner's father, moved to Miyama-cho in 1991 and renovated an old house to open Miyamasuisen-an, an inn. Takeshi Yamada, his son, moved here in 2008 when he fell in love with his father's lifestyle and the beauty of Nature in this town. He apprenticed at his father's inn for two years, bought a building built in the Edo period, and renovated it with his family. Japanese sake distilled by Phillip Harper, his father's friend, is sold next door to the restaurant. I ordered the Spring Special and drank black bean tea made in Miyama. With the sound of the water mill and the river current, it was such a lovely time. (Hideto Shindo)

※ 현재 휴업 중.

고센 工船
FACTORY KAFE

데마치야나기역에서 도보 약 5분
12시~21시 월, 화 휴무 (공휴일의 경우는 영업)
Tel: 075-211-5398
ooyacoffeeassociees.com
이마데가와사카루 가지이초 448
교토부 교토시 가미교구 가와라마치도리

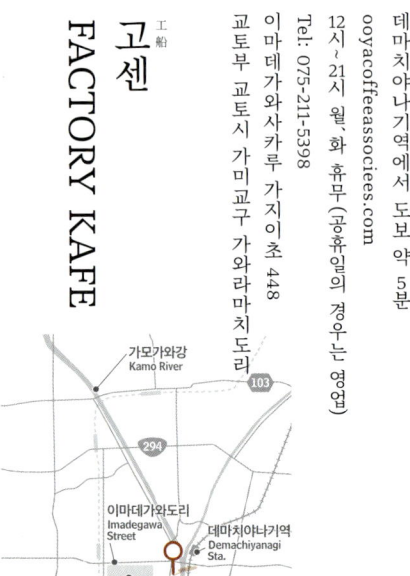

1. 교토에서 배전하는 '오오야커피배전소オオヤコーヒー焙煎所'의 커피를 마실 수 있고, 원두도 구매 가능하다.
커피는 한 사람 한 사람 손님의 취향을 물어본 뒤 유리공예 작가 쓰지 가즈미 씨의 컷글라스 잔에 내어준다. 찻잔이나 접시 등은 점주의 아버지인 옻칠 작가 세토 쿠니카쓰 씨 작품이다.

2. 교토 생활의 필수품 자전거까지 구매 가능한 독특한 찻집.
가모가와강, 시모가모 신사 등 교토 자전거 관광의 거점이기도 한 이곳을 지나칠 수 없다.

3. 티셔츠 전시, 태국 특산물 전시 등 독자적인 이벤트를 기획해 커피와 함께 소개한다.
다양한 이벤트를 개최해 교토의 커피를 여러 방면으로 알린다.

다문화 교류에 앞장서는 찻집　데마치야나기出町柳에 있는 흰색 복합 건물 2층 한편에 'FACTORY KAFE 고센'이 있다. 카페는 ㄱ자 모양인데, 들어가면 오른편에 배전기, 왼편에 'TORCH'의 커피 드립퍼 등이 전시되어 있고 정면에 의자 여섯 개가 놓인 카운터가 보인다. 왼쪽의 좁은 공간에는 사용감이 있는 공구와 자전거 몇 대가 천정과 벽에 걸려 있는데, 카페와 별개로 자전거 가게 '밧치구바이시클バッチグーバイシクル'을 숍인숍 형태로 운영하고 있다. 커피는 수십 종의 원두를 제각각 4단계 배전을 거치고, 두 종류의 드립으로 제공한다. 나는 '과테말라산 원두를 살짝 볶아 진하게'를 부탁했다. 카페 주인 세토 사라사瀬戸更沙 씨는 데라마치의 카페 '파차마마パチャママ'에서 바리스타로 근무했었는데, 사장이었던 오오야 미노루オオヤ ミノル 씨가 배전업에 전념하게 되어 2003년에 문을 닫자 본인의 카페를 열기로 결심하게 되었다고 한다. 2005년에 오오야 씨에게 배전 기술을 배워 2007년 'FACTORY KAFE 고센'을 오픈했다. 초기에는 세 군데 잡화점이 입점해 공동 운영하는 형식이었다. "커피는 요리라고 생각해요. 물론 그렇게 인정하는 사람이 거의 없지만요. 그래서 맛있는 음식, 멋진 물건 옆에 내가 만든 커피를 두고 선보이고 싶었어요"라고 말하는 세토 씨. 앞으로 의류나 꽃 전시도 열어 다양한 볼거리를 제공할 계획이라고. 정성스럽게 내려주는 융드립 커피를 술을 음미하듯 천천히 마셨다. 그리고 머지않아 이곳에서 자전거를 구매하기로 마음먹었다. (신도 히테토)

FACTORY KAFE KOSEN

1. Where one can drink and purchase Ooya coffee baisenjo, made with coffee beans roasted in Kyoto

2. A café where one can also purchase bicycles, a must for living in Kyoto

3. Curates original events that match up coffee with t-shirts or Thai-made products

The L-shaped shop displays a coffee roaster to the right and coffee-related goods to the left; as you walk in, you face a 6-seat counter. In the small corner to the left, they display used tools and bicycles hanging from the ceiling and walls. FACTORY KAFE KOSEN is run by a bicycle shop. Sarasa Seto, the owner, used to work at a café in Teramachi, but the café's owner, Minoru Ooya, wanted to focus on roasting beans, so the café was closed in 2003. Seto's desire to open a café in Kyoto convinced her to train under Mr. Ooya, and eventually she opened FACTORY KAFE KOSEN in 2007. Back then, there were three shops under one roof. She is planning to have clothing and flower exhibitions in the near future. (Hideto Shindo)

16

교토의 집 이시하라
京の宿石原

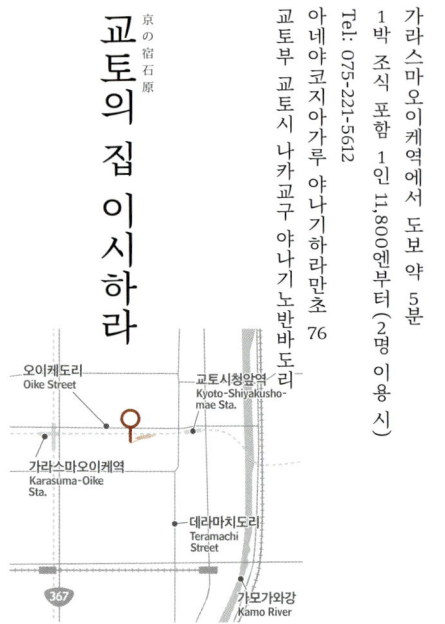

아네야코지아가루 야나기하라만초 76
교토부 교토시 나카교구 야나기노반바도리
Tel: 075-221-5612
1박 조식 포함 1인 11,800엔부터 (2명 이용 시)
가라스마오이케역에서 도보 약 5분

1. 원래 골동품 가게였던 오래된 상가 주택을 오래도록 소중히 지켜온 여관.
빌딩이 즐비한 교토시 중심에 옛 정취를 느낄 수 있는 건물로, 현재는 1박 및 조식을 제공하는 휴식형 민박.

2. 유쾌함과 센스가 돋보이는 디자인은 주인장이 손수 만든 작품들.
조명 기구는 프랭크 로이드 라이트의 작품을 모태로 한 디자인. 창고에는 장난기를 가득 담아 리폼한 닛산 '블루버드 510 모델' 1970년산도 있다.

3. 영화감독 구로사와 아키라黑澤明가 생전에 오랫동안 묵었던 여관으로, 현재도 그 방에서 숙박할 수 있다.
1980년 오래 머물면서 '가게무샤影武者'를 완성했고 '8월의 광시곡八月の狂想曲' '비 그치다雨あがる'의 각본을 이곳에서 썼다고 한다. 책상 나무 상판에 감독의 친필 사인이 남아있다.

손님을 모시는 일은 당연한 일상 오이케도리에서 아네코지姉小路로 내려가는 길목에 하라이시라고 쓰인 간판이 있어 의아했는데 반대편에서 보니 좌우가 바뀐 '이시하라'로 읽힌다. 이시하라 모토하루石原元治 씨와 부인 히로코弘子 씨가 운영하는 민박이다. 건물 내부는 미로처럼 객실, 식당, 욕실 모두 작은 정원이 보이도록 설계되었다. 시시각각 변하는 햇살과 바람이 잘 드나들어 쾌적하다. 더불어 나무 기둥, 흙벽, 가느다란 격자 창틀과 창호지 모두 아늑하게 느껴진다. 1998년 타계한 구로사와 아키라 감독 생전에 단골이었던 민박집으로 길게는 한 달 넘게 머물렀다고 한다. 각본을 쓰거나 친구들과 식사하기도 했다는데 지금도 감독이 쓰던 방을 특별히 보존하지 않고 일반 손님이 묵을 수 있도록 했다. 따끈한 목욕물에 폭신한 이불, 청결한 화장실, 모든 것에 부족함 없이 세밀한 부분까지 신경 쓴 모습이 눈에 띈다. "대단한 민박집이 아니랍니다. 손님을 모시는 것이란 그럴싸하게 꾸민다고 되는 것이 아니지요. 그저 있는 그대로 편안하게 모십니다"라며 주인장은 웃어 보인다. 다음 날 아침 붉은 칠을 한 목제 식탁에서 아침을 먹고 구로사와 아키라 감독도 사용한 재떨이에 재를 떨고, 찻잔에 차를 따라 마시며 정원을 내다보며 쉬고 있으니 "구로사와 씨는 빨리 일을 끝내는 날이면 늘 여기에 앉아 거북이를 바라보곤 하셨어요"라고 맛있는 요리를 담당하는 부인이 전해주었다. 실제로 정원에 거북이가 살았는데, 내가 손 씻는 그릇을 가만히 들여다보자 귀엽게 목을 삐죽 내밀어주었다. 지금 내가 보는 이곳의 모든 것, 그리고 상상하게 만드는 것들이 예나 지금이나 변함없이 소중하다는 사실에 분명 구로사와 아키라 감독도 감동하지 않았을까 감히 짐작해본다. (구가 오사무)

Ishihara

1. An inn housed in an old townhouse previously occupied by an antique dealer

2. Handmade fixtures that exude humor and good design sensibility

3. The inn was regularly used by Akira Kurosawa in his later years and you can stay in the room that he stayed in.

"Ishihara" is an inn owned by Hiroko and Motoharu Ishihara. The interior of the building is like a labyrinth, but the guestrooms, dining room, and bath are all designed to face the courtyard and the light changes from moment to moment. The air also circulates nicely and comfortably. The wooden pillars, earthen walls, latticed windows, and paper screen doors are all comforting. Akira Kurosawa was a regular guest in his later years and he stayed sometime for an entire month working on scripts and dining with friends. After breakfast, I had some tea and a cigarette, using the same ashtray Kurosawa used. As I looked at the courtyard, Hiroko Ishihara, co-owner and master chef told me that when Kurosawa finished work early, he would sit where I was sitting and stare at the turtle in the courtyard. Amazingly, the same turtle still lives in the courtyard. When I peered out to find it, it accommodatingly turned its head towards me. (Osamu Kuga)

※2021년부터 휴업 중. 재오픈 예정.

오야도 누노야 小宿 布屋

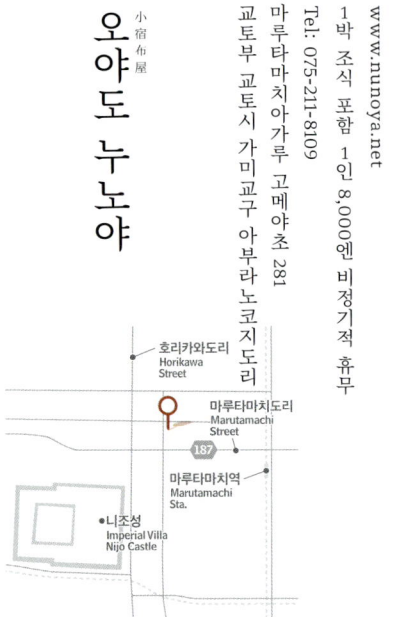

교토부 교토시 가미교구 아부라노코지도리
마루타마치아가루 고메야초 281
Tel: 075-211-8109
www.nunoya.net
마루타마치 역에서 도보 약 10분
1박 조식 포함 1인 8,000엔 비정기적 휴무

1. 100년 넘은 상가 건물을 집요하게 재현해 재건축.
새로운 건축자재로 된 벽과 천정 때문에 원래 모습에서 변형되어 있었지만, 교토의 전통 가옥을 살리는 장인 집단 '교마치야 사쿠지구미 京町家作事組'에게 의뢰해 원래 모습으로 완벽하게 복원했다.

2. '청결, 정숙, 안심'을 모토로 하는 주인 부부의 소신이 느껴진다.
숙박은 하루 두 그룹만 받고, 입실은 22시까지, 입욕은 23시까지. 텔레비전도 없다. 재방문하고 싶어지는 최고의 안락함을 느낄 수 있다.

3. 근처 '후우카 麩嘉'의 생모밀, 전통 두부전문점의 두부 등을 사용하는 정갈한 조식.
뚝배기에 짓는 밥은 윤기가 흐르고 감칠맛이 난다. 후식으로 제공되는 커피는 휴게실에서 책을 읽으며 여유롭게 즐긴다.

작은 민박이기에 가능한 일들 '누노야'는 메이지 중기에 세워진 100년 넘은 아담한 주택 민박이다. 격자 문을 열고 안쪽으로 길게 이어진 흙마루를 지나 신발을 벗고 휴게실에서 체크인을 한다. 그곳에 놓인 변색된 목재 식탁과 긴 의자, 책장 등이 편안하고 고풍스럽다. 책이 한결 반짝여 보여서 한 권 집어 들어 읽고 싶었다. 호텔리어 경력의 주인 누노자와 도시오 布澤利夫 씨가 말하길 건물을 리노베이션한 '교마치야 사쿠지구미'의 장인이 가구도 공간에 맞게 만들어주었다고 한다. 역시 자연스러운 이유가 있었다. 책장도 건축이니까 정확한 치수와 공간감이 있어야 하는 것이다. 그래서 더 유심히 다른 가구들을 관찰했다. 책장뿐 아니라 누노자와 씨 부인이 직접 고른 객실 찻잔과 유리잔, 차통 등 비품, 또 히노키 욕조와 뚜껑의 설계, 욕실 매트, 꽃병에 꽂힌 야생화 등도 그냥 놓인 것이 없이 섬세하게 고심한 흔적이 보였다. 이 집은 원래 누노자와 씨가 태어나 자란 본가로 당시 천정은 신소재 건축자재를 사용했고, 창문은 알루미늄 자재로 전통 가옥 민박의 정취보다 편리함을 중요하게 여겨 일반적인 가정집으로 리모델링했다고 한다. 그후 원래의 민박 모습으로 재복원하기로 마음먹고 목수, 조경사, 전기공사와 수도공사 등을 엄선한 장인들에게만 맡겨 설계에 6개월, 시공에 6개월이 걸려 지금의 모습으로 자연스럽게 복원했다. 주인 부부는 물론 방문하는 손님들 모두 소중히 다뤄 세월이 흐를수록 더욱 안락한 공간이 되었다. 전통 가옥 보존 사업이라는 것이 그저 막연했었지만, 어쩌면 이런 것이 아닐까 새삼 실감했다. (구가 오사무)

Oyado Nunoya

1. A meticulously restored townhouse that's over 100 years old
2. The hospitable husband and wife owners' motto is "cleanliness, quiet, and safety."
3. The delicious breakfast is made with locally sold wheat starch and tofu.

I checked in in the common room. The wipe-lacquered wooden table, long chair, and bookshelf in the same room were beautiful. "Nunoya" owner Toshio Nunozawa, a former hotel-keeper, explains that they were made by the same artisans that restored the building. This old townhouse is the same house that Nunozawa grew up in. When he was raised in the house, it had been renovated for comfort, rather than ambiance, with ceilings made of new materials and aluminum window frames. With the help of a plasterer, carpenter, electrician, and plumber, and with half a year spent on design and another half on construction, a group of remarkably skilled artisans restored the townhouse to its natural, beautiful state. Used and kept up carefully by regular guests and the owners, the inn has become more vibrant and comfortable with age.
(Osamu Kuga)

kumagusuku
KYOTO ART HOSTEL

오미야역에서 도보약 5분
Kumagusuku.info
Tel: 075-432-8168
교토부 교토시 나카교구 미부반바초 37-3

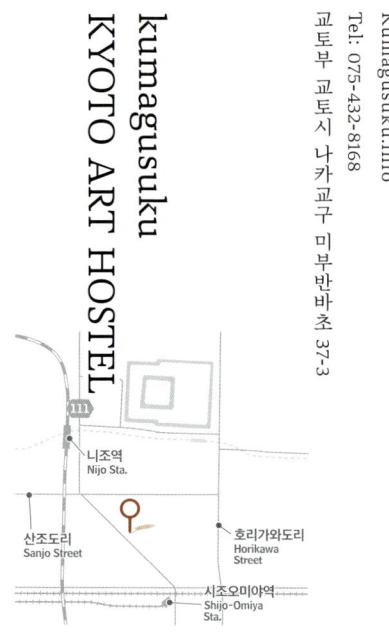

1. 나만의 스타일로 예술 작품을 감상할 수 있는 '아트 호스텔'.
그래픽 디자인은 UMA/design farm, 공간 디자인은 dot architects.

2. 경영자는 아티스트 겸 교토조형예술대학 강사.
예술을 강의하며 전시회나 이벤트를 기획해 운영하고, 욕실 청소는 물론 침구 교체도 손수하는 호스텔 운영자 야즈 요시타카矢津吉隆 씨.

3. 예술 애호가, 또는 애호가가 아닌 사람에게도 추천할 만한 안락함과 청결함이 느껴지는 쾌적한 곳.
바에서는 핸드 드립으로 커피를 내려주고, 사전 예약제로 별도 요금을 지불하면 맛있는 조식도 제공한다.

예술과 함께 보내는 밤 편집부의 사사키 아키코佐々木晃子 씨는 배낭 하나 달랑 들고 게스트 하우스에서 묵는 여행자인데, 그녀가 가장 추천하는 호스텔이 바로 이곳 '구마구스쿠'이다. "예술은 잘 모르지만 아무튼 좋았어. 만일 예술에 관심이 많다면 무조건 좋아할 만한 곳이지." 그녀의 말에 솔깃했다. 나는 예술에 관심이 많고 좋아해서 미술관이나 갤러리에 다니는 것이 취미이다. 그럼에도 시간 가는 줄 모를 정도로 빠져들게 되는 전시회는 몇 년에 한 번 정도로, 대개는 두 시간 정도 관람하면 지치기 마련이다. '갤러리 토크'도 매력적이지만 끝나고 귀가하는 길이 힘들다. 그런데 '구마구스쿠'는 전혀 그럴 걱정이 없다. 아티스트 야즈 요시타카 씨가 운영하는 아트 호스텔, 즉 예술 작품을 감상하면서 묵을 수 있는 호텔인 것이다. 1층에는 욕실과 화장실, 안내 카운터와 작은 바가 있다. 더 안쪽으로 들어가면 중정이 있고 외벽에 영상 작품이 빔 프로젝터를 통해 상영되고 있었다. 체크인 때 받은 전시회 팸플릿을 2층 침실에서 자기 전에 누워 펼쳐 본다. 각 방과 복도에 작품이 전시되어 있어서 자신만의 속도로 감상할 수 있다. 여행자의 밤은 길지 않은가. 샤워 후 실내복을 입고 바로 내려가 야즈 씨가 내려주는 커피를 마시며 이곳에 전시된 작품과 최근에 관람한 전시회에 대해 이야기를 나눴다. 같은 날 투숙한 부편집장 신도 히데토는 작품 앞 소파에서 잠깐 잠을 청하나 싶었는데 새벽까지 누워 있었다. 예술을 바라보는 새로운 시각, 새로운 방식의 여행, 한번쯤 시도해볼 만하지 않을까 싶다. (구가 오사무)

Kyoto Art Hostel kumagusuku

1. An "Art Hostel," where you can look at art at your own pace
2. The proprietor is an artist and lecturer at Kyoto University of Art and Design
3. A comfortable, clean, and safe inn recommended for art-fans and non-art-fans

I like art and often visit galleries and museums. After two hours of looking at art, however, I'm usually beat. No need to worry about exhaustion at "kumagusuku," an "art hostel" run by artist Yoshitaka Yazu. This is a hotel where you can look at art and spend the night. On the first floor are a bath, toilet, reception desk, and a small bar. Further in, there's a courtyard with a video piece projected on an exterior wall. Upon checking in, you'll be given a brochure explaining the works on display. You can then go up to the second floor to your room, lie down, and read the brochure with a beer in your hand. There are works displayed in the hallways and individual guestrooms and you can view them at your own pace. Associate editor Hideto Shindo, who stayed there with me fell asleep and awoke repeatedly in a sofa placed in front of an artwork until the sun started to rise. (Osamu Kuga)

※ 2022년 봄부터 숙박 시설은 폐관. 갤러리, 숍을 겸비한 복합시설 'kumagusukiu'로 운영 중.

니시진이사초 마치야
이오리마치야스테이

庵町家ステイ
西陣伊佐町町家

교토부 교토시 가미교쿠 오미야도리
가미타치우리아가루 니시이루
www.kyoto-machiya.com/machiya/isa.html

1. **교토 상가 주택 한 동을 통째로 빌린다.**
전통적인 상가 주택의 특징을 대부분 유지하고 화장실과 욕조의 바닥 난방과 공조 설비 등을 대담하게 리모델링, 신설해 쾌적함을 추구했다.

2. **직물 공방을 함께 운영하여 장인들의 일하는 모습을 2층에서 내려다볼 수 있다.**
직물 공방과 숙소가 통하는 입구에 열쇠를 채워서 프라이버시를 보장한다.

3. **주방에 냉장고와 식기 등 완비.**
교토 현지인처럼 살아볼 수 있다. 사찰음식이나 교토식 음식을 배달시켜 먹는 것도 추천한다.

교토의 '상가 주택 살기'와 '전통 공예 보기'를 모두 갖춘 숙박 '이오리마치야스테이'는 빈집이거나 철거 예정인 낡은 상가 주택을 교토에 보전하자는 취지에서 거주성을 높이는 방향으로 건물을 리노베이션하여 1박부터 숙박할 수 있도록 한 획기적인 형태의 숙박 시설이다. 다실과 정원이 있는 다실풍 가옥과 창문에서 가모가와강을 바라볼 수 있는 은신처 같은 상가 주택 등이 모두 개성 있고 매력적이다. 숙박하려는 관광객뿐 아니라 모임이나 파티 회장으로 대관하는 현지인도 늘고 있다. 현재 이용할 수 있는 11동 중에서 가장 특색 있는 건물이 '니시진이사초 마치야'이다. 니시진오리西陣織り(니시진에서 나는 비단의 총칭)의 직물집이 여기저기 흩어져 있는 지역에 있다. 이 상가 주택의 옆 건물도 직물회사이다. 도착해서 체크인을 마치고 직원이 현관 앞에서 열쇠를 건네주면, 이제 이곳은 우리집이다. 현관부터 이어지는 흙마루는 불 주머니라는 뜻의 '히부쿠로火袋'라고 불리는 뚫린 개방형 천정으로 되어 있다. '오쿠도상おくどさん'이라 불리는 옛 교토의 부엌터와 우물이 있다. 일반적으로 상가 주택이라고 하면 안쪽으로 작은 정원이 있고 그것을 바라보는 위치에 침실과 거실 등이 있는데 특이하게도 이곳은 건물 안쪽에 기모노의 허리띠를 직조하는 공방이 있다. 폐허나 마찬가지였던 직물집의 공방 터를 지역 내 다른 직물회사가 이어받아 '이오리'에 의뢰해 다시 직조공방을 짓고, 앞쪽 주거 부분을 숙박 시설로 리모델링했다. 오전 8시 무렵 장인들이 출근하면 철컥철컥하는 직조기 소리가 하루 시작을 알린다. 일상을 벗어난 동시에 일상적인 교토 생활을 경험할 수 있는 이색적인 숙박이다. (구가 오사무)

Iori Machiya Stay Nishijin Isa-cho Machiya

1. Rent an entire townhouse in Kyoto.
2. Adjacent to a textile studio, you can watch the artisans from the second floor.
3. Equipped with a kitchen, refrigerator, and dishes, you can live in Kyoto like a local.

"Iori Machiya Stay" is an innovative project offers lodging starting from a single night in old townhouses that were vacant or slated for demolition, and have been renovated for comfort. Increasingly, it is used not only by tourists, but also by locals who rent it out for parties. Currently, there are 11 houses available. The most striking is the "Nishijin Isa-cho Machiya" townhouse. In the back of it is a functioning textile studio. An abandoned textile studio was purchased by a local textile company, which hired "Iori" to renovate the studio into a lodging space. From the living room on the second floor, you can see the entirety of the textile studio. The artisans arrive at eight and start their workday on their looms, just as they should. (Osamu Kuga)

※ 2022년부터 숙박시설은 휴업 중.

호리베 아쓰시
堀部篤史

게이분샤 이치조지점
惠文社一乗寺店

이치조지역에서 도보 약 5분

www.keibunsha-books.com

Tel: 075-711-5919 11시 ~ 19시 신정 설날 휴무

교토부 교토시 사쿄구 이치조지 하라이토노초 10

1. 일본 전역과 해외에서까지 팬이 방문하는 '게이분샤 이치조지점' 점장.
콘셉트나 부가가치에 의존하지 않고 휩쓸리지도 않는다.
손님 스스로 멋진 책을 발견할 수 있는 가게.

2. '이미지화된 교토'가 아닌 있는 그대로의 교토를 알리는 작가이자 편집자.
교토에서 나고 자란 현지인으로서 교토의 본 모습을 알리고자 노력하는 사람. 자기만의 시선으로 만든 교토 안내 책자 등 매력적인 저서를 다수 집필.

3. 오랜 세월 동안 만들어진 "수치화할 수 없는 가치"를 소중히 여긴다.
마케팅이나 기획력보다 인연과 필연성을 중요시하고 시대의 흐름을 냉정하고 유연하게 느끼며 진정으로 소중한 것을 선택할 줄 아는 사람.

특별하지 않지만 특별한 곳 교토는 곳곳에 개성 넘치는 동네 서점이나 헌책방이 많은 '책의 거리'이다. 교토를 벗어난 지역, 해외에까지 그러한 이미지를(특히 젊은 독자들에게) 심어준 계기를 만든 곳이 바로 '게이분샤 이치조지점'이라고 생각한다. 이 서점을 방문할 목적으로 교토 여행을 계획한 사람들은 데마치야나기역出町柳駅에서 에이잔열차叡山電車를 타고 이치조지역에서 내리면 유명한 관광 명소 이외에도 매력적인 작은 상점이나 멋진 풍경을 골목 여기저기에서 발견할 수 있다. 그런 곳들을 찾아 다니며 관광지가 아닌 진정한 교토의 모습을 들여다보게 되는 것이다. 내가 사는 동네에도 '게이분샤'가 생긴다면 얼마나 좋을까 하고 즐거운 상상도 하면서 말이다.

　'게이분샤 이치조지점'의 넓은 매장에는 음악이 조용히 흘러나오는 가운데 고요함이 느껴져 혼자서 책의 세계에 빠져들기 좋은 아늑함이 있다. 점장 호리베 아쓰시 씨는 본인의 취향을 취급하는 책이나 굿즈 등에 적극 반영해 고객들이 여기가 호리베 씨 개인 상점이라는 이미지를 갖게 되는 것을 절대 원치 않는다고 한다. "책에 대한 판단은 손님 개개인에게 맡깁니다. 합리화도, 균일화도 할 수 없죠"라고. 원하는 정보는 인터넷으로 쉽게 찾을 수 있지만 서점은 그렇지 않다. 목적 없이 들르고 싶은 익숙한 카페나 술집의 단골 메뉴 또는 호불호가 강한 메뉴 같은 책이 뒤섞여 있어 자유롭게 고를 수 있고 오래 머물고 싶은 안락함과 과묵한 점장이 있다. 빠르지도 저렴하지도 또 스마트하지도 않지만 내가 사는 마을에 없어서는 안 될, 꼭 있었으면 하는 가게. 호리베 씨가 지키는 '게이분샤'는 그런 서점이다.
(구가 오사무)

Keibunsha Ichijoji
Atsushi Horibe

1. Manager of "Keibunsha Ichijoji," which draws fans from all over Japan and abroad
2. A writer and editor that documents the true face of Kyoto
3. A man who appreciates "unquantifiable values" shaped over long periods of time

Kyoto is a book-town. It's home to numerous new and used bookstores. "Keibunsha Ichijoji" has spread this image, particularly to young people living outside of Kyoto. Its spacious interior is perfect for losing yourself in the world of books. Its manager Atsushi Horibe wants to avoid his store being seen as a reflection of his sensibility or tastes, either in terms of book selection or sales style. He explains, "Whether a book is good or bad is a question each customer must answer. It cannot be rationalized or made uniform." Like a favorite café or bar, which you drop into without any purpose, at "Keibunsha Ichijoji," you can freely select from a choice of unique dishes as well as standards. It's a shop comfortable enough to linger in with a quiet manager. (Osamu Kuga)

※2015년에 게이분샤를 퇴사. 게재 정보는 2015년 7월 기준입니다.

미나토 산지로
湊三次郎

사우나 우메유
サウナの梅湯

기요미즈고조역에서 도보 약 5분

목요일 휴무

14시~26시 (토요일, 일요일 6시~12시 아침 목욕 가능)

Tel: 080-2523-0626

교토부 교토시 시모교구 기야마치도리 가미노구치아가루 이와다키초 175

1. 폐업한 오래된 목욕탕을 부활시켜 스스로 카운터에 앉은 경영자.
두 달 만에 시공을 마치고 새롭게 오픈했다. 단골 손님이나 관광객 모두가 편안하게 담소를 나눌 수 있는 친절한 접객 서비스.

2. 남녀 탈의실 벽을 허물어 라이브, 영화 상영회, 수공예 마켓 등 다양한 이벤트를 개최한다.
근처에 있는 카페 'efish'에 이어, 젊은이들이 모일 수 있는 장소를 고조에 만들었다.

3. 불가마 피우기, 카운터 업무를 체험할 수 있는 학생 봉사 시스템을 도입.
젊은 세대에 목욕탕 문화를 알리고 있다.

교토의 서민 문화를 지키는 청년 처음 사우나 우메유를 방문한 때는 2015년 5월 5일. 재오픈한 지 채 일주일이 되기 전으로 가모가와강 노료유카納涼床(일종의 야외테라스 좌석으로, 각 식당, 가게에서 테라스에 좌식으로 설치한다)가 시작할 무렵이라 더운 날이었다. 데마치야나기에서 하쿠바이초白梅町, 그리고 기온에서 고조로 자전거를 타고 이동하며 흘린 땀을 씻어내기 위해 동그란 안경을 쓴 상냥한 미나토 산지로 씨가 운영하는 목욕탕으로 향한다. 450엔을 내고 남탕 포렴을 가르고 들어간다. 단골인 아저씨가 "내가 안내해줄까?"라며, 우메유의 재오픈이 기뻐서 어쩔 줄 모르는 모습이었다. 청색과 하늘색 타일이 귀여운 전기 거품탕, 약초탕 등 다섯 개의 탕이 있는데, 특히 측면에 있던 레트로한 분수가 신기해서 탕 속으로 첨벙 들어가 턱까지 푹 집어넣었다. 시즈오카현 출신의 미나토 씨는 교토외국어대학 재학 중에 전국 600곳 이상의 목욕탕을 다니며 고향의 목욕탕 사정에 대해 논문까지 쓸 정도로 자타 공인 목욕탕 애호가이다. 졸업 후 의류 회사에 취직했는데, 기획으로 목욕탕을 해보자고 제안한 적도 있을 정도로 목욕탕에 대한 사랑은 식을 줄 몰랐다. 그후 2014년 11월, 학생 때 아르바이트를 했던 '우메유'가 폐업한다는 소식을 듣고 "교토에 꼭 필요한 목욕탕을 남겨야 한다"라는 사명감에 다니던 직장을 그만두고 24세라는 젊은 나이에 우메유를 이어받게 되었다. 보일러 조작법, 여과기 청소법, 장부 작성법 등은 아르바이트를 하며 배웠고, 대학 선배 등에게 수리하는 방법을 배워 지금의 모습으로 다시 열게 되었다고. 앞으로 불가마 열을 이용한 도자기 작가들의 하숙집을 2층에 만들고 싶다는 미나토 씨. 그의 목욕탕에 대한 열정은 식을 줄 모른다. 평범한 목욕탕에 그치지 않고, 목욕탕답게, 목욕탕이라서 할 수 있는 새로운 일을 열심히 생각하여 실행해나가고 있다. (신도 히데토)

Sauna Umeyu
Sanjiro Minato

1. The owner who revitalized a closed historic public bathhouse
2. Bathhouse converted for live events and movie nights
3. Volunteer system for students to experience heating water with fire

I paid ¥430 to owl-glassed Sanjiro Minato and entered the man's locker area. Choosing from five different kinds of baths—electric bath, medicinal bath, and others, all with blue and white tiles—I submerged into the tub with a retro-looking spout on the side. Mr. Minato, originally from Shizuoka Prefecture, went to nearly 600 bathhouses in Japan while he was a student at Kyoto Foreign Language University and eventually wrote his graduation thesis on the history of bathhouses in Shizuoka. That is how much he loves public baths. When he found out that Umeyu, a bathhouse he worked at while he was a student, had closed down, he quit his job and took over its management at age 24 to preserve the historic Kyoto bathhouse. One of the future plans is to lend out the upstairs rooms to artists, taking advantage of the heat from the fire to heat up water. (Hideto Shindo)

d22 후지와라 호마루 藤原誉
다우타샤 田歌舍

교토부 난탄시 미야마초 도우타카미 고나미 1-1
Tel: 0771-77-0509
소노베 IC에서 차로 약 50분

1. 목공, 수렵, 농업, 놀이를
스스로 터득한 아웃도어의 달인.
아웃도어 활동 단체 '다우타샤'를 설립해 레스토랑, 숙박 시설,
이벤트 등 미야마초 사람들이 모여드는 다양한 계기를 만들었다.

2. 교토대학의 연구림 '아시우芦生 숲'을 지키는
숨은 조력자.
아시우 숲의 원생림을 아웃도어 체험을 통해 관광객에게
전하고 한껏 즐기게 하는 다정한 야인.

3. 자연을 지키고 활용하는
'야생 복귀 계획'을 기획한 멤버.
'아시우자연학교芦生自然学校' '에와랜드江和ランド' '다우타샤'
세 곳의 활동 단체를 참고해 자연과 공존하는 기쁨을 사람들에게
널리 전하려는 의지.

미야마초의 구세주 트레킹에 참가하기 위해 '다우타샤'에 두 번째로 방문하게 되었다. 아침 9시 반에 집합해 가이드를 담당하는 요시다 유스케吉田佑介 씨와 함께 교토대학 연구림 '아시우 숲'에 들어갔다. 유라강 원류로 이어지는 목재 반출용 손수레 철로를 지나 사슴, 멧돼지, 흰코사향고양이 등의 행적을 살폈고, 가지 끝에 난 두릅 등의 산채, 그리고 발밑 물구덩이에서는 너무나 좋아하는 물냉이를 발견하기도 했다. 큰 너도밤나무와 칠엽수, 둑중개 무리. 교토 자연의 깊이를 알게 되어 놀랐다. '다우타샤'로 돌아오자 대표 후지와라 호마루 씨가 "어디 갔었어? 손수레길? 거기 좋았지?"라는 한마디를 건네고 아무렇지 않게 경운기를 타고 논으로 사라졌다. 그는 대학 시절 소형 자동차를 구입해 텐트와 낚싯대를 들고 미야마초로 향했다. 그리고 목수, 래프팅 체험장, 양계장을 거쳐 서른이 되기 전에 '다우타샤'를 세웠다. 전국의 아이들과 캠프, 농사일, 강 청소 등을 하는 연중 자연교실에도 관여해 "한 번에 일억 명을 바꾸지는 못해도 열 명의 아이들로부터 훗날 같은 뜻을 갖는 의식 있는 사람들이 늘어날 수 있을 것이다. 그리고 수년 후 그들이 성장해 자신들이 사는 환경을 생각해보길 바란다"라고 호마루 씨는 말한다. 2020년 '아시우 숲'은 교토대학과의 임대 계약이 만료되어 지금보다 더 많은 관광객이 자유롭게 방문할 수 있을지도 모른다. 하지만 계약 연장, 임대 규모를 포함한 교섭 등은 계속되고 있다. 이 아름다운 숲을 지키는 일은 호마루 씨와 제자들이 이어갈 것이라고 본다. (신도 히데토)

Tautasha
Homaru Fujiwara

1. A self-taught master of the outdoors and an expert in the arts of carpentry, hunting, farming, and play

2. An under-recognized, but leading figure behind, and protector of, Kyoto University's forest research station "Ashiu no Mori"

3. Founding member of "Wild Revitalization Project"

As a university student, Homaru Fujiwara dreamed of living off the land. After graduation, he bought a compact car, and moved to Miyama with a tent and fishing rod. He worked as a carpenter, rafted, and operated a poultry farm before opening "Tautasha" in his twenties. He is also involved in year-long nature classes, which teach children about camping and agriculture and volunteer work, such as cleaning rivers. "You can't change a hundred million people at once," he explains, "But you can start with ten children and cultivate people with the similar ambitions. Several years later, when those same children grow up, I want them to think about the environment they live in." In 2020, Kyoto University's lease on "Ashiu no Mori" will expire and it may then be opened up to tourists. The negotiations over the extension and scale of the lease, however, have yet to take place. I believe Fujiwara and his students will save this beautiful forest. (Hideto Shindo)

구로키 히로유키
黒木裕之
주식회사 루프스케이프 株式会社ルーフスケイプ

교토부 요와타시 미노야마 히루즈카 100-9
Tel: 075-925-8420 (주식회사 루프스케이프)
www.roofscape.jp

1. 교토의 상가 주택에 경쾌한 발상과 쾌적한 안락함을 더하는 일급 건축사.
상가 주택을 '재산'으로 다루지 않고 '집'으로서 편하게 이용하고 즐기기 위해 애쓰는 사람.

2. 수십 년 후의 변화까지 생각하는 장기적인 시점을 가진 사람.
상가 주택도 동네도 사람보다 오래 살 테니 20년, 30년 후에 다른 건축사와 집주인이 어떻게 리모델링하고 싶을지까지 고민하고 설계한다.

3. 일본 각지의 전통적 경관을 현지 사람들과 함께 적절하게 변화시켜 지켜간다.
현지인들과 교류하며 서로의 이해를 도모하는 일에 시간과 노력을 아끼지 않는다.

낡은 것을 새롭게 남기는 건축사 구로키 히로유키 씨를 처음 만난 것은 5년 전으로, 그때 구로키 씨가 설계한 이오리마치야스테이의 건물을 소개받았다. "건물을 '상자'라고들 하는데, 상가 주택은 상자가 아니라 집입니다"라며 각자 어떤 사람이 어떻게 살아가고 그 집을 소중하게 여기는지 자신의 이야기처럼 들려주었다. 구로키 씨는 지금까지 시가현 나가하마시長浜市, 나라현 고조시五條市, 시마네현 쓰와노시津和野市, 나가사키현 고토열도五島列島의 오지카초小値賀町 등에서 다양한 프로젝트를 진행해왔는데, 개인적으로 이번 교토편 취재로 방문한 곳 중 가장 아름답다고 생각한 이네초伊根町에서도 진행 중인 프로젝트가 있다고 한다. 이네초에는 거울처럼 투명하고 잔잔한 이네만伊根湾을 따라 수상가옥이 즐비한 수상가옥 마을이 있지만 그 일부가 빈집이 되어 삭막했다. 그곳에 해상 택시를 정박할 수 있게 해 현지 해산물을 판매하는 상점, 레스토랑이 입점한 수상가옥을 만들 계획이다. 또한 그 사이를 지나는 길의 막다른 곳에 이네 축제 때 사용하는 제사용 배를 전시할 계획도 있다. 아직 착공 전이지만 현지 주민과 이야기 나누며 함께 먹고 마시고 머물며 이해를 도모하고 있다. 현재도 1년 계획으로 연간 해수 높이 변화를 면밀히 조사하고 있다. 취재 당시 구로키 씨의 사무실은 라이브 하우스 '다쿠타쿠'에서 걸어서 가까운 시내에 있었다. 이 사무실도 교토의 상가주택을 리모델링한 것이다. 새롭게 공간을 창조함으로써 오래전부터 이어져온 마을의 소중한 풍경과 정취를 그곳을 지켜온 마을 사람들과 함께 남길 수 있을 것이다. 지금이라도 늦지 않았다. (구가 오사무)

Roofscape Architect
Hiroyuki Kuroki

1. A first-class registered architect adding nimble concepts and comfort to Kyoto's traditional townhouses

2. A man with a long-term perspective who takes changes several decades ahead into account

3. A man who works with locals to appropriately transform traditional landscapes allover Japan

It was 5 years ago that Hiroyuki Kuroki showed me each property in his "Iori Townhouse Stay" lodgings. He told me who had lived in each one and how they had lived in it as if from his own experience and memory. He is currently at work on a project in Ine, which I thought was the most beautiful part of Kyoto. Along Ine Bay, where the water is still as a mirror, there is a village of boathouses and a part of that has become a desolate open lot. The project will repurpose that lot as a dock for water taxis and create boathouses with local restaurants and stores selling souvenirs of local seafood. Kuroki has discussed the project with locals and gained their understanding. Currently, he is engaged in a yearlong research of the annual tide change. By creating a new place, and with the help of locals, the landscape and ambiance of a town can be saved. (Osamu Kuga)

d MARK REVIEW
TRAVEL INFORMATION

1. Kamo River

2. KAWAI KANJIRO'S HOUSE
- Gojozaka Kanei-cho 569, Higashiyama-ku, Kyoto, Kyoto
- 075-561-3585
- Open daily 10:00–17:00 (admission until 16:30), Closed on Monday (If Monday is a national holiday, closed the following day), Closed during summer and winter break
- 10 minutes by foot from Kiyomizu-Gojo Station, Keihan Main Line

3. Taku Taku
- Sujiya-cho 136-9, Tominokoji-dori Bukkoji Sagaru, Shimogyo-ku, Kyoto, Kyoto
- 075-351-1321
- Closed occasionally
- 5 minutes by foot from Kawaramachi Station, Hankyu Kyoto Main Line

4. The Little Indigo Museum
- Kita-kamimaki 41, Miyama-cho, Nantan, Kyoto
- 0771-77-0746 (Reservation required)
- Open daily 11:00–17:00, Closed on Thursday and Friday (Open on holidays), Closed occasionally, Closed during winter season (December 1–March 31)
- 40 minutes by car from Sonobe Exit, Kyoto-Jukan Expressway

5. Savory
- Yaoichi Honkan 3F, Higashino-toin-dori Sanjo Sagaru Sanmonji-cho, Nakagyo-ku, Kyoto, Kyoto
- 075-223-2320
- Lunch: 11:30–15:00, Tea Time: 14:00–16:30, Dinner: 17:30–20:30 (Last order at 22:30; Last order for course meals at 21:00), Closed on Wednesday
- 3 minutes by foot from Exit 5 of Karasuma-Oike Station, Kyoto Municipal Subway Karasuma Line and Tozai Line

6. JUNIDANYA
- Gion-machi Minamigawa 570-128, Higashiyama-ku, Kyoto, Kyoto
- 075-561-0213
- Lunch: 11:30–13:30 (Last order at 13:30), Dinner: 17:00–20:00 (Last order at 20:00), Closed on Thursday and the 2nd Wednesday (Open on holidays)
- 5 minutes by foot from Gion-Shijo Station, Keihan Main Line

7. Tautasha
- Tota Kamigonami 1-1, Miyama-cho, Nantan, Kyoto
- 0771-77-0509
- Café & Restaurant: 11:30–14:30 (Reservation only) During the winter season, the cafe also requires reservations (From December to March, only open on Saturdays, Sundays and public holidays), Closed on Monday and Tuesday
- 50 minutes by car from Sonobe Exit, Kyoto-Jukan Expressway

8. Tsujimori Cycle
- Higashino-toin-dori Rokkaku Agaru Sanmonji-cho, Nakagyo-ku, Kyoto, Kyoto
- 075-221-5732
- Open daily 9:00–18:00, Closed on Sunday and holidays
- 3 minutes by foot from Exit 5 of Karasuma-Oike Station, Kyoto Municipal Subway Karasuma Line and Tozai Line

9. Aritsugu
- Nishikikoji-dori Gokomachi Nishi-iru, Nakagyo-ku, Kyoto, Kyoto
- 075-221-1091
- Open daily 9:00–17:30, Closed from January 1 to 3
- 5 minutes by foot from Kawaramachi Station, Hankyu Kyoto Main Line

10. Shibakyu
- Ohara Shorinin-cho 58, Sakyo-ku, Kyoto, Kyoto
- 075-744-4893
- Open daily 9:00–17:00
- 10 minutes by foot from Ohara Bus Stop, Kyoto Bus

11. Naito Shoten
- Sanjo-Ohashi Nishizume Kitagawa, Nakagyo-ku, Kyoto, Kyoto
- 075-221-3018
- Open daily 9:30–19:00, Closed occasionally, Closed from January 1 to 3
- 3 minutes by foot from Sanjo Station, Keihan Main Line

12. Inoda Coffee Honten
- Sakaimachi-dori Sanjo Sagaru Doyu-cho 140, Nakagyo-ku, Kyoto, Kyoto
- 075-221-0507
- Open daily 7:00–17:30 (Last order)
- 5 minutes by foot from Exit 5 of Karasuma-Oike Station, Kyoto Municipal Subway Karasuma Line and Tozai Line

13. Ippodo Tea Main Store in Kyoto Kaboku Tearoom
- Teramachi-dori Nijo Agaru, Nakagyo-ku, Kyoto, Kyoto
- 075-211-3421
- Open daily 10:00–17:00 (Last order at 16:30), Closed during the year-end and New Year holidays
- 5 minutes by foot from Exit 11 of Kyoto-shiyakusho-mae Station, Subway Tozai Line

14. Miyama Suisen-an SAI
- Uchikubo Shimo-karuno 54-1, Miyama-cho, Nantan, Kyoto
- 40 minutes by car from Sonobe Exit, Kyoto-Jukan Expressway

15. FACTORY KAFE KOSEN
- Kawaramachi-dori Imadegawa Sagaru Kajii-cho 448 2F Room G, Kamigyo-ku, Kyoto, Kyoto
- 075-211-5398
- Open daily 12:00–21:00, Closed on Monday and Tuesday (Open on national holidays)
- 5 minutes by foot from Demachiyanagi Station, Keihan Main Line and Eizan Main Line

16. Ishihara
- Yanagino-banba-dori Aneyakoji Agaru Yanagi-hachiman-cho 76, Nakagyo-ku, Kyoto, Kyoto
- 075-221-5612
- Prices, one night with breakfast start from ¥11,880 per person (one room with two people)
- 5 minutes by foot from Karasuma-Oike Station, Kyoto Municipal Subway Karasuma Line and Tozai Line

17. Oyado Nunoya
- Aburanokoji-dori Marutamachi Agaru Komeya-cho 281, Kamigyo-ku, Kyoto, Kyoto
- 075-211-8109
- Prices, one night with breakfast start from ¥8,000 per person (one room with two people), Closed occasionally
- 5 minutes by foot from Marutamachi Station, Kyoto Municipal Subway Karasuma Line

18. KYOTO ART HOSTEL kumagusuku
- Mibu-banba-cho 37-3, Nakagyo-ku, Kyoto, Kyoto
- 075-432-8168
- 5 minutes by foot from Omiya Station, Hankyu Kyoto Main Line

19. Nishijin Isa-cho Machiya（Iori Machiya Stay）
- Omiya-dori Kamitachiuri Agaru Nishi-iru, Kamigyo-ku, Kyoto, Kyoto

20. Atsushi Horibe（Keibunsha Ichijoji）
- Ichijoji Haraitono-cho 10, Sakyo-ku, Kyoto, Kyoto
- 075-711-5919
- Open daily 11:00–19:00, Closed on New Year's Day
- 5 minutes by foot from Ichijoji Station, Eizan Main Line

21. Sanjiro Minato（Sauna Umeyu）
- Kiyamachi-dori Kaminokuchi Agaru Iwataki-cho 175, Shimogyo-ku, Kyoto, Kyoto
- 080-2523-0626
- Open daily 14:00–23:00, Closed on Thursday
- 5 minutes by foot from Kiyomizu-Gojo Station, Keihan Main Line

22. Homaru Fujiwara（→7. Tautasha）

23. Hiroyuki Kuroki（Roofscape Architect）
- Hiruzuka 100-9, Minoyama, Yawata, Kyoto
- 075-925-8420 (Roofscape Architect)

구가 트래블 1

구가 오사무
Osamu Kuga

교토 시내편. 나카교구, 시모교구를 중심으로

편집장이 자전거로 구석구석 찾아가는

Kuga Travel 1: Editor's travel notes

디 트래블 잡지의 취재 방법은 대략 두 달 동안 현지에 머물면서 47개 도도부현이 지닌 지역 저마다의 모습을 찾아내 그것을 중심으로 '디 마크 리뷰' 기사를 쓰고, 그 외에도 가볼 만한 장소를 선정해 찾아가는 것을 기본으로 한다. 그런 취지에서 이번 '교토편'에서는 우선 '교토다움'이 무엇인지를 발견해야만 했다. '화사함' '멋스러움' '1000년의 수도' 그리고 '이케즈いけず(건물 코너에 돌을 놓아 안쪽으로 들어오지 못하게 하는 용도. 간사이 사투리로 '심술궂음'이라는 뜻으로 상대의 차는 상처를 입어도 내 집은 피해를 입지 않게 하려는 교토인의 기질을 여실히 나타내는 풍습으로 알려짐)' 등 익히 알려진 정보는 많이 들어왔고, 여러 문헌을 통해서도 잘 알고 있다. 하지만 기존에 이미 알려진 이미지의 교토와 현지인이 느끼는 현실의 교토는 상당히 달랐구나, 라는 게 실제로 이번 취재를 통해 느낀 감상이다. 교토 시내를 거닐다 보면 '교토~' '본점~' '창업 ~년 가게(1000년이 신기하지 않을 정도)' '~애용' 이러한 수식어가 가는 곳마다 눈에 띈다. 그런데 우리 취재팀이 '바로 여기!'라고 고심 끝에 선택한 상점과 장소는 대부분 간판이나 포렴에도 그런 수식어 따윈 필요 없다는 듯 요란스럽지 않다. 번지나 호수조차도 건물에 표시되어 있지 않거나 아주 작게 쓰인 곳이 대부분이다. 진정한 교토의 모습이란 교토다움과는 상관없이 자신들의 취향을 소중히 하며 소소하게 매일매일 자신감과 확신을 다지며 세상에 알리고자 정말 좋은 품질의 물건을 만들고, 판매하고, 사용하고, 고치는 순환 가운데에 있지 않나 싶다.

이번에 교토 취재를 하면서 교토의 단면만 보고 '교토란 이렇다'라고 단정짓지 말아 달라는 현지 분들의 간곡한 부탁이 있었다. 그래서 교토편에서는 특별한 기획물로 조명하는 특집 기사는 배제하고 편집부가 소소하게 발견하고 체험한 다양한 교토의 잘 알려지지 않은 본 모습을 가급적 풍성하게 소개하고자 한다. '구가 트래블'에서는 교토 시내를 중심으로 1. 생활권 내 자전거편 2. 당일치기 버스, 기차여행 3. 1박 렌터카 여행의 세 편으로 구성해 소개한다.

When our editorial department works on a new issue, we stay at the featured prefecture for nearly two months to discover the uniqueness of the area. While there, we write our "d mark review" as well as use that as a starting point to discover other things. Of course, for the Kyoto issue, we had to first discover what makes Kyoto uniquely Kyoto.

Throughout my stay here, I discovered that the philosophy of Kyoto—what makes this city special—is to cherish what you have right now and the work ethic is one of "working one day at a time" to create (and sell, use, and/or fix) only items that you take pride in.

Many times during my two-month stay, I had locals tell me not to categorize and define Kyoto. So, for this issue, I decided not to write my column, "Kuga Travels," in its usual format; instead, I divided it into three different articles: 1. "Kyoto by Bicycle," which focuses in the inner city of Kyoto; 2. A Day Trip by Bus; and 3. An Overnight Trip with a Rental Car.

숙소 구하기는 하늘에 별 따기

이번 교토편 취재를 위해 처음으로 교토에 방문한 때는 3월 말로 상당히 쌀쌀한 날씨였다. 4월에 접어들어 가모가와 하천의 왕벚나무가 피기 시작해 드디어 절정을 보게 되었다고 기뻐했는데 만개하자마자 강풍과 폭우로 순식간에 꽃이 다 떨어져버렸다. 1년 내내 관광철로 알려진 교토인데, 벚꽃 시즌은 그중에서도 극성수기여서 "하필 이때 취재를 하러 왔지?"라고 만나는 사람들마다 입을 모아 의아해했다. 그도 그럴 것이 숙박할 곳을 전혀 구할 수 없을 정도이기 때문이다. 숙박 시설은 전통 여관, 호텔은 물론 캡슐 호텔마저도 모두 만실 상태. 교토 근교 시가현 오쓰시大津市에 있는 비즈니스 호텔까지 전부 예약이 꽉 찼다. 벚꽃은 지고 없고, 맑은 날은 적고, 상점은 어딜 가도 긴 줄이 늘어서고, 거기에다 숙박까지 구할 수 없다니. 그럼에도 세계 여러 나라에서 방문하는 관광객은 끊이지 않고 '교토역 빌딩'의 거대한 중앙광장에서 뿜어져 나와 교토타워의 사진을 찍느라 정신이 없고 무수히 많은 관광 명소로 흩어져 5월 중순까지 계속 (2개월 남짓의 취재 기간과 겹

No vacancy

I came to Kyoto in late March, when it was still cold. People say that Kyoto is a great tourist spot all year around, but the cherry blossom season, unfortunately, is the peak tourist time. Everyone I met laughed at me for coming at this time, and they were right: I couldn't book a hotel room anywhere. Not at *ryokan*, not at business hotels, and not even at capsule hotels. For the next two months, Kyoto was overflowing with people: during my stay, I watched people coming out of "Kyoto Station" in herds, always taking photos of "Kyoto Tower" as they exited the station, and going on their way to see one of the numerous tourist spots scattered throughout the city. And, of course, I couldn't book a hotel for the entire time.

One of the pressing issues Kyoto faces is not enough hotels to accommodate its increasing numbers of tourists, as we experienced firsthand. On the other hand, I got the feeling that the residents felt there were already enough tourists in Kyoto.

Because I didn't have any other choice, I spent several nights

치는 시기) 거리는 인산인해여서 숙박 예약은 거의 불가능했다. 교토시가 고민하는 큰 과제 중 하나가 해마다 늘어나는 관광객을 충당할 만큼의 숙박시설이 부족하다는 점이라고 한다. 취재팀도 실제로 곤란함을 겪어보니 절실함이 느껴진다. 그런데 정작 교토에 사는 사람들과 이야기해보면 숙박시설은 지금도 충분하고 더는 필요 없다고 여기는 듯 보였다.

여하튼 다른 방법이 없으니 대개 시조오미야四条大宮에 있는 사우나 개인취침실에서 몇 박을 하고, 근처 '교자노오쇼餃子の王将'의 일본 1호점에서 교자를 먹고 역시 근처의 '쇼민庶民'이라는 항상 긴 줄이 서는 선술집에서 'D&DEPARTMENT KYOTO'의 오바라 류키小原龍樹 씨(그는 원래 아라시야마嵐山에서 관광용 인력거를 끄는 인력거꾼이었다)나 가게에서 우연히 만난 사람들과 폐점 시간까지 마시곤 했다. 무척 즐거운 시간이었지만 점점 피폐한 몰골이 되어가자 'D&DEPARTMENT PROJECT'의 디자이너 나카가와 사야카中川清香 씨의 부모님이 소유하신 시내 근방의 빌라가 비어 있다며 편집부가 사용하도록 해주셔서 감사히 잘 지냈다. 이렇게 이번 취재 여행은 숙박할 곳 없이 시작하나 싶었으나 운 좋게 머물 곳이 마련되어 본격적인 교토 생활이 시작되었다.

자전거를 타고 마루타마치에서 데라마치도리까지

교토 생활을 시작하고 처음 구매한 것은 중고 자전거이다. 셔츠도 구매했는데 갈아입을 여분 옷이 모자라서 '모리카게셔츠 교토モリカゲシャツ キョウト'에서 새로 맞췄다. 새로 맞춘 셔츠를 입고 자전거에 올라타 가모가와강 둔치를 달리거나 커피 한잔 마시며 필요한 책이나 일용품을 사러 가는 일상을 누렸다. 빌라는 교토교엔京都御苑(교토 사람들은 임금이 있는 자리라는 뜻의 '고쇼御所'라고 부름) 근처에 있다. 마루타마치도리에서 남쪽으로 내려가 가구점이 즐비한 거리인 에비스가와도리夷川通り를 달려 그쪽에 자리한 세탁소에 셔츠를 맡기고, 도중에 있는 '이카와건구점井川建具店'에 들른다. 이 상점은 교토에 남아있는 오래된 상가나 여관, 상점, 술집 등에서 해체하고 남은 낡은 가구를 주로 취급하고 있어서

in the rest area of the sauna in Shijo-Omiya and ate *gyoza* at the first shop of "Gyoza no Osho" nearby. I met with Ryuki Obara of "D&DEPARTMENT KYOTO" at "Shomin", a standing bar, until the closing time early in the morning. It was fun for a while, but I was feeling exhausted. Finally, Sayaka Nakagawa, the designer at D&DEPARTMENT, let me and our editorial department staff stay at her parents' apartment in the city.

Teramachi Street on a bicycle

The first purchase I made when I settled in Kyoto was a used bicycle. I began to run out of fresh clothes, so I also bought shirts at "MORIKAGE SHIRT KYOTO". The apartment was close to the palace. I often went southward on Marutamachi Street, passing Ebisugawa Street, which was lined with furniture shops on both sides—one of them being "Ikawa Tateguten", a used joinery shop. Kyoto as a city is full of old *machiya*-style houses, inns, shops, and bars, but Ikawa Tateguten deals with

흥미롭다. 교토뿐 아니라 여러 지역의 물건들도 있는데 각각 모양이나 상태가 다른 점도 매력적이다.

에비스가와도리로부터 사카이마치도리를 따라 내려가면 '긴시마사무네호리노기념관キンシ正宗 堀野記念館'이 있다. 무시코마도虫籠窓(격자로 된 나무 통기창)로 된 상가를 견학하러 많은 사람들이 오는 주조酒造 기념관이다. 교토의 약수 '모모노이桃の井'가 뜰 안에서 샘솟고 있다.

에비스도리를 서쪽으로 달려가면 유명한 상점들을 뚫고 데라마치도리와 맞닥뜨린다. 우선 아침 9시에 문을 여는 '잇포도차호'. 어떻게 오랜 시간 동안 이토록 편안한 분위기를 유지할 수 있었을까, 감동할 정도로 서비스가 훌륭한 차 전문점이다. 공동으로 운영하는 찻집 '가보쿠'는 언제나 만석이다. 일부러 멀리서 찾아오는 사람들로 늘 붐비는데, 오래 기다려도 차 한 잔도 못 마시고 아쉬운 발걸음을 돌리는 관광객도 많다고 한다. 테이크아웃 서비스를 이용해 걸으면서 즐길 수도 있는데 한 잔씩 정성스럽게 내려주는 점은 매장과 같다. 디자인이 돋보이는 1회용 컵 라벨은 디자이너 시오가와 이즈미塩川いづみ 씨가 맡았다.

잇포도차호에서 데라마치도리를 조금 내려가면 우측으로 장식장이 멋진 양과자점 '무라카미카이신도'가, 좌측으로 주변 지인들에게 유독 인기가 많은 서점 '산가쓰쇼보'가 있다. '산가쓰쇼보'는 얼핏 보면 어디에나 있을 듯한 작은 동네 서점이지만 서가에 꽂힌 책 한 권 한 권이 어딘가 '자신의 영역'을 가지고, 각각의 존재감을 강하게 드러내고 있어서 신기한 긴장감이 감돈다. 신간이 대부분인데, "이런 책이?" 하고 놀랄 만한 보물 같은 책을 발견하기도 한다. 방문했을 때 작고한 건축가 시라이 세이치白井晟一의 작품집이 눈에 들어와서 바로 집어 들었는데, 너무나 반가운 나머지 긴장했던지 그대로 두고 나와버렸다. 왜 그랬을까? 도대체 왜 그랬는지 모르겠다.

데라마치 니조寺町二条에서 남쪽 방향에 있는 '운소도芸艸堂'는 일본 유일의 수제목판과 일본 고서 제본 책을 만드는 출판사로 간판에 'WOODCUT PRINTS'라고 적혀 있었다. 가쓰시카 호쿠사이葛飾北斎(에도시대 목판 화가), 이토 자쿠추伊藤若冲(에도시대 화가), 그리고 이번 교토편 표지를 장식한 메이지시대 화가 겸 도안가 가미사카 세쓰카神坂雪佳의 작품집 등을 발행한 곳이다.

used joineries for houses taken from dismantled houses. Depending on the area and neighborhoods, joiners come in various sizes.

Further down Ebisugawa Street to Sakaimachi Street, there's "Kinshi Masamune Horino Memorial Museum", a brewery museum.

When you follow Ebisugawa Street westward, you come across Teramachi Street. If it is in the morning, stop by the "Ippodo Tea Main Store in Kyoto", which opens at 9am. They have started a take-out service, if you want a take-out of green tea to accompany you on your tour. Izumie Shiokawa designed the tea labels. And, of course, the tea is delicious.

If you walk a bit down Teramachi Street from Ippodo, there's "Murakami Kaishindo", a patisserie shop, to the left, and "Sangatsu Shobo", a bookshop with quite a big following, to the right. "Unsodo", in the southern part of Teramachi-Nijo, is the only publisher of woodblock and Japanese bound books. This is the woodblock studio that prints collector-quality works

오이케도리御池通り의 횡단보도를 건너면 데라마치도리 아케이트 상점가가 나오고 그 끝에서 자전거 산책을 끝내는 것이 나만의 방식이다. 상점가 입구 좌측에 혼노지本能寺(현재는 빌딩이 세워졌고, 혼노지 호텔도 있음) 자리가 있고, 우측에 1663년 창업한 향과 서화용품을 취급하는 '규쿄도鳩居堂'가 있다. 선물을 사고 나누는 소통을 중시하므로 그때마다 빈번하게 사용하는 편지지, 봉투 등은 일상의 필수품이다. 깔끔하고 간소하지만 적당한 광택과 각이 잡힌 종이는 제대로 세세한 부분까지 디자인되어 있어 펜의 필기감도 다르게 느껴진다. 한 장 한 장 소중하게 다루고 싶은 마음이 생겨 한 글자 한 글자 정성스럽게 적게 되고 문장에도 진심이 담긴다. 몇 개 골라 계산대로 가져가면 비둘기 문양의 정갈한 포장지에 포장해주고 같은 디자인의 종이봉투에 넣어줘서 기분 좋은 소비를 한 느낌이었다.

아침과 점심 모두 해결하려면, 직진해서 쭉 내려가서 '스마트커피점スマート珈琲店'으로 향한다. "이것이 바로 핫케이크이지!"라고 자랑할 만한 핫케이크가 명물이지만, 촉촉한 프렌치토스트도 추천할 만하다. 둘이서 두 가지 메뉴를 즐겨보길 권

of Hokusai Katsushika, Jakuchu Ito, and Sekka Kamisaka, the Meiji-era Japanese painter and designer, and whose work we used as the cover for this Kyoto issue.

Once you cross Oike Street, Teramachi Street turns into a shopping arcade, and you have to get off your bicycle. To the right is "Kyukyodo", an incense and calligraphy shop established in 1663. Because there's a gift-and-letter exchange culture in Kyoto, stationery needed for these frequent forms of communication needs to be simple but beautiful, with high-quality paper that allows, I hope, the words to come smoothly out of my pen.

For breakfast and lunch, go straight down the arcade to "Smart Coffee". They are known for their pancakes, but you should also try their French toast. But be sure to take a friend: the portions are that big, and that good. The simple white tables on the first floor are designed in such a way that although the restaurant is small, it doesn't feel small when you sit down. The second floor opens up at lunch time.

한다. 1층의 심플한 흰색 테이블은 좁은 매장에서도 다리를 편하게 둘 수 있도록 설계되어 앉아 보면 생각보다 널찍하다. 매장 디자인은 가히 이름처럼 스마트하다. 점심 시간에는 2층을 양식 레스토랑으로 운영한다.

산조에 가다

데라마치도리에서 한참 아래쪽으로 내려가면 산조도리 교차로가 나온다. 그 모퉁이에 스키야키 전문 식당 '미시마테三嶋亭'가 있다. 격식 있는 분위기의 고급 요리점으로 보이는데, 한 번쯤 무리해서라도 가보고 싶어지는 중후한 멋이 풍기는 곳으로, 창업 때부터 현재까지 한 장소를 굳건히 지키고 있다. 나 역시 가로등 불빛이 빛나는 식당 앞 거리를 몇 번이나 지나쳤던가! 그런데 현지 사람들에게 물어보니 스키야키를 식당에까지 가서 먹어본 적은 없다, 좋은 고기를 사서 집에서 주로 만들어 먹는다는 얘기가 많았다.

'미시마테'를 지나 산조도리 동쪽으로 가면 가와라마치도리河原町通り가 나오고, 조금 더 넘어가

Let's go to Sanjo
Go down Teramachi Street and you'll come to the Sanjo Street crossing. There, at the corner, is the famous sukiyaki restaurant, "Mishima-tei". How many times did I pass by that restaurant, look at its expensive-looking façade and the gas lamp which is said to have been from the time the restaurant opened its doors a hundred years ago? On a side note, Kyoto residents almost never eat sukiyaki at restaurants; they all say that they buy good meat at shops and cook it at home.

Past Mishima-tei, go east on Sanjo Street toward Kawaramachi Street. Go straight and you'll get to "Starbucks Coffee Kyoto Sanjo Ohashi" along the Kamo River. When you are tired or looking for a clean bathroom, Starbucks can save your life. I sat at the counter and felt a sense of relief when I saw a backpacker from abroad reading on a Kindle. Of course, when you are in a foreign land where you know no one, a familiar café is comfort. That's one of the beauties of traveling: you can open a book and read, not caring about the time passing.

면 가모가와강이다. 산조대교 바로 앞에 본 잡지의 D마크 기사에서 다룬 '나이토상점'이 있고, 거기에서 두 건물 맞은 편에 가모가와강을 따라 스타벅스가 보인다. "교토까지 왔는데 스타벅스는 왜?"라고 의아해하겠지만 지친 다리를 쉬어가거나 깨끗한 화장실을 이용하고 싶을 때 스타벅스가 보이면 역시 안심이 된다. 카운터 앞 좌석에 앉아 커피 한 잔을 마시며 멍하니 있다가 문득 옆자리 외국인 배낭여행객이 킨들(전자책 어플리케이션)로 외국어 책을 읽고 있는 모습이 눈에 들어온다. 이러한 아무렇지 않은 일상의 편안함에 안도감이 밀려온다. 낯선 고장에서 익숙한 카페에 앉아 읽고 싶은 책을 읽는 것도 어쩌면 여행지에서나 가능한 일이 아닐까 싶다.

그러나 평화로움도 잠시, 화장실에 가니 10분 넘게 기다려야 했다. 내 뒤에 나란히 서서 기다리던 아주머니께 "머리라도 감고 있는 건 아니겠죠?"라며 어설픈 농담으로 썰렁한 분위기를 살려보고자 했으나, 내 농담을 진지하게 받아들이신 아주머니 때문에 손짓 발짓해가며 설명하는 데 오히려 10분 이상이 더 걸렸다. 그럼에도 앞 사람은 여전히 나오지 않았다는, 웃지 못할 경험이었다.

4월 말에는 산조대교에서 바라보는 가모가와강 풍경이 순식간에 바뀐다. 5월 1일부터 '노료유카'에서 영업이 가능하므로 일제히 설치를 시작한다. 강변쪽에서는 크레인으로 설치하지만 기본적으로 목조 기둥을 손으로 직접 박아서 설치한다고 한다. 노료유카는 최근까지 장마가 끝나는 7월부터 시작했는데 관광지로 부각되면서 점점 그 시기가 앞당겨졌다. 현지 사람들은 "아직 춥고, 비도 내리는데 굳이…"라고 반응하지만 말이다. 아주 오래전 에도시대에는 강 가운데 모래톱 자갈 위에 앉는 '쇼기床几(접이식으로 나무 틀 위에 천으로 방석을 씌운 간이 의자)'라는 의자를 사용하는 것이 일반적이었다고 한다. 원래 가모가와강이 아닌 기부네산貴船山의 기부네강貴船川에서 치르던 행사였다고 전해진다. (물론 현재에도 관광지로 알려짐) 참고로 스타벅스도 노료유카를 설치한다.

산조도리에서 다카세강高瀬川을 따라 기야마치도리に木屋町通り로 향하면 1927년에 설립한 옛 릿세이초등학교立誠小学校가 있다. 현재는 폐교되었지만 교정은 젊은 방문객으로 넘쳐난다. '교토골동품시

At the end of April, the view of the Kamo River from the Sanjo Bridge changes: with the start of wood platforms allowed from May 1, the shops along the river begin building the platforms on the river.

From Sanjo Street, go down Kiyamachi Street along Takase River. You'll come across the "Rissei Elementary School", a closed elementary school that was established in 1927. The building has been converted to a shopping center. At "Rissei Cinema Project" on the third floor, they were playing *Trainspotting*, directed by Danny Boyle.

Go up Kiyamachi Street from Sanjo Street and you will come cross "Morita-ya Kiyamachi", an old house converted to a sukiyaki restaurant. The entrance is at the end of a narrow stone-paved path, and the hall faces the Kamo River; when in season, a wooden platform is erected over the river.

Further up the street, near the Nijo Street crossing, is the "Shimadzu Foundation Memorial Hall". "Even failures can help people," says Koichi Tanaka (2002 Nobel Prize winner in

장京都ふるどうぐ市'을 개최하고 있어 운동장에서는 커피와 디저트 등도 판다. 3층에는 상설 영화관 '릿세이시네마立誠シネマ'가 있는데 내가 방문한 날은 오후부터 영국 영화감독 대니 보일Danny Boyle의 '트레인스포팅Trainspotting'을 상영했다. 근처에 사는 주민들이 부러웠다.

산조도리에서 기야마치도리를 따라 위쪽으로 가면 전통요리를 선보이던 여관을 개조해 만든 스키야키 전문점 '모리타야モリタ屋 기야마치점'이 있다. 돌로 포장된 좁은 골목길을 굽이굽이 걸어가면 나오는 구석 집으로, 안쪽 자리는 가모가와강을 접하고 있어서 노료유카도 설치한다.

니조도리 교차로 근처에는 '시마즈제작소 창업기념자료관島津製作所 創業記念資料館'이 있다. 시마즈제작소는 1875년 창업한 유서 깊은 정밀기기 제조회사로 창업 이래 이화학기기 제조 및 교육을 비롯해 교토 근대 화학 진흥에 크게 공헌한 기업이다. 그런 시마즈제작소의 사장이자 2002년 노벨화학상을 수상한 다나카 고이치田中耕一 씨는 "실패는 성공의 뿌리"라고 강조한다. 이같은 역사적인 창업 배경을 소개하는 전시의 일부로 교토 시내의 바둑판 지도가 전시되어 있었다. 그런데 익히 봐왔던 익숙한 지도와 조금 달랐다. 꽤 넓은 범위가 붉은 선으로 묶여 있었다. 이는 에도시대 말기 사쓰마薩摩, 아이즈会津, 오가키大垣, 구와나桑名와 같은 번藩과 무사 조직 신센구미新撰組 등의 바쿠후군幕府軍, 조슈長州 등, 교토 사람에게는 타지인이라 할 수 있는 이들이 교토 중심에서 대포, 총, 칼 등을 무자비하게 휘둘러 무력 폭동을 일으킨 1894년 긴몬의 난禁門の変(하마구리고몬의 난蛤御門の変이라고도 함)으로 전소된 지역을 표시해둔 것이다.

이쯤에서 산조도리로 다시 돌아간다. 산조사카이마치三条堺町에 이노다커피 본점이 있는데, 바로 근처 산조도리 부근에 산조 지점도 있다. 산조 지점에는 안쪽 흡연석 가까이에 주방을 빙 둘러 원형 카운터가 놓여 있고, 흰 조리사복을 입은 신사들이 빠릿빠릿하게 일하는 모습을 볼 수 있다. 천으로 주둥이를 감싼 법랑 물주전자로 동그란 국자에 따뜻한 물을 붓는데, 이것이 그 유명한 융드립이다! 아주 호쾌했다. 그 진하고 깊은 명물 커피 내리는 것을 눈앞에서 볼 수 있다니, 본점보다 이곳을 좋아하는

chemistry and an employee of Shimadzu Corporation) in the video.

Go back a bit on Sanjo Street. No matter what, you have to go to Sanjo. There's "Inoda Coffee Honten" at the edge of the Sanjo neighborhood, but there's also "Inoda Coffee Sanjo" along Sanjo Street. There, you will find, near the smoking section, a round counter surrounding the kitchen, and a man wearing a chef's white uniform. You can see the entire process of Nel drip coffee here: a man pouring hot water into a pitcher.

To Shijo, and to Nishiki Marketplace, the home of Jakuchu Ito
When you go down Sakaimachi Street, you'll come across a vividly hued shopping arcade right before Shijo Street. This is the "Nishiki Markpetplace". There are many shops selling vegetables and fish, as well as pickles and *fu*, lining both sides. Tourists and shoppers push each other out of the way to move. The famous painter, Jakuchu Ito, with his unique perspective, was born here in Nishiki. If he were still alive, would he paint people here who come from all over the world? Or would he just

팬이 많은 이유를 알 것 같다. 물론 나는 본점도 지점도 모두 좋아한다.

시조 그리고 이토 자쿠추의 고향 니시키시장으로 향하다

사카마치도리에서 아래쪽으로 내려가면 시조도리 바로 앞에 알록달록 원색이 화려한 아케이트 거리가 가로질러 자리한다. 니시키 골목길錦小路로 다카쿠라도리高倉通り에서 데라마치도리까지 가는 도중에 니시키시장錦市場이 있다. 채소, 생선 등 생물 식품이나 국수, 밀가루 식품이나 채소 절임 등 가공식품, 차나 전통 과자 등 선물용 지역 특산물이 쌓여 있어 명절 대이동 때 꽉 막힌 고속도로의 모습처럼 앞으로 나아가지 않을 정도로 관광객으로 인산인해를 이룬다. 에도시대 화가로 삼라만상을 실로 세밀하고 밀도 있게 또 풍자적이면서 독창적으로 그려낸 이토 자쿠추伊藤若冲는 이곳 니시키에서 태어났다.

학창 시절 쇼코쿠지相国寺에 있는 조텐카쿠미술관承天閣美術館에서 이토 자쿠추의 그림 동식채

paint green onions and Chinese cabbages? When I imagined what he would paint, even the crowd stopped bothering me.

Go eastward through the marketplace and have a drink at the "Kyogoku Stand", an *izakaya* on Shinkyogoku Street. Open from noon to 9pm and closed on Tuesdays, it's always crowded, no matter the time.

Go through the arcade, and go eastward on Shijo Street. With the night wind comes the sound of the bells. I would look up to find people practicing for festivals on a second floor of a building at the crossing. With the windows open, you can hear the music mixing in with spring night air, traveling far. The Shijo-Karasuma neighborhood is the center of Kyoto; cars and buses drive by nonstop in front of the building. The only people who stop walking to listen to the music are tourists; others go by indifferently. Music mixing with the traffic sounds indicates that the festival is coming closer and closer each day. And perhaps this has been going on for years—the traditional mixing with the new, creating a rhythm of Kyoto.

花動植綵絵 서른 점과 석가삼존상釈迦三尊像 세 점을 동시에 선보이는 획기적인 전시를 관람하고 전율을 느낄 정도로 큰 감동을 받았다. 만일 자쿠추가 살아 있었다면 화폭에 니시키시장으로 몰려든 세계 곳곳의 관광객을 빼곡하게 담았을까? 아니면 역시 담백하게 배추와 채소를 그렸을까? 아리송하지만 상상만으로도 즐겁다.

니시키시장에서 동쪽으로 벗어나면 신쿄고쿠도리新京極通り의 선술집 '교고쿠스탠드京極スタンド'가 있는데 그곳에서 한잔 마신다. 관광객도 동네 단골도, 술 마시러 온 손님도 식사하러 온 손님도 들락날락하며 자유로운 분위기를 자아내는 곳이다. 영업 시간은 정오부터 밤 9시까지이고, 화요일이 정기 휴무일이다. 시조도리에서 서쪽으로 걷다 보니 밤바람에 기분 좋은 방울 소리가 들려온다. 시조카라스마四条烏丸 건널목 근처 건물 2층에서 축제를 위한 하야시囃子(가부키 등 전통극에서 흥을 돋우기 위해 반주하는 음악) 연습을 하고 있었다. 창문을 활짝 열어둬서 북이나 피리 소리가 멀리까지 퍼진다. 거리에 수많은 버스와 택시, 자전거가 쌩쌩 바쁘게 달려가고, 청량한 가락에 귀를 기울이는 사람은 관광객들뿐이다. 거리를 활보하는 교토 현지인들은 발걸음을 재촉하기 바빠서 멈추기는커녕 눈길조차 주지 않는다. 엔진 소리, 자동차 경적음, 횡단보도의 경고음과 뒤섞어 축제의 소리가 들린다. 축제가 밤마다 가까워지고 있다. 이렇게 한 해 한 해 느낀다. 교토의 리듬이란 이런 것이구나.

변하지 않은 모습으로 흥미로워지는 고조도리

가와라마치도리를 따라 내려가면 고조도리五条通り를 넘어 다카세강을 조금 지나 가모가와강 쪽으로 들어간 골목에 있는 '고조몰五条モール'이 나온다. 다도방을 개조한 낡은 건물로 잠시 빈 공간이었지만 식당과 목공예 작가의 아틀리에, 서점, 대관 갤러리 등이 입점해 새로운 모습으로 탈바꿈했다. 서점 'homehome'의 대표 우메노 다카시うめのたかし 씨를 매장에서 만났는데 흰색과 검은색이 섞인 털이 매

Gojo, always the same, always changing
Go down Kawaramachi Street, cross Gojo through an alley toward the Kamo River, and you'll come across the Gojo Mall. For some time it was unoccupied, but now the building is occupied by restaurants, ateliers of artists, bookstores, and galleries. When I visited the "*homehome*" bookshop, the owner, Takashi Umeno, was playing with Othello, his black-and-white cat. He once wrote a review of this magazine for a weekly magazine in Fukuoka; he is a current member of "HOHOHOZA" and runs this bookshop on the weekends. When I was there, Sanjiro Minato—the owner of "Ume-yu", the public bath house—stopped by. Right nearby, there's "Effish", which started the café boom in Kyoto, and "Len", a guesthouse, has just opened its doors. There's also "Kaikado", a teashop. Interesting things are happening in Gojo.

In front of Ume-yu, the Takase River flows slowly, lined by cherry blossom trees. If you go along the river, you'll see that there are many fruit-bearing trees planted amid the cherry

력적인 '오셀로(흰색과 검정색 알을 가지고 바둑판에서 하는 일종의 보드게임)'라는 이름의 고양이와 쉬고 있었다. 우메노 씨는 이전 후쿠오카편에 서평을 써준 인연이 있고 현재 조도지淨土寺의 '호호호좌'의 일원이기도 하다. 서점은 주말에만 연다. 주간지 기사를 무척이나 반갑게 읽고 또 읽어서인지 처음 만나는 사이라는 느낌이 들지 않았다. 둘이서 한참 이야기하고 있는데 바로 뒤 건물에서 폐업한 목욕탕 '우메유'를 되살리는 사업에 앞장서고 있는 미나토 산지로 씨가 갑자기 찾아와서 함께 유쾌한 대화를 이어갔다. 흔히 교토에 붙는 수식어로 "도시 전체가 박물관, 놀이공원" 등이 있지만, 내가 생각하기에 교토는 마치 대학 캠퍼스 같다.

고조몰 바로 근처에는 교토의 카페 거리 붐을 일으킨 전망 좋은 카페 '에피쉬efish'가 있고 또 가와라마치 도로변에는 세련된 인테리어의 게스트 하우스 '렌レン'이 신규 오픈했다. 차통 가게 '가이카도開花堂'도 있다. 고조도 앞으로 기대가 된다. 우메유 바로 앞으로 다카세강이 흐르고 벚꽃이 떨어지다 남은 나무가 보인다. 조금 더 강 아래로 내려가면 벚나무를 시작으로 다종다양한 과실수가 눈에 띈다. 전쟁 중에 식량 조달을 위해 심었다는 이야기를 우메노 씨가 전해주었다.

교토의 리듬

임대 빌라에서 사용하려고 종려나무로 만든 만든 빗자루와 수세미를 '나이토상점'에서, 양철 쓰레받기는 '구라일용품점倉日用商店'에서 구입했다. 구라일용품점은 마루타마치도리에서 호리가와도리까지 가서 조금 위로 이동해 자리한 상점가에 있다. 부엌 잡화용품에서 민예품에 이르기까지 폭넓은 제품을 취급하고 있어서 쓰레받기 말고도 미야기현의 공예품으로 와시和紙로 만든 명함 케이스가 마음에 들어 구입했다. 주변에 추천할 만한 장소를 상세하게 소개한 지도를 무료로 배포하고 있는데, 새로운 정보를 전달하고자 매번 새롭게 조사해서 1,000부 정도 만들고 있다고 한다.

blossom trees. Umeno, the bookshop owner, thinks that these trees were planted during the trauma of World War II when they were so much food shortage all around the city as well as the country.

The Rhythm of Kyoto

We bought a handmade broom and a tin dustpan from the "Kura Daily Store" to clean the apartment; the store is located in the shopping area near Horikawa Street. If you go eastward and walk northward along Senbon Street, you'll hit "Shinme", one of the best-known *izakaya* in Kyoto. Everything I ate was delicious, but the most delicious was the sake made out of six different sakes. You never got bored, and you never get a hangover. I ordered several glasses every time I went.

On the way back to the apartment, close to the palace at night, I would come across the lush green of the palace trees. Suddenly the temperature would drop and my breath would turned white. From Marutamachi Street on, everything

밤이 되면 서쪽으로 조금 더 이동해 센본도리千本通り에서 북쪽으로 올라가면 있는 선술집 '신메神馬'로 향한다. 좁다랗고 긴 수상 가옥 형태로 카운터는 안쪽까지 깊숙하게 이어져 있다. 주황빛 조명을 낮게 떨어트린 내부 분위기부터 맛집의 기운이 느껴진다. 실제로 무슨 메뉴든 맛있었는데 여섯 종류의 청주 브랜드는 마셔도 질리지가 않고 숙취도 없어서 몇 잔을 시켰는지 모를 정도이다. 빌라로 돌아가는 길에 고조 근처에서 잠시 멈춰 정원의 울창한 나무들을 보는데 갑자기 싸늘한 공기가 느껴지면서 하얀 입김까지 나온다. 마루타마치도리를 지나가면 나타나는 정원은 안개에 둘러싸여 있어서 어둠 속에서 이어지는 가로등의 흰빛들을 금세 희미하게 만든다.

다음날 해가 중천에 뜬 뒤에 다시 정원에 가보면 전혀 다른 모습이다. 쾌청한 날씨와 맑은 공기, 파란 하늘이 펼쳐져 멀리까지 한눈에 들어온다. 정원은 넓어서 자전거를 타고 돌아봐도 좋지만 바닥에 깔린 자갈이 핸들의 움직임을 방해해 페달도 무거워져 제대로 달리기는 힘들다. 그래서 자전거 타는 사람들이 앞에 간 사람이 만든 가느다란 바퀴 자국을 따라 달리기도 하는데 그 모습이 조금은 우스꽝스럽다.

지금의 나가오카쿄시長岡京市 장소로 나가오카쿄長岡京가 수도를 옮긴 연도가 784년, 그리고 교토시 시가지로 헤이안쿄가 수도를 옮긴 것이 794년이다. 이후 1869년까지 일본의 수도였던 교토. 그 사이 수많은 정치인이 이 도시를 지배하고 때로는 침략해 영화를 누리고 거대한 건축물을 유산으로 남겼다. 도시를 재생하고 또 뺏고 빼앗으며 죽음을 맞이하거나 몰락해 역사에 이름을 남긴 위인들은 모두 교토에서 사라져버렸다. 이유가 뭘까? 풀리지 않는 의문이다. 하지만 그럼에도 교토가 교토로서 지금까지 존재할 수 있었던 것은 어떤 험난한 역경이라도 이겨내 토지를 보존했고, 교토의 자긍심만은 잊지 않았기 때문이다. 그리고 그곳엔 항상 상업을 이어 고집스럽게 버텨온 교토의 서민들이 있었다.

교토스러움이 가지는 깊은 뜻은 온고지신을 추구하는 것이 아니라 '성진필쇠盛者必衰(한 번 성하면 반드시 쇠할 때가 온다)의 덧없음'일지도 모르겠다. 교토 사람들이 권위와 경제력을 과시하는 지배자나 외지인에게 교토를 넘겨줄 리 없다. 그들은 외지에서 들어와 마음대로 훔치고 빼앗아 부흥을 이룬

is foggy, and the only thing you see in the hazy darkness is the light from the lamposts dotting here and there. In the morning, it will be clear. The air crisp. You can ride your bicycle on the palace grounds but be warned: it is very hard to pedal on the gravel.

The capital was established in Nagaoka-kyo city in 784, and in 794, the capital moved to Kyoto, and remained there until 1869. Over the millennia, leaders came and went, so many battles were fought and places occupied so many times, that buildings were torn down and rebuilt. The city was burned to ashes, and along with it, many countless historical people were killed or fell from grace, disappearing from the city.

But the reason why Kyoto remained Kyoto was because of nameless men and women who stayed and protected the city, who stubbornly refused to give up their land and their culture. I wonder whether, at the base of what makes Kyoto what it is, the idea of evanescence lies at its root. No matter who wields power or money, no matter who comes to rule or

사람을 결코 본받으려 하지 않고 오히려 경멸했다. 상대가 다수파를 이뤄 권력과 실행력을 행사해 마을을 바꾸려고 한들 그들은 10년, 30년, 50년, 100년, 1000년이 지나면 사라져버리는 것들, 사람 나아가 마을을 위할 수 없는 것들이 무엇인지 너무나 잘 알고 있었다.

그 지역다운 진정한 모습이란 토지가 변하고 새로운 모습으로 탈바꿈하는 데 필요한 적당한 속도, 바로 리듬에서 나온다고 생각한다.

하지만 과하게 넘치지 않고 결코 뒤처지지 않는다. 자신만의 시간을 각인하는 소중함을 지켜나가는 고집, 그것이야말로 교토스러움이 아닐까.

교토의 리듬은 강이나 거리의 모습처럼 길고 가늘며, 높은 곳에서 낮은 곳으로, 때로는 격렬하고 때로는 부드럽게 흐른다.

govern them, people in Kyoto refuse to give up their control to outsiders. Long-time residents in Kyoto never praise rich people who come from outside, who buy up land or take stuff from others; they never acknowledge these outsiders as being from Kyoto. No matter whether these outsiders become the majority or hold power, no matter how much they try to change the city, the Kyoto-ites know that in a decade, in fifty years or in a century, they will eventually leave. That's how it's been throughout history. The essence of a city relies in finding its own rhythm to evolve, to change. The rhythm in Kyoto is like a river or stream: it's long, slow, narrow, sometimes rapid, sometimes too still, but the rhythm is its own, not imposed by anyone else. Kyoto stubbornly holds onto its own rhythm and its way of life. That's what makes Kyoto the city it is.

Graphic of KYOTO

사카다 사부로坂田佐武朗   1985년, 교토 우지시 출생. 교토조형예술대학 졸업 후 오사카 'graf'에서 디자이너로 근무한 경력을 가지고 2010년에 독립해 현재까지 교토를 거점으로 활동 중이다. 주요 작업으로 문구 브랜드 'HIGHDE'의 'hum products'(2009년~) 아이템을 개발했으며 고노산 게스트 하우스 'Kokuu'의 로고디자인(2012년)과 '아트 서포트 간사이'의 로고디자인(2014년) 등을 제작했다.

Saburo Sakata   Born in 1985 in Uji-shi in Kyoto. After graduating from Kyoto University of Art and Design, he began working at *graf* (Osaka), and went independent in 2010. He currently resides in Kyoto and has worked as product designer of "hum products" for HIGHTIDE (stationary maker), designed the logomark for Kokuu, a Koyasan guesthouse (2012), and Arts Support Kansai's logo mark in 2014.

풍류를 즐기는 교토

사카모토 다이자부로 坂本大三郎 Daizaburo Sakamoto

교토의 롱 라이프 스타일 축제

교토에 대한 내 인상을 표현하라고 한다면 '풍류'라는 단어가 먼저 떠오른다. 이 단어에는 '품위 있고 온화한 분위기'라는 의미가 내포되어 있다고 느끼는 사람들이 적지 않겠지만 옛날 교토 사람들은 '사람들의 눈을 놀라게 할 기발한 아름다움'이라는 인식을 가졌다고 한다.

예를 들면, 사찰 구라마지鞍馬寺의 '히마쓰리火祭', 우즈마사太秦에 있는 사찰 고류지広隆寺의 '우시마쓰리牛祭'와 어깨를 나란히 하는 교토 3대 풍속 축제 중 하나인 '야스라이마쓰리やすらい祭'는 1154년 야스라이(노래 중간이나 끝에 넣어 흥을 돋우기 위한 말)로 역병을 풍류로 이겨내자는 목적으로 열린 축제라고 전해진다. 축제 당일 각자 개성 있는 변장을 하고 행렬에 합류해 악령을 쫓아내려는 일종의 의식과 같았다. 우아하고 품위있는 풍류라면 큰 위력이 없겠지만 이렇게 기발한 풍류였기에 역병도 놀라서 달아나지 않았을까.

한국의 무당이 신령을 불러 악귀를 몰아내고 풍작을 비는 제사를 '풀이'라고 하는데, 일본의 '풍류風

KYOTO Prefecture's Long-Lasting Festival

Furyu: Kyoto as It Is

When I think of Kyoto, I think of the word furyu. People nowadays think that the word means "classy, refined" but in the past, people used it to mean "unconventional beauty that surprises people."

For example, at Yasurai-matsuri, one of the three major unconventional festivals in Kyoto (the two others being the Hi-matsuri Fire Festival at Kurama-dera temple and the Ushi-matsuri Cow Festival at Koryu-ji temple) started in the year 1154 as a way of "unconventionally" getting rid of plagues. People dress up in disguises to get rid of evil spirits. If people dressed up elegantly, it would surprise the evil spirits enough for them to flee away—or so the ancients must have thought.

"Furi," the ritual of Korean shamans calling on the spirits to get rid of evil spirits on the farmland, uses the same Chinese character as furyu, so we can see the basic idea of furyu as one that can be found throughout Asia.

流'와 같은 한자를 사용하는 것을 보아 풍류의 성격은 동일한 아시아의 뿌리를 공유하고 있다고 느낀다. 그리고 이 풍류는 전국시대에는 각지를 누볐던 민간종교사절단이나 예술가들 대부분이 관여했던 '가부키歌舞伎(일본 전통극)'라는 문화로 변화했다고 여겨진다. 확실히, 가부키를 들여다보면 옛 풍류의 미의식이 여전히 남아 있음을 알 수 있다. 행패를 부리는 자를 '가부키모노'라고 불렀는데 그들이 가진 비범함, 난폭함, 성적 편향을 즐기는 미의식은 풍류에서 이어져 내려온 것이다. 이런 개념은 현재도 연극이나 영화의 정사 또는 살인 장면 등에 남아 있다.

교토의 문화는 고풍스럽기만 해서 따분하다고 느끼는 사람이 많을지도 모른다. 그러나 풍류라는 말로 재조명해본다면 지금까지와는 다른 인상을 발견하게 되지 않을까 싶다. 교토에는 품위 있는 면만 있지 않다. 거기에는 풍류라는 이미지로 우리를 놀라게 해줄 상당히 깊고 넓은 매력을 가진 문화가 뿌리 깊게 퍼져 있다.

This concept of furyu, by the time it reached the Kamakura Period, seems to have transformed itself in the culture of Kabuki, with its nomadic actors and shamans. Even in Kabuki theater, the aesthetics of furyu is still alive and well.

In the past, people who caused havoc were called "kabukimono," but they, too, embraced the concept of furyu by espousing unconventional ideas, such as violence and flashy clothing. That concept is still alive on stage as well as in movies' violence and sex scenes.

Many people think that the culture of Kyoto is too high class, but when you examine the city with furyu in mind, I think you will get another impression of Kyoto. The city does not just have a refined and sophisticated side; it has its roots in furyu—a side that surprises us by its unconventionality.

교토의 민예

가와이 간지로 「일의 노래」

다카키 다카오 (공예 후고)
瀧木拓郎
Takao Takaki (Foucault)
工藝風向

Mingei of Kyoto

"Songs of Work" by Kanjiro Kawai

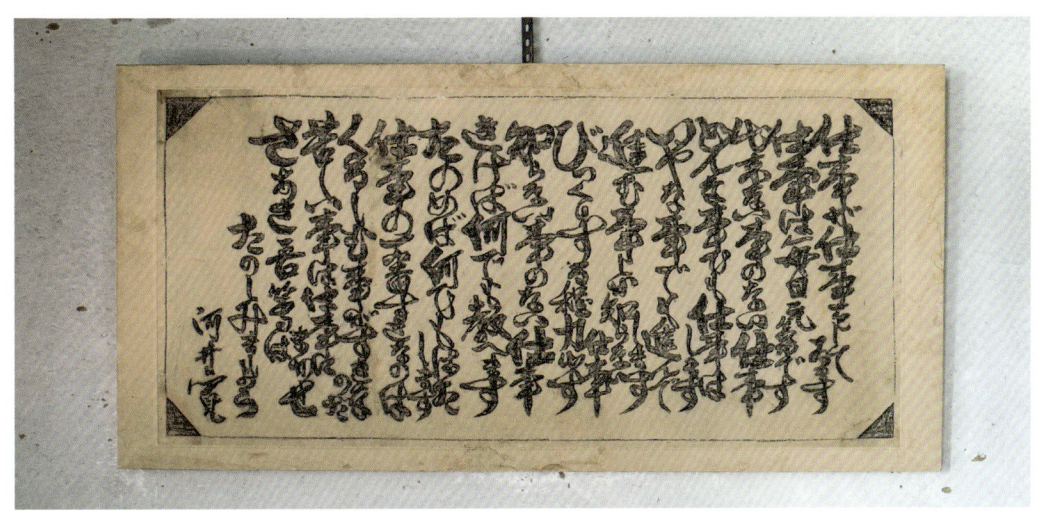

교토의 히가시야마 고조를 조금 내려간 곳에 있는 '가와이간지로기념관' 벽에는 작고한 가와이 간지로가 자필로 쓴 시의 액자가 걸려 있다.

> 일이 일을 합니다
> 일은 늘 씩씩합니다
> 못 하는 것 없는 일
> 어떤 일이든 일은 해냅니다
> 꺼리는 일도 나서서 합니다
> 앞으로 나아가는 것밖에 모르는 일
> 가히 놀랄 만한 힘을 냅니다
> 모르는 것 없는 일
> 물어보면 뭐든지 알려줍니다
> 부탁하면 뭐든지 해결해줍니다
> 일이 가장 좋아하는 것은
> 괴로워하는 일이랍니다
> 괴로운 일은 일에게 맡기고
> 자, 한시름 놓아 봅시다

One can see a calligraphy scroll by Kanjiro Kawai on the wall of KAWAI KANJIRO'S HOUSE near Higashiyama-gojo in Kyoto:

> Work works itself to work
> Work is happy each and every day
> There's nothing work can't do
> Work does anything and everything
> Even work work doesn't want to do
> Work only knows to move forward
> Work surprises everyone with its unstoppable energy
> There is nothing work doesn't know
> It answers all if you ask
> If you ask to do it work will do it
> What work likes the most
> Is to struggle with hard work
> All the hard work work would do
> Let us now work work work

As Kawai left interesting quotes like "I'm surprised at the surprised self" and "I make a purchase; I purchase myself,"

"놀라고 있는 나에게 놀라는 나" "물건을 사온다 나를 사온다"라는 인상적인 구절을 많이 지어낸 가와이 씨다운 리드미컬한 시 한 편이다. 시마네현 슛사이가마出西窯에서는 이 '일의 노래'를 매일 합창한다고 한다. 이러한 가와이의 시와 작품들을 통해 그를 "흙과 불의 시인"이라 부른다.

　도예가에 대한 낭만적인 인상과는 달리 원래 가와이는 도쿄고등공업학교(현재 도쿄공업대학)를 졸업하고 교토시도자기시험소京都市陶磁器試驗所에 들어가 도자기 연구의 선두 주자로서 연구자이자 기술자로 일했다. 이처럼 근대적인 기술자가 기요미즈야키가마모토清水燒窯元의 기술 고문을 거쳐 개인 작가가 되었다. 작가가 되자마자 일각에서 혜성처럼 나타난 거물이라고 추앙을 받았지만 점차 창작이라는 행위에 모순을 느꼈다고 한다. 그의 말에 의하면 이렇다. "쫓으면 쫓을수록 달아나는 아름다움, 쫓지 않으면 쫓아오는 아름다움"을 고민하던 그의 모순을 날카롭게 지적했던 야나기 무네요시와 충돌하기도 한다. 벗이자 동료이기도 한 하마다 쇼지가 화해의 계기를 만들어줘서 함께 민예를 탄생시키는 원동력이 되었다. 이처럼 '근대화에 대한 반성이 초래한 전통으로의 회귀'와 같은 짧은 한 문장으로는 표현하기 어려운 우여곡절과 모순점을 지니고 있는 것이 바로 가와이 간지로라는 인간 그 자체

this rhythmical poem is just like him. I heard that in a Shussai pottery studio in Shimane, all the craftsmen sing this song every morning. Because Kawai often wrote about this theme, he is known as "The Poet of Earth and Fire."

　Unlike the romantic image we have of pottery artists, Kawai was a scientist and a researcher who, after graduating from Tokyo Institute of Technology, went on to Kyoto Ceramics Research Institute. After learning about the most cutting-edge technology in ceramics, he became a technical advisor for Kiyomizu Pottery before he founded his own studio.

　What does the word "work" mean to Kawai, who used it repeatedly in his poetry? For Kawai, work is something that pushes the self out; it's not he himself who is creating, but work itself pushes out into material reality through him. So he must answer to the needs of the work, answer its calling, and let it do its work through him without interjecting or projecting the self. *The desire to create beautiful work, works that touch people.* In that kind of demand, there is no place for an "I."

　Today, Kawai's philosophy of work is finally being understood. The objects we introduce at D&DEPARTMENT as well as the

이며, 동시에 가와이와 동료들이 만들어 낸 민예 그 자체였다. 그렇다면 가와이가 자주 주제로 삼았던 '일'이라는 것은 무엇일까? 그것은 '자신'을 떨쳐버리게 해주는 것이다. 그는 자신이 일을 하고 있는 것이 아니라, 일이 자신을 필요로 하는 필연이야말로 일 자체를 성립시키는 것이라고 파악했다. 그렇기에 나는 그저 일의 부름에 따르고, 불필요한 생각과 행동을 하지 않으며, 하나하나 공정을 수행해가는 것뿐이다. 아름다운 물건을 만들고 싶고 사람들로부터 인정받고 싶다고 생각하는 '자신'을 드러낼 여지를 주지 않아야 한다. 그것이 바로 '일'이다. 그리고 이 '자신이 포함되지 않은 물건이야말로 타인에게 있어서 좋은 물건이 된다'는 가와이의 철학은 어쩌면 현대에 비로소 충분히 받아들여지는 개념이 아닐까 싶다. D&DEPARTMENT PROJECT에서 소개하는 물건들처럼 오랫동안 일상에서 흔하게 사용되는 도구의 매력 역시 '일'에 쓰이기 위해 탄생하여 제조사나 디자이너 개인의 '자신'이 사라진 부분에서 느낄 수 있다. 필연이 가져다주는 일에 매료되어 그저 일이 이끄는 대로 살아갔던 가와이 간지로. 그의 시를 읽을 때마다 "그래, 일을 해야지" 하고 마음을 다잡게 된다. 새로운 나를 발견하고 싶다. 일을 하면서.

everyday wares we have been using for generations were created to serve the spirit of "work;" there is no self or originality in the brands or the designers of these pieces.

Kanjiro Kawai was the kind of artisan who found work that was created out of necessity and lived his life by answering the call of the work. Every time I read this poem, it inspires me to work and to work harder.

"I work to discover a new self."

long
life
design

좌/ 1984년 '다카라 캔 츄하이'
판매 당시의 패키지 디자인
상/ 현재의 '다카라 캔 츄하이'
레몬 350ml 231엔 판매 중

롱 라이프 디자인 케이스 스터디 24

다카라주조宝酒造의 '다카라 캔 츄하이'

 2013년 굿디자인 롱 라이프 디자인상 수상

오랫동안 잘 팔리는 '디자인이 훌륭한 상품'에는 '디자인 외에도 오래 잘 팔리는 이유'가 있다. 교토시에 본사가 있는 다카라주조주식회사의 '다카라 캔 츄하이'는 1984년 판매한 세계 최초 캔 츄하이이다. 참신한 광고도 화제가 되어 집에서 간편하게 마시는 술로 사랑받게 되었다. 8도나 되는 높은 알코올 도수는 애주가도 납득하는 맛. 신칸센 열차 내에서도 판매하여 여행지에서 마시고 싶은 술로도 인기이다. 이보다 심플할 수 없을 정도의 이름에 걸맞게 주조법도 바꾸지 않고 군더더기 없는 맛으로 오랜 팬들을 실망시키지 않는 점도 변함없이 사랑받는 이유일 것이다. (마에다 지로前田次郎)

Long-Life Design Case Study 24
"Takara Can Chu-hi" by Takara Shuzo Co., Ltd.
There are numerous reasons why each long-seller products are loved by so many people, and it's not just because of design. Takara Shuzo Co., Ltd.'s Takara Can Chu-hi was the first canned Chu-hi (alcoholic drink) in the market, produced in 1984. Clear taste and strong alcohol, even the drink-lovers approve of this canned drink. Another reason why this is a long-seller is because they haven't changed the ingredient or the process ever since the beginning. (Jiro Maeda)

2013 Good Design Long Life Design Award Recipient

Left: The package design from 1984
Right: Takara Can Chu-hi from 2015
(Lemon flavor, 350 ml, ¥231)

Osamu Kuga
구가 오사무

교토역 주변, 사쿄구, 기타구를 중심으로

구가 트래블 II

편집장이 버스와 전철로 찾아가는

Kuga Travel 2: Editor's travel notes

교토역 주변 즐기기

4월의 교토는 차가운 비가 추적추적 내리는 날이 많아 시내 관광을 하려면 버스가 편리한 편이다. 나 역시 교토역 앞 자판기에서 '시버스 교토버스 1일 승차권 카드(성인 500엔)'를 구입해서 자주 이용한다. 교토역에서 약속을 정할 때는 지하철 개찰구 앞 '오가와커피 교토역점'을 추천한다. 커피 원두는 두 종류이고 드립과 에스프레소 중에서 선택할 수 있는데 이딸라iittala 커피잔에 깔끔하게 내려준다. 라멘을 좋아한다면 역 빌딩 중앙 개찰구에서 도보 5분 거리 '다이이치아사히第一旭 본점'을 가보면 좋다. 이른 아침 5시부터 문을 열기 때문에 심야버스를 타고 교토에 도착하자마자 들러 든든하게 한끼를 해결하고 7시부터 여는 교토타워 대중 온천탕에 몸을 녹일 수도 있다. 다이이치아사히 옆에는 '신푸쿠사이칸新福菜館 본점'이 있는데 이곳 단골이라면 라멘과 함께 볶음밥을 꼭 주문한다.

버스에 올라 '도지' '교오고코쿠지教王護国寺'로 향한다. 절을 세운 승려 구카이空海가 입정入定한 날인 4월 21일이 도지절의 제례일로 현재 매월 21일은 '고보상弘法さん'이라고 불리는 '고보이치弘法市' 시장이 열린다. 매대와 텐트가 넓은 경내를 빈틈없이 채워서 하루 종일 있어도 질리지 않는 빈티지의 향연이 펼쳐진다. 현지인이든 관광객이든 작정하고 찾아오든 그렇지 않든 갖고 싶은 물건이나 호기심이 생기는 물건을 찾아 돌아본다. 빙글빙글 소용돌이에 휩쓸리듯 빨려 들어가 정신을 차려보면 이미 깊숙한 어딘가에 빠져있을 것이다.

유명 관광지를 누빈다. 히가시야마에서 오카자키공원, 난젠지까지

여기저기 공사 중이어서 늘 도로가 막히는 시조도리를 지나 야사카신사八坂神社 앞을 좌측으로 꺾어 지온인절知恩院 앞을 통과하면 히가시야마니조東山二条 오카자키공원岡崎公園 앞 버스 정류장에 내린다. 오카자키공원에는 많은 대형 시설물이 설치되어 있다. 그중 헤이안 천도平安遷都 1100년 기념 사업으

Around Kyoto Station

April in Kyoto is often rainy and cold, and because of that, buses are quite convenient for sightseeing in the city. I often bought a Day Pass (¥500) at the vending machine in front of Kyoto Station on days I was sightseeing. If you are waiting for a friend, a great meeting place is "OGAWA COFFEE Kyoto Station"; you can choose two kinds of coffee from two kinds of beans, and they serve coffee in Ittala cups. If you like ramen noodles, "Dai-ichi Asahi" is situated about five minutes' walking distance from the Central Exit, and opens at 5am. You can ride the overnight bus to Kyoto, eat ramen here, and then take a morning bath at the Kyoto Tower public bath. Repeaters often order ramen and fried rice at "Shinpukusaikan Honten" next to Dai-ichi Asahi.

Ride the city bus to "Kyoogokoku-ji" temple, also known as "To-ji" temple. On the 21st of every month, the flea market known as "Kobo-ichi" opens at the temple. I shouldn't say this, but it is miles and miles of junk—or antiques, to some people—sold at miles and miles of stalls.

로 메이지시대부터 지어진 '헤이안신궁平安神宮'은 당시 최첨단을 자랑한 테마파크급 신사였다.

현재도 많은 관광객으로 붐벼서 신사 입구에는 인력거가 줄줄이 서 있다. 이전에는 건축가 고 마에다 구니오前田国男의 걸작 '교토회관京都会館'도 있었는데 이미 철거되어 새로운 극장이 한창 건설 중이었다. 다시 발걸음을 재촉해 '호소미미술관細見美術館'으로 향한다. 린파琳派(17~18세기 일본에서 유행한 장식적 기법의 화파)의 컬렉션이 멋지게 전시되어 있다고 들었는데 내가 방문했을 때는 사진전을 개최하고 있었다. 사진작가 기무라 이헤에木村伊兵衛의 『아키타 여인秋田おばこ』 하야시 다다히코林忠彦가 찍은 『문사 시리즈文士シリーズ』의 다자이 오사무太宰治, 우에다 쇼지植田正治의 『엄마 아빠와 아이들パパとママとコドモたち』, 이시모토 야스히로石元泰博『시카고シカゴ』, 모리야마 다이도森山大道『미사와의 개三沢さの犬』, 스키타 마사요시鋤田正義『어머니母』등 한 번쯤 실물로 보고 싶었던 사진이 상상했던 모습 그대로 한자리에 모여 있었다.

오카자키공원을 지나 마루타마치도리를 빠져나가 서쪽으로 조금 이동하면 생활용품과 그릇을 파는 '로쿠ロク'가 나온다. 진녹색 표지에 SKETCH BOOK이라고만 쓰여 있는 포켓 크기의 노트가 끌려서 구매하려고 카운터에 가지고 갔다. 그러자 가게 주인인 하시모토 가즈미橋本和美 씨가 측량사들이 실측할 때 휴대하기 좋은 사이즈

Major tourist spot: From Higashiyama to Okazaki Park
The bus runs along Shijo Street, turning left at Yasaka Shrine past Chionin and I get off at Higashiyama-Nijo/Okazaki Park stop and enter "Hosomi Museum". When I was there, there was a photography exhibition with works by Ihei Kimura, Tadahiko Hayashi, Shoji Ueda, Yasuhiro Ishimoto, Daido Moriyama, and Masayoshi Sukita. These were photos I had always wanted to see, so I felt lucky to come across this show by chance.

Walk through Okazaki Park, you will see "Roku", a pottery and decoration shop on Marutamachi Street. I got curious about a notebook with *Sketchbook* written on the deep green cover, and when I asked about it to Kazumi Hashimoto, the owner, she told me that this notebook was made for surveyors working outside. It's light and thin, and with the hard cover, people can write standing up.

I highly recommend omelette rice at "Grill Kodakara" for lunch. It comes in three sizes, and the small is perfect for one person; but you can order large size and share it with a friend.

로 디자인한 메모장이라는 깨알 정보를 알려주었다. 가볍고 얇은 건 물론, 페이지가 활짝 펼쳐져 편하게 글이 써진다. 또 표지가 단단해서 서 있는 상태로도 편하게 글을 쓸 수 있어서 취재용으로 제격이란 생각이 들어 세 권을 챙겼다. 다음 날 가모가와 취재를 위해 '교토부토목사무소京都府土木事務所'라는 곳에 방문했을 때 담당자가 같은 노트를 쓰고 있어서 무척 반가웠다. 그도 밖에서 사용하기 너무 좋아서 늘 가지고 다닌다고 한다.

만일 오카자키에서 점심을 먹는다면 무조건 '그릴 고다카라グリル小宝'의 오므라이스를 추천한다. 소, 중, 대 세 가지 크기가 있는데 제일 작은 크기도 충분히 1인분이 되지만 너무 맛있어서 대를 시켜 둘이서 나눠 먹고 하이라이스와 치킨라이스도 주문해 먹었다.

비와호琵琶湖 수로를 따라 걸어가면 교토시동물원京都市動物園이 보이는데 낮은 철조망 너머로 기린과 플라밍고, 염소 등의 귀여운 얼굴이 보여 평화로움이 느껴진다. 이 근처까지 오면 드디어 빌딩 숲에서 벗어나 산이 보인다. 낮은 산 아래 우뚝 솟아 눈에 띄는 거대한 건물은 오래전 교토 제일의 호텔로 불리던 '미야코호텔都ホテル'이다. 위대한 건축가인 고 무라노 도고村野藤吾 씨가 설계한 다실풍 건축의 걸작으로 유명한 '가스이엔佳水園'이 현재까지 보존되어 있지만, 그동안 지점 경영을 확장해 우여곡절을 겪었다는 무라노 건축가의 일화는 건축가 고 요시무라 준조吉村順三의 저서에 적혀 있다. 외관은 쇠락한 모습을 찾아볼 수 없이 그대로인 듯하지만, 자세히 알아보고 공부해보고 싶은 마음에 비싼 수업료를 지불한다 여기고 어렵게 예약했다.

미야코호텔에서 곧장 걸어 너무나 유명한 교토 관광지인 절 난젠지南禪寺로 향한다. 어릴 적 처음 교토 여행을 했을 때 제일 먼저 찾았던 곳이고, 그후로도 여러 번 방문했다. "그전에도 이 앞에서 사진을 찍었지…"라고 떠오르는 장소가 곳곳에 있다. 난젠지 경내의 탑두塔頭 사원 중 하나인 '곤치인金地院'은 비교적 관광객이 많지 않아 조용한 편이다. 아라시야마에서 관광객 대상으로 인력거를 몰던 'D&DEPARTMENT KYOTO'의 오바라 류키小原龍樹 씨는 "이런 곳을 손님들께 안내해드리고 싶다"라고 말한다. 경내에 있는 도쇼구東照宮 천장에는 가노 단유狩野探幽(에도시대 초기의 가노파 화가)의 '나키류鳴龍'가 그려져 있는데, 교토 3대 명석名席 중 하나인 다실 '핫소세키八窓席」'와 본당 정원은 에도시

When we went, my friend and I also shared a *haishi rice* and *Chicken Bruxelles*.

Go along that road and you will come to Nanzen-ji temple, one of the most famous Kyoto tourist spot. I first came here as a small child, and have returned several times. There were so many spots in the temple where I was reminded of photos I took with whoever I was with at that particular time. However, if you go to "Konchi-in" temple within Nanzen-ji, it's less crowded. Ryuki Obara who used to work as a rickshaw driver, told me that this is the kind of places he wished he could have brought his customers to. There is also a tea shop and a garden designed by Enshu Kobori.

Books, books, books, Sakyo-ku: From Higashiyama to Kyoto University to Ichijoji
Go along Shirawaka Street, cross Marutamachi and turn right at the second light. There, you will find "HOHOHOZA", a bookseller and a publisher, in the building with a mural by Yuri Shimojo, the

대 초기 유명한 다인 고보리 엔슈小堀遠州의 디자인이다. 방문한 때가 운 좋게 특별 관람 기간이어서 하세가와 도하쿠長谷川等伯가 그린, 긴팔 원숭이가 호수에 비친 달을 만지려고 하는 '원후착월도猿猴捉月図'를 직접 볼 수 있었다.

<u>책, 책, 책의 사쿄구. 히가시야마에서 교토대학, 이치조지로 향한다</u>

북쪽으로 더 올라가면 우측으로 뇨이가타케산如意ヶ岳에 있는 '다이몬지大文字'가 점점 가까워진다. 그 기슭에는 은각사銀閣寺라는 별칭으로 유명한 절 '지쇼지慈照寺'가 있다. 참고로 조상의 영혼을 저승으로 보내기 위해 피우는 불이라는 뜻의 오쿠리비인 '다이몬지'에는 두 가지가 있다. 하나는 '히가시다이몬지左大文字'라고 불리며 다른 하나는 금각사金閣寺로 알려진 절 '로쿠온지鹿苑寺'의 오키타산大北山(다이몬지산)이다. 불을 지피면 실로 장대한 광경이 펼쳐진다.

시라카와도리를 지나 마루타마치도리를 넘어 두 번째 신호에서 우회전하여 골목으로 들어간다. 그 곳에 화가 시모조 유리下條ユリ 씨의 벽화가 표식이 되는 '호호호좌'가 있다. 마치 극단 같은 이름이지만 기타시라카와에 있던 신간 서적과 잡화 등을 다루는 상점 '가케쇼보ガケ書房'(돌담처럼 보이는 외벽에서 자동차가 튀어나온 제법 과격한 외관이다)와 원래 이곳 2층에 있던 헌책과 골동품 등을 파는 '고토바요네트コトバヨネット'가 합쳐진 곳으로 책만 파는 것이 아니라 직접 편집과 제작을 하기도 한다. 근처에 있는 사찰 '안라쿠지安楽寺'에서 라이브 이벤트 등을 기획하기도 하고, 좌우간 흥미로운 작당을 하고 싶어지면 일단 '호호호좌'에 상담한다고 하니 든든한 터줏대감과 같은 곳이다. 2층 점주는 본래 고토바요네트의 점주였던 마쓰모토 신야松本伸哉 씨, 1층 점주는 가케쇼보의 점주였던 야마시타 겐지山下賢二 씨였다. 두 사람에게 '교토의 영화' 및 '교토의 책'을, 그리고 1층 매장 직원 우메노 다카시 씨에게 '교토의 CD' 선정과 원고 집필을 부탁했다.

시라카와도리이마데가와白川通今出川 교차로에서 좌측으로 돌아 낮은 언덕을 내려가면 왼쪽에 '헌책방 젠코도古書 善行堂'가 있다. 뉘어서 높이 쌓은 헌책 꾸러미 사이로 모히칸 스타일의 빨간 머리에 갈

painter. When "Gake Shobo" (Cliff Bookshop—with the mural of a car flying out of the wall), a bookshop on the first floor, and "Kotobayo Net", a used books and furniture shop on the second floor, became one, they decided to not just sell but also to edit and produce books as well. It's the kind of place you go to when you want to do something interesting. I asked both Matsumoto, the former owner of Kotobayo, and Yamashita, the former owner of Gake, to write articles about Kyoto for this issue.

I turn left at Shirakawa Imadegawa and go down the hill to "Kosho Zenkodo". From the piles of books, a girl with red hair glares at me—a Comme des Garçons poser. Yoshiyuki Yamamoto, the owner, says that he used to be a buyer of books, not a seller. He started this antique bookshop seven years ago. He loves books, he loves books increasing in numbers, and he loves people who loves books, and he also loves meeting other booklovers as well.

Go down the hill from Zenkodo and you will reach "Kyoto University Yoshida Campus". I drank a glass of iced coffee

색 피부를 한 여자아이와 눈이 마주친다. 벽에 붙은 '꼼데가르송'의 포스터이다. 서점 주인 야마모토 요시유키山本善行 씨는 원래는 책을 파는 쪽이 아닌 사는 쪽이었다고 한다. 야마모토 씨가 헌책방을 시작한 것은 7년 전으로, 세키구치 요시오関口良雄가 쓴 『오래전 손님(昔日の客)』이라는 책을 읽고 나서였다고 한다. 지금은 작고한 세키구치 요시오는 도쿄 오모리에 있던 헌책방 산오쇼보山王書房의 점주였는데 세키구치가 쓴 이 산문집을 그는 읽고 또 읽었다. 그는 책을 좋아하고, 좋아하는 책이 쌓이는 것을 좋아하고, 그렇게 책을 좋아하는 사람들이 있는 동네와 시대, 또 그곳에서 만나는 사람들을 좋아한다고 한다. 그렇게 좋아하는 것들로 넘쳐나는 세계를 열어주는 것이 '교토의 문'이라고 한다면, 이러한 작은 동네 책방에서 책을 한 권씩 골라 구매할 때마다 내 앞에 활짝활짝 차례차례 그 문이 열리게 될 것이다.

'젠코도'에서 비탈길을 내려가면 교토대학 요시다 캠퍼스가 나온다. 교토대학 요시다 기숙사에 숙박이 가능하다는 정보를 입수한 때가 4월 말이었다. 요시다 기숙사는

at "Café Shinshindo Kyodai Kitamon-mae" across from the northern gate of Kyoto University. I found out that the beautifully lacquered table and the matching benches, simple and sturdy, were designed by Tatsuaki Kuroda when he was 26 years old when I visited "KAWAI KANJIRO'S HOUSE" a few days later. Though this café is always crowded, it also has the quiet of a library.

If you go eastward from Hyakumanben crossing along Imadegawa Street, you can stand on the bridge at Demachiyanagi and view Kamo River split into two. Past that, if you see a long line along a shop in Kawaramachi Street, stop. That's "Demachi Futaba", the famous Japanese sweets shop. Stand in line with other customers. Be sure to buy "Mamemochi", then get on the Eizan Train from Demachiyanagi Station. The third station is Ichijoji Station, and there, you will find "Keibunsha Ichijoji", a bookstore with a big fan base all over Japan. They also sell decorations and knickknacks, and there, behind the shop, a building called Cottage which hosts varieties of shows.

울창한 나무 사이로 낡은 목조건물의 구관과 완공한 지 얼마 안 된 신관이 마주보고 자리한다. 문의해 보니 묵을 수는 있으나 신입생 모집 기간이라 당분간 어렵다는 대답을 들어서 결국 머물 기회가 찾아오지는 않았다. 잠시 쉬어갈 겸 북문 앞에 보이는 '카페 신신도カフェ進々堂 교토대북문앞점京大北門前'에서 아이스커피를 마셨다. 심플하고 단단한 형태와 자연스럽게 옻칠한 색이 멋진 긴 테이블, 거기에 맞춤으로 잘 어울리게 제작한 벤치는 당시 스물여섯이었던 목공예가 고 구로타 다쓰아키黒田辰秋가 디자인한 것이라는 사실을 나중에 '가와이간지로기념관'에서 알게 되었다. 항상 많은 방문객으로 활기가 넘치면서도 도서관처럼 차분한 분위기도 함께 느낄 수 있는 아늑한 공간이다.

햐쿠만벤교차로百萬遍交差点에서 이마데가와도리를 서쪽으로 향하면 데마치야나기가 나온다. 다리 위에서 가모가와강이 가모가와강과 다카노강의 두 줄기로 나뉘는 지점을 바라볼 수 있다. 그 너머로 가와라마치도리 아케이트에 긴 행렬이 보이면 그곳이 바로 '데마치후타바出町ふたば' 전통과자점이다. 현지 사람들도 좋아하는 가게의 대표 명물 '나다이 마메모치名代 豆餅'를 줄을 서서 구매한 후 데마치야나기역에서 에이잔열차에 올라탔다. 영화 '스타워즈'에 나올 법한 국제회관国際会館, 다카라가이케프린스호텔宝ヶ池プリンスホテル 등이 있는 다카라가이케역宝ヶ池駅, 엔랴쿠지延暦寺로 이어지는 야세히에이잔도잔구치역八瀬比叡山登山口駅, 노료유카 발상지 기부네산貴船山으로 이어지는 기부네구치역貴船口駅, 깊은 산에 사는 요괴 덴구天狗와 요시쓰네 전설(구라마에서 요괴 덴구가 무장 요시쓰네에게 무술을 가르쳤다는 전설)로 유명한 구라마역鞍馬駅 등 느긋하게 즐기기 좋은 철도 노선이다.

데마치야나기역에서 세 번째 역이 이치조지역一乗寺駅이다. 라멘 전문점이 많은 곳으로 유명한데, 전국적으로 인기가 많은 '천하일품天下一品' 1호점도 근처에 있다. 일본 전역에서 많은 독자가 방문하는 서점 '게이분샤 이치조지점'은 역에서 아주 가깝다. 서점 뒷문 쪽에 출입구가 있는 별관 공간에서는 잡화점도 겸하면서 다양한 이벤트를 열고, 특히 매력적인 책을 큐레이션한 곳으로 넓은 매장에 잔잔한 음악이 흐른다. 차분한 분위기에서 시간을 보내기 좋아서 여유롭게 머물고 싶게 만드는 서점이다. 나는 인터넷이 편리한 요즘에도 여전히 서점에 가고 싶다. 아이디어가 필요하거나, 늘 바쁘지만 이따금

But the main attraction is books. It's the kind of shop where you want to stop by even if you are not looking for anything in particular; just browsing from one shelf to another is enough. Even with music played in the background, the shop is hushed. When I run out of ideas, or when I am bored (though that kind of time is so rare now) or when I don't feel like doing anything, I now know that I shouldn't do search on internet; instead, I should come to bookstores like this. For me, Keibunsha Ichijoji is an ideal and perfect bookstore.

Kyoto, the City
From Demachiyanagi to "Kitano Tenman-gu Shrine", it takes about 15 minutes by bus. I've already written that there's Kobo-ichi on every 21st of the month at To-ji temple, but on every 25th of the month, there's "Tenjin-san", or the flea market at "Kitanotenman-gu Shrine Antique Show". Once outside of the temple, there's "Tenjindo" where you can buy Yakimochi, a bite size sweet, for one hundred yen each. It sells out pretty quickly each day.

무료하고 한가할 때, 노력하지만 의욕이 생기지 않을 때, 온라인 서점이 아니라 가급적 오프라인 서점에 들른다. 어쩌면 이런 나에게 '게이분샤 이치조지점'은 이상적인 서점일지도 모른다.

정들면 고향

데마치야나기에서 신사 '기타노텐만구北野天満宮'까지는 버스로 약 15분 거리이다. 이마데가와도리에서 서쪽으로 직진해 교토고쇼와 도지샤대학同志社大学 사이를 지나 호리카와도리, 센본도리를 넘어 기타노텐만구버스정류장에서 하차한다. 앞서 매월 21일은 사찰 도지의 '고보상'이 열리는 날이라고 소개하였는데 매월 24일은 기타노텐만구의 '덴진상天神さん'이라 부르는 제사날인 '기타노텐만구고엔니치北野天満宮御縁日'이다. 흐린 날 방문했던 '고보이치'에 비해 유난히 화창한 토요일이어서 그런지 '덴진이치天神市' 시장에는 인파로 가득했다. 게다가 '덴진이치'는 도지보다 동네 중심에 있어서 오가는 사람들이 훨씬 많은 느낌이 들었다.

기타노텐만구에서 가까운 시치미향신료 전문점 '조분야長文屋'는 덜 매운맛, 보통 매운맛, 매운맛, 아주 매운맛으로 맵기 정도를 주문하면 바로 앞에서 노련한 손놀림으로 순식간에 조합해준다. 산초향이 안 맞는 편이면 조금 적게 넣을 수도 있고 그 반대도 가능하다. 커피와 마찬가지로 향과 신선함이 생명이어서 냉장고에 보관해야 한다. 필요한 양만 조금씩 구매하는 것을 추천한다.

이마데가와도리에서 호리카와도리를 올라 기타오지도리에서 좌측으로 들어가면 다인 센노리큐千利休와 인연이 깊은 사찰 '다이토쿠지大徳寺'가 나온다. 그 근처에 '고세키나카무라소토지건축회사興石、中村外自二 工務店'가 있다. 시청 앞 '다와라야료칸俵屋旅館'이나 다이히산大悲山에 있는 '미야마소美山荘' 등을 설계한 다실풍 건축의 대가 고 나카무라 소토지中村外二의 회사이다. 시설 주인을 위해 디자인한 가구와 세계 각국에서 들여온 가구 등을 보다 많은 사람이 직접 보고 구입할 수 있도록 쇼룸으로 만들었다. 건물 안쪽에 소목장 공방이 있는데 그곳에서 디자인하고 제작한 조명기구는 실로 정교한 만듦새를 자랑한다. "이것이 조명기구라고?" 놀랄 정도로 자연스럽고 특별한 명품이다.

There's "Chobunya" which sells mixed spice near Kitano Tenman-gu Shrine. They will mix the spices according to your preference in front of you; they can also change the quantity of each spice as well. Be sure to refrigerate the spices; like coffee, freshness is important. Best way to shop here is to buy in small quantity, but you can only do that if you live in this city.

Go north on Horikawa Street and turn left at Kitaoji Street. You will find "KOHSEKI", a carpenter and furniture shop and studio led by Sotoji Nakamura who designed several beautiful and classical buildings in Kyoto. He is most known for designing traditional Japanese homes. In the shop, you can buy lighting fixtures and furniture he designed for people. The studio in the back is where these lightings get designed and produced. You will be amazed by their beauty.

If you go up Senbon Street, you will reach Takagamine, a former artist colony founded by Koetsu Honami. The bus stop is Genkoan-mae. "Genko-an Temple" is a beautiful temple but you can see its bloody past on the blood-splattered ceiling

다이토쿠지에서 센본도리를 위로 더 올라가면 모모야마시대부터 에도시대 초기 예술가이자 린파의 조상인 혼아미 고에쓰本阿弥光悦가 예술 마을을 만들었다고 알려진 다카가미네鷹ゲ峰 지역에 다다른다. 버스는 '겐코안마에源光庵前' 정류장에서 내리면 된다. 겐코안源光庵은 무척 아름다운 절인데 본당의 천장은 후시미모모야마성伏見桃山城의 잔존하는 건물로, 쇠락한 성의 처참함이 그대로 남아있는 피로 물든 천장이 있다. 본당 정면의 우측 벽면에는 원모양 창과 직사각형 창이 나란히 놓여 대비를 이룬다. 이 두 개의 창이 '미혹의 창'과 '깨달음의 창'이라 불리고 있는 건 알고 있었는데, 내가 깨달음의 창이라 생각하고 가만히 바라본 것이 미혹의 창이었다. 그저 미혹의 창을 통해 보이는 풍경이 더 좋았던 것뿐이었는데 어쩐지 속마음을 들켜버린 것만 같았다.

조금만 더 걸어가면 사찰 '고에쓰지光悦寺'가 나온다. 고에쓰가 몰락한 후, 그가 살던 저택과 부지를 절로 만든 것이다. 예술 마을은 남아있지 않지만 교토 도심에서 멀리 떨어져 아담한 산봉우리 세 개가 이어진 경치는 소담스러웠다. 고에쓰는 이곳에서 마음이 맞는 동료들과 맑고 겸허한 마음으로 마음껏 예술 활동에 몰두하다 생애 마지막까지 평온하게 보내지 않았을까. 그렇기에 고에쓰가 묻힌 묘지가 가히 아름다워 보였다.

which was taken from the former Fushimi Momoyama Castle which was destroyed in a battle. In the right hand wall of the main building, there are round and odd-shaped windows. I knew that one of them was called "the Window of Confusion" and another "the Window of Enlightenment" but I made a mistake. I kept staring out of what I thought was the "Window of Enlightenment", but in reality was "the Window of Confusion". I simply liked the view but maybe it was not coincidence but synchronicity. "Koetsu-ji Temple", just a few minute walk from Genko-an Temple, is the former house that belonged to Koetsu that was converted to a temple after his death. From here, the city was so far away, and the view of three mountains gave me a sense of contentment. Koetsu must have spent his life here with people he loved, full of inspirations, and died here happily. Even his grave was beautiful.

교토의 책

유난히 책이 많은 토산물 가게라고 불리며, 교토를 주제로 한 책도 편집하는 '호호호좌' 리더 야마다 겐지山田賢二 씨가 고른 교토다움을 느낄 수 있는 책 네 권.

호호호좌 조도지점
교토부 교토시 사쿄구 조도지반바초 71 하이네스토빌딩 1층
075-741-6501 (1층 서적, 잡화)
hohohoza.com

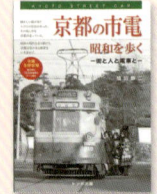

1.
영화관
주마 사토시中馬聡 지음

일본 전역에서 줄어들고 있는 단편 영화관을 흑백 사진으로 담은 사진집. 객석은 물론 영사실부터 매점, 복도, 간판까지 마치 쇼와 시대로 돌아간 듯한 착각을 일으킨다. 저자는 영사 기술자로 영화관에서 일했다고 한다. 교토의 현존하는 영화관도 포함되어 있는데, 흔히 떠올리는 밝고 건강한 영화관의 분위기라기보다 어딘가 은밀하고 어두운 지하로 들어가는 듯한 묘한 레트로한 감각. 앞으로도 남아있길 바라는 마음이다.

3,958엔 (리틀모어)

2.
내가 카페를 시작한 날
호호호좌 지음

교토의 많은 카페 중에는 여성 오너 혼자 운영하는 곳이 타 지역보다 많은 편이다. 그런 오너들의 카페 개업 스토리를 써내려간 책이다. 이상적인 삶을 주제로 한 책이 넘쳐나는 요즘, 이상적인 라이프 스타일의 뒷면에는 묵묵히 험난한 일상을 살아가는 성실한 사람들도 존재함을 일곱 여성의 삶의 면면을 통해 들여다본다.

1,375엔 (소학관)

3.
교토시전京都市電 쇼와를 걷는다. ―거리와 사람과 전차
후쿠다 세이지福田静二 지음

예전 교토의 마을 이곳저곳에 노면전차가 다녔던 걸 기억하는지? 내가 어릴 때만 해도 노면전차를 흔히 볼 수 있었다. 우리 집 앞 큰길가 중앙분리대 근처에 정류장이 있어서 부모님 손을 잡고 선로 위를 스릴 있게 건너가던 기억이 난다. 이 사진집에는 자동차를 비켜 길 한가운데를 달리는 우아하고 비현실적인 세계가 담겨 있다.

1,650엔 (톰보 출판)

4.
교토의 음악가 안내
야마시타 겐지山下賢二 지음

교토에서는 매일 어느 카페나 라이브 하우스에서 음악가들이 연주를 한다. 예전에 '가케쇼보'라는 책방이 있었는데 그곳에서도 많은 음악가가 자신의 음악을 들려주었다. 주인이었던 나는 창업 때부터 관계를 맺은 교토 출신 음악가들과의 일화를 에세이로 엮어보았다. 책에 등장하는 음악가 전원이 감사하게도 '가케쇼보'의 마지막까지 함께해 서점에서 순서대로 노래를 불러주었다.

630엔 (가케쇼보)

Books of Kyoto

Kenji Yamashita. A leader of HOHOHOZA which edits and publishes books about Kyoto, selected four books that best capture the essence of Kyoto:

1. *Eigakan* (Movie Theaters) By Satoshi Chuma ¥3,888 (Little More)

2. *Watashi ga Café wo Hajimeta Hi* (The Day I Opened a Café)
By HOHOHOZA ¥1,350 (Shogakukan)

3. *Kyoto no Shiden Showa wo Aruku Machi to Hito to Densha* (Kyoto City Rails: The Journey through Showa—City, People and Trains) By Seiji Fukuda ¥2,808 (Tonbo Shuppan)

4. *Kyoto no Ongakuka Annai* (A Guide to Composers in Kyoto)
By Kenji Yamashita ¥600 (Gake Shobo)

In-Town Beauty ⑮
KYOTO

가이세 키키 씨 (마루큐코야마엔丸久小山園)

이 페이지는 2015년 발간 당시에 취재, 촬영한 것으로, 현재는 다도가로서 활동하고 있으며, 마루큐코야마엔의 어드바이저를 맡고 있습니다.

Photo: Mai Narita
Hair Styling: Yoshihiro Mitsumori (OTAKU PROJECT)
Make-up: TOMATO (OTAKU PROJECT)
Special Thanks to: Marukyu Koyamaen Makishima Factory

교토의 CD

'호호호좌'의 팀원이면서 고조라쿠엔 고조몰에 입점해 있는 책과 종이 상점 '홈홈homehome'을 운영하는 우메노 다카시 씨가 고른 교토다움을 느낄 수 있는 CD.

호호호좌 조도지점
교토부 교토시 사쿄구 조도지반바초 71 하이네스토빌딩 1층
075-741-6501 (1층 서적, 잡화)
hohohoza.com

1.
살아있는 노래 올 타임 베스트
다카다 와타루 高田渡

2.
도키소와즈 (두근거리고 조마조마한 단어)
안도 아키코 安藤明子

3.
외로울 뿐
마에노 겐타 前野健太

4.
생큐
러브러브 스파크

일본 포크계의 전설 다카다 와타루는 20세 무렵 교토에 거주했다고 한다. 이 앨범은 그가 작고한 지 10년이 지난 해를 기념한 베스트 앨범이다. 사망 직전 공연하러 교토에 와있던 와타루 씨에게 콘서트를 제안했으나 어렵다는 답변을 들었던 일이 추억으로 남는다. 당시 출간한 책 『마이 프랜드 다카다 와타루 청춘일기 1966-1969 マイ・フレンド 高田渡青春日記 1966-1969』를 읽고 커피를 마시러 산조로 나가볼까 싶다.

다카다 와타루는 교토 가와라마치도리 산조에 있는 찻집 '로쿠요샤 六曜社'의 단골이었다고 한다. 이 지하 찻집 마스터인 오쿠노 오사무 オクノ修 씨는 싱어송라이터인데 이곳에서 일하는 '로쿠요 걸' 안도 아키코 安藤明子도 노래하는 뮤지션이다. 애잔한 가사와 부드러운 음색이 방문객을 두근두근 설레게 한다고 한다. 뮤지션 고니시 야스하루 小西康陽, 반 히로시 バンヒロシ 등도 그녀의 음악에 푹 빠졌다고.

도쿄를 거점으로 활동하는 싱어송라이터 마에노 겐타가 무명 시절 심야 버스를 타고 교토 무라사키노 紫野에 있는 'SOLE CAFÉ'에 라이브를 하러 왔을 당시 가모가와강에서 만든 명곡 두 번째 트랙의 '가모가와'이다. 가모가와강에 노래가 있었다고 말하는 마에다. 사람들은 마음이 답답하고 쓸쓸할 때면 가모가와로 향한다. 그곳은 언제나 넓은 하늘과 인파로 넘실거린다. 그리고 태고로부터 흘러온 노래가 존재한다.

교토는 학생의 거리이다. 그래서 뭐든 용서받을 수 있는 너그러운 공기가 흐른다. 시바사키 토모카 柴崎友香 원작의 교토가 무대인 영화 『오늘의 사건사고 きょうのできごと』는 그러한 분위기를 잘 표현하고 있다. 영화 속 대학생들이 보러 간 라이브의 비정형적인 노래와 기타가 '러브러브 스파크' 음악처럼 느껴진다. 교토 출신 록 밴드 '쿠루리'의 멤버 판판도 참여한 이번 앨범은 유쾌하고 몸이 들썩여지는 6중주곡이다.

2,750엔 (킹레코드)

2,420엔 (소프트터치 레코드)

2,094엔 (로맨스 레코드)

2,000엔 (39레코드)

CDs of Kyoto

Takashi Umeno, the manager of homehome, a stationary-and-book shop in Gojorakuen, and also a staff at HOHOHOZA, selected CDs that best embodied the spirit of Kyoto for us:

1. *Ikiteru Song – All Time Best*　Wataru Takada　¥2,700 (King Records)

2. *dokisoise*　Akiko Ando　¥2,376 (SOFTTOUCH RECORDS)

3. *Samishiidake*　Kenta Maeno　¥2,376 (romance records)

4. *Thank you*　Love Love Spark　¥2,057 (39 records)

마쓰모토 신야 (호호호좌)
松本伸哉
Shinya Matsumoto (HOHOHOZA)

교토에서 발견한 교토를 무대로 한 영화

사신 이리스의 각성 가메라 3:

『가메라3: 사신 이리스의 각성』
1999년 / 103분 / 도호
감독: 가네코 슈스케(본편), 히구치 신지(특별편)
각본: 이토 가즈노리, 가네코 슈스케
출연: 나카야마 시노부, 마에다 아이, 후지타니 아야코, 야마사키 센리, 데즈카 도오루, 고야마 유 외
DVD / Blu-ray 발매중 발매처·판매처 (주)KADOKAWA

©KADOKAWA

Movies Set in Kyoto

Gamera 3: Iris Awakens

People are divided in their opinions about Kyoto Station Building, which was built in 1997. Some have even described it as a tombstone because of its dark and sterile façade. Two years after it was built, this building lay in complete ruins in *Gamera 3* after the last battle between Gamera and Iris, which took place inside Kyoto Station. Gamera, in the last offensive, shot a fireball at Iris, blowing it up and with it, Kyoto Station Building. The fireball shot by Gamera set the entire city ablaze. Gamera, who stars in this series, appears as the protector of Earth. There are scenes where he helps children, but he is unforgiving toward humanity, which destroys nature for the sake of financial prosperity. For Gamera, Kyoto is full of temples, shrines, and grid-shaped streets that are not worth protecting.

In Kyoto today, many old buildings have been torn down for one reason or another. In some cases, this has caused fierce

1997년에 새롭게 단장한 교토역 건물에 대한 평가가 크게 갈라지는데, 차갑고 어두운 모습이 마치 묘비 같다며 불평하는 사람들도 있었다. 그로부터 2년 후 공개된 이 영화에서 교토역은 폐허가 되었다. 교토역사를 무대로 가메라와 이리스가 최종 결투를 벌인다. 가메라의 기사회생 일격으로 이리스가 폭발해 교토역이 전소된다. 가메라가 발사한 화구는 도심에 떨어져 일대가 불꽃으로 휩싸였다. 3부작부터 시작하는 헤이세이판 가메라는 지구를 지키는 수호신으로 등장한다. 아이들을 구하는 장면도 있는데 자신의 영예를 위해 지구 환경을 파괴하는 인류를 가메라가 물리치려고 한다. 1200년의 역사로 만들어진 교토 문화일지라도 가메라 입장에서는 지켜야 할 대상이 아니었던 것이다. 현실의 교토는 가치 있는 유산도 여러 이유로 잃게 되어 새롭게 바뀌기 일쑤이다. 때로는 분쟁이 되는 문제이지만 정답이란 없지 않을까? 도지의 5층탑조차 완성 당시엔 반대 의견도 많았고, 이상한 탑이라는 평가도 있었다고 한다. 이런 상념에 잠길 때 다시금 이 영화를 떠올린다.

교토를 무대로 한 주요 영화

『라쇼몽羅生門』 감독: 구로사와 아키라黑澤明(1950년) / 『고하토御法度』 감독: 오시마 나기사大島渚(1999년) / 『박치기!パッチギ!』 감독: 이즈쓰 가즈유키井筒和幸(2004년) / 『오리온좌에서 온 초대장 オリヲン座からの招待状』 감독: 사에구사 겐키三枝健起(2007년) / 『머더 워터マザーウォーター』 감독: 마쓰모토 가나松本佳奈(2010년) / 『도만 세만堀川中立売』 감독: 시바타 고柴田剛(2010년)

---

debate among people, but I am not sure what the right answer is—to keep or to renovate old buildings. I would imagine that the Gojunoto (five storied pagoda) in To-ji temple probably caused quite a stir when it was first built, because of its unconventional shape. Every time I think about these things, I think of Gamera, the movie.

Screenplay: Kazunori Ito, Shusuke Kaneko
Actors: Shinobu Nakayama, Ai Maeda, Ayako Fujitani, Senri Yamazaki, Toru Tezuka, Masaru Koyama

Gamera 3: Iris Awakens
1993 / 103 min / Toho
Director: Shusuke Kaneko, Shinji Higuchi (Special Affect)

NIPPON VISION

野口忠典 Tadanori Noguchi

노구치 다다노리

교토의 롱 라이프 디자인 산지를 따라 떠나는 여행

아라시야마에 있는 교토 방석 가게 '플라츠プラッツ'는 1894년에 교토시 가미교구의 니시진西陣에서 '가토이불집加藤ふとん店'으로 창업해 솜과 이불을 만들고, 도소매까지 했다. 오랜만에 대표 가토 슈이치加藤就一 씨를 만나 공장에서 작은 방석 공정을 지켜봤다. 작은 방석 한 장에 필요한 솜의 양은 600그램. 솜은 수작업으로 채워 넣는다. 손의 감각에 의지해 솜을 사방 모서리에 꼼꼼하게 채우고 하중이 가해지는 부분은 조금 두껍고 봉긋하게 튀어나오도록 마무리한다. 매일 달라지는 솜의 질과 섬세함, 습도 등을 고려한 작업은 수작업의 미묘한 조절이 필요하다. 기계로는 그저 솜이 균등하게 들어간 방석이 될 뿐이다. 가운데 부분은 꺼진 채 볼품없는 모양이 된다. 하지만 이곳 플라츠는 아라시야마에 있는 세계유산인 사찰 '텐류지天龍寺'를 비롯해 사찰, 전통 음식점 등 교토 내 100여 곳 이상의 방석을 각각의 요구와 크기에 따라 하나하나 수작업으로 공급하고 있다.

니시진의 '가미소에かみ添' 입구에 서면 예리한 긴장감이 감돈다. 형압을 손으로 작업하는 오랜 전통 인쇄 기술을 지켜 문양을 종이에 옮긴다. 그렇게 섬세한 작업을 통해 창호지나 봉투, 편지지 등을

A pilgrimage tour of Kyoto Prefecture's long-lasting designs

NIPPON VISION

Ever since Platz opened its door in 1894 in Kamigyo-ku, Kyoto, as the Kato Futon Shop, it has been involved with the whole procedure of making futons: from wadding cotton to making the futon cover to selling it. I met with Shuichi Kato, the president, who showed me the futon-making process at the factory. It takes 600g to make a small *zabuton* (floor cushion). Cotton is stuffed into the cover by hand. Workers have been doing this for a long time: relying only on their experience, they stuff the cotton to the four corners, thicken the area that will take the most weight, and fluff them. Depending on the quality of the cotton, as well as the humidity of that day, they have to readjust the cotton slightly. You might imagine that with machines, the cotton is stuffed evenly, but it inevitably flattens in the middle. Platz has made cushions for Tenryu-ji, the world-heritage temple, as well as nearly 100 customers, including renowned temples and restaurants, making cushions by hand according to the specifications of each customer.

만드는 곳이다. 가미소에의 가도코 嘉戸浩 씨는 종이에 문양을 새길 때 종이라는 평면이 문이 되어 일어나 공간을 구성하고 형태와 의의를 변화시키는 점이 흥미롭다고 말한다. 또 초등학생 아이가 어버이 날에 엄마에게 보낼 편지를 예쁜 편지지에 쓰고 싶어서 방문하는 모습에 감동한다고. 언제나 마음을 담을 때 함께 보내는 물건으로 골라줘서 감사하다는 가도 씨의 모습에서 나 역시 감동했다. 아마도 문을 열면 느껴지는 긴장감은 이런 묵직한 울림 때문이 아닐까 싶다.

대대로 교토 도자기를 다뤄온 오래된 가게 '도사이 東哉'. 교토 도자기라고 하면 어딘가 고급스럽고 조심스러운 인상이 있었는데, 진열된 그릇들 옆에 "직접 만져 보세요."라고 적혀 있어서 놀랐다. 현재 사장 야마다 요시오 山田悦央(2대 사장 야마다 도사이) 씨에게 이야기를 들을 수 있었는데, 도사이는 교토 도자기 제작과 도소매, 판매까지 하는 공방이어서 직접 구상한 것을 장인에게 의뢰한다. 접시, 화병, 술병, 잔 등 다양한 전문가들이 반죽을 만들고 그림은 밑그림을 그리는 전문 장인에게 맡긴다. 도사이는 유약을 발라 표면을 구워내는 공정을 전문으로 한다. 매우 세분화되어 있는 전문직이다. 놀라

I became nervous at the entrance of Kamisoe, the paper studio, into the Nishijin neighborhood. It prints crests, using an embossing technique, onto papers and stationery. Ko Kado told me that by embossing crests onto paper, what was once a flat surface becomes three dimensional, and it turns into an object that can change the interior space. He also told me of an elementary-school-aged girl who came to the shop to ask for some nice stationery to write a letter for her mother for Mother's Day. I was touched by his desire to create papers for special occasions that best express people's feelings. Maybe I became nervous because I could feel this passion.

I always thought *kyoyaki* pottery to be something that was beyond my reach, but at Tosai, every piece of pottery had a little note next to it saying, "Please feel free to touch the pottery." I interviewed Yoshio Yamada (the Second Tosai Yamada), the owner. Tosai creates and sells *kyoyaki* pottery. After designing the piece, the clay is mixed by one artisan, then, depending on the shape, each piece is handmade by a specialist, and there is a painter who draws the design. Tosai studio is responsible for the final coloring. Each step of the process is highly specialized.

플라츠 소방석 보라색 실
위·울금색 가운데·자주빛 마 아래·검은 녹색
42×45cm 각 **4,950엔**
Platz Small cushion Muraito
Top: Ukon (turmeric) color
Middle: Asamurasaki (hemp-purple)
Bottom: Tokusa (scouring rush) color
¥4,950 each

운 점은 "이 그릇 형태로 저 그릇 문양을 넣어주세요"라든가 "조금 더 작은 크기로" 같은 요구에도 맞춰준다고 한다. 어디까지나 작품이 아닌 상품이라는 자세로 교토 도자기를 친근한 일상 소품으로 느끼게 해준다. 하루에 그릇을 몇 개 만들 수 있는지, 유약을 바를 때 금을 얼마나 사용하는지를 측정해 장인의 세공 가치를 합산하여 상품 가격으로 책정한다. 미술품이 아닌 매일 사용하는 그릇으로서 합리적인 가격이다.

이번에 방문한 곳은 모두 신사, 불당이나 전통 고급 요리점, 개인 고객의 요구에 맞춰 기술을 이어가고 있다. 별도의 주문에 대응하는 것은 기계로는 할 수 없는 기술이며, 그 수요가 많은 것도 교토이기에 가능하다. 장인을 키우고 지켜내기 위해서 각각의 작업에 대한 경의를 표하고 존중하는 마음으로 협업해 하나의 물건을 완성해낸다. 다른 지역과는 달리 소탈하지만 완벽한 수요가 이루어지기에 특유의 세계관이 생겨나고 산지로서 교토에 흥미를 느끼게 되는 것이다. 무엇보다, 진짜를 만드는 사람들을 만난 것 자체로 더할 나위 없다.

What surprised me most was that customers can request changes if they want a particular piece of pottery with the design from another piece, or if they want a different size. Tosai believes that what it sells is not works of art but products, which makes *kyoyaki* more accessible to us. The staff members think carefully about how many pieces they can make each day and how much it might cost to make it, while at the same time adding originality to each piece; all of this is rightly reflected in the price. These are not museum pieces; they are priced with the knowledge that the pieces will be used every day.

Each place I went this time worked with shrines and temples, as well as restaurants and individual customers, to keep their traditional crafts going. Machines sometimes cannot be used to create custom work. Of course, they can keep their businesses running because of Kyoto, where there is demand from customers, and because the city fosters the tradition of protecting and nurturing its artisans by revering each step of the process and cooperating with each other to create one thing. Kyoto is like no other place in Japan when it comes to production. This is where *honmamon*—authentic people and objects—can thrive and flourish.

도사이 도색 접시 선・매화
왼쪽・12cm 3,300엔 가운데・15cm 4,950엔
오른쪽・18cm 6,600엔
Tosai Blue and white ceramic dish, Ume drawing
Left: 12cm ¥3,300
Center: 15cm ¥4,950
Right: 18cm ¥6,600

문의
d47 design travel store
☎ 03-6427-2301

가미소에 편지지 세트
무네 / 소 2,000엔
Kamisoe Small letter paper
Mune / Small ¥2,000

교토정식

아이마 유키 Yuki Aima 相馬夕輝

교토의 맛

몇 번이고 다시 찾고 싶은 곳은, 전형적인 교토와는 다른 매력이 보이는 곳

교토시에는 유독 달걀이나 전분 소스를 끼얹은 요리가 많다. 교토의 재래종 채소인 구조 파와 유부를 달걀로 버무려 만드는 '기누가사 덮밥衣笠丼'이나 알싸한 생강의 풍미가 더해진 달걀을 전분 소스로 섞은 '달걀 우동', 표고버섯이나 어묵 등을 우동 위에 풍성하게 얹은 '놋페이のっぺい 우동' 등 달걀과 전분 소스를 재료로 만든 요리는 어딘가 중화요리풍이라서 흥미롭다. '호히鳳飛' '후요엔芙蓉園' '헤이안平安' 등 '교토풍'으로 불리는 중화요리점을 다녀보았다. 바삭하거나 파삭한 것과는 또 다른 독특한 식감의 만두피(달걀을 사용한 듯)로 만든 '춘권'과 면을 겨자로 버무려 전분 소스를 뿌린 '겨자 소바' 등 깔끔한 맛으로 지금까지 경험한 적 없던 일본풍의 맛있는 중국요리였다.

그중에서도 '후요엔'의 양파와 닭고기에 부드러운 달걀을 넣고 전분 소스를 얹은 '호오탄鳳凰蛋'은 폭신폭신한 식감의 달걀과 선명한 노란색 소스가 적당히 달콤해서 한입에 넣으면 어쩐지 어릴 적 추억이 되살아난다. 그 맛을 잊지 못해 취재하면서 매일 다녔는데 어느 날 '호오탄을 밥 위에 얹어서 덮밥으로 먹어봐도 될까요?"라고 사장님께 물어봤더니 "아 그럼요, 식당에서 우리는 그렇게 해서 먹어요. 산초 가루를 뿌려서"라며 선뜻 먹어보라고 했다. 예상한 대로 맛있었고, 왠지 단골이 되어 특권을

Kyoto's "Home Grown" Meal

Going Back Again and Again to Restaurants that Serve Unstereotypical Kyoto Local Dishes

In Kyoto, there are quite a few dishes that serve eggs and thick starch sauce. There is Kinugasa-don, Kujo green onion and fried tofu cooked with eggs; Keiran Udon, a noodle dish with raw ginger cooked with eggs and thick starch sauce; or Noppei Udon, shiitake mushrooms and other ingredients cooked in thick starch sauce over noodles. For me, dishes that use eggs and thick starch sauce remind me of Chinese food. I began to wonder whether there was any connection, so I stopped by several Kyoto-influenced Chinese restaurants in the city, such as Houhi, Fuyouen, and Heian. They had spring rolls that used a unique textured skin (which may use eggs) or Karashi-soba, a mustard noodle dish that had mustard on the side of the thick starch sauce noodle dish. All of them were quite simple in flavor, like no other Chinese food I have ever tasted.

My favorite was a Hououtan dish served at Fuyouen, a dish of onion and chicken cooked with egg and thick starch sauce; the egg was so airy, and the sauce amber colored. One bite and a

누린 것 같아 나도 모르게 우쭐해졌다. 아마도 달걀에 소스를 얹어 먹는 것은 교토 사람들의 위를 따뜻하게 보듬어주는 소울 푸드의 방식 중 하나이지 않을까 싶다.

우지시에 있는 어느 사찰에 '후차요리普茶料理'를 먹으러 갔다. '후차'란 '사람들과 어울려 차를 널리 마시다'라는 의미로, 큰 접시 요리를 둘러싸고 함께 모여 화기애애한 분위기 속에서 먹는 음식을 말한다. 사찰을 성립한 중국 명나라 말기, 청나라 초기의 승려 은원선사隱元禪師(1592~1673)가 일본에 전한 식재료는 꼬투리째 먹는 강낭콩, 수박, 연근, 죽순 등으로, 모두 계절을 느끼게 하는 식재료이다. 중국의 사찰요리에서 전국으로 퍼져나갔다. 교토 가정에서 일반적으로 먹는 반찬인 '오반자이おばんざい'도 스님이 가르쳐준 요리가 가정식 요리로 정착된 것이 많다. 역시 교토 생활은 오래전부터 사찰과 떼려야 뗄 수 없는 관계였다고 할 수 있겠다. 동해 바다를 접하고 있는 미야즈시宮津市의 '이오양조飯尾醸造'로 향했다. 이곳 양조장의 대표 브랜드는 '후지식초富士酢'이다. 거래하는 농가에 무농약 쌀 재배를 의뢰해 그 쌀로 술을 만들고, 발효시켜 식초를 만든다. 이오양조 자체적으로도 지역 경관을 보존하기 위한 쌀 농사에 공을 들인다. 수확한 쌀은 시가보다 비싼 값에 매수하고 유능한 기술 지도나 최신 기계 도입 등 경비나 시간을 아낌없이 쏟아 농가에 도움을 주려고 애쓰는 모습에 적잖이 감동했다.

sweet memory of childhood went through my mind. I could not forget the taste, so I went back to the restaurant ever day; one day, I asked for the same dish, but over rice, and the chef happily obliged my request. Egg and thick starch sauce must be what Kyoto people have been eating for generations, a necessary dish not found in any guidebooks.

I went to taste Fucha cuisine at a temple in Uji. Fucha means, "to eat and drink tea with many," and just like its meaning, the cuisine involves the eaters sharing food out of a big plate. What used to be a monastery food from China became Kyoto cuisine, which then spread all over the country. Many Kyoto dishes made at home were originally taught by monks, so you can see how involved and familiar Buddhist temples have been in everyday life of Kyoto.

I then went to Iio jozo, a vinegar brewery, in Miyazu-shi, by the Sea of Japan. The best-known label from this brewery is Fujizu. The company works with the local rice producers to grow organic rice, which it distills to sake then ferments to make into vinegar. The rice is bought above the market price from the farmers while offering training and new equipment to them, protecting their livelihood.

Shibakyu, a pickle shop, grows its own shiso, Japanese basil,

사진 야스나가 겐타로우스 安永ケンタロウス
요리 오카타케 요시히로 岡竹義弘 (d47 식당)

직원용 식사풍 오야코돈親子丼.
닭고기와 부드러운 달걀을 사용한 중화요리집 닭고기가 들어간 전분 소스 달걀 덮밥
후차요리 중 하나로 두부 튀김을 고명으로 얹은 국물 요리
스메(튀김 국)
후지식초로 만든 연근 단촛 초절임.
초연근
후차요리가 기원인 반찬.
흔한 일본 요리라고 생각되지만,
강낭콩 깨무침
시바큐의 가지 절임과 락교(쪽파머리절임)의 차조기말이.
가지절임
※원쪽 옆에서부터 시계방향으로

　사찰 오하라 산젠인大原三千院의 참배길 쪽에 있는 '시바큐'에서는 무첨가로 만드는 '시바즈케志ば漬 (가지절임柴漬け)'의 주재료 차조기紫蘇를 매년 직접 재배하고 있다. 4대 사장 구보 하지메久保統 씨는 자소를 직접 재배하는 덕분에 많은 양의 절임을 만들 수 있다고 말한다. 오하라의 환경과 전통을 깊이 이해하고 생업을 위해 그리고 자기 스스로를 위해 직접 재배하고 만드는 이들. 누가 직접 만들었는지 알고 먹는 것이 이렇게나 안심이 되는 것이구나 새삼 느낀다.

　교토에는 제철 식재료를 삶거나 무치거나 절이거나 하는 생활이 아주 오랜 옛날부터 있었다. '교토라면 이거!'라는 요리보다 오히려 달걀과 전분 소스를 끼얹은 요리에서 의외로 지금의 교토를 느낄 수 있었다. 부드러운 달걀과 푸짐하게 끼얹은 소스. 먹어보지 않으면, 살아보지 않으면, 다녀보지 않으면 중요한 내면을 들여다볼 수 없다. 자주 다니다 보니 겨우 보이기 시작한다. 바로 그 점이 '전형적인 교토가 아닌 교토'의 매력으로, 전통 여관의 교토 정식이 아닌 작은 식당의 교토 정식에서 느낄 수 있다.

which is the main ingredient for Shibazuke, the shop's flagship organic pickles. While the company has been carrying on the traditional pickling process, it has also been living in harmony with the environment and the traditions of Ohara neighborhood. Kyoto has a long tradition of preparing dishes using only seasonal vegetables. For me, this trip was not about eating familiar Kyoto dishes, but eating egg and thick starch sauce dishes that have been supporting the lives of Kyoto residents quietly. This, for me, is true Kyoto cuisine, which makes great Kyoto teishoku.

Photo, clockwise from the left side:
Shibazuke: Salt-pickled eggplants with red perilla and pickled scallion wrapped with Japanese basil from Shibakyu; **String beans marinated with sesame:** A dish that people think is Japanese food, but which has its origin in Fucha cuisine; **Subasu:** Lotus pickled in Fujizu; **Sume (Fried tofu soup):** A Fucha cuisine—clear soup with fried tofu; **Rice bowl with eggs and Kashiwa (chicken) cooked in thick starch sauce:** Off-the-menu chicken-and-egg rice bowl served only to staff in Chinese restaurants

교토정식

구가 트래블 III

구가 오사무 Osamu Kuga

우지, 아라시야마, 미야마 그리고 동해

편집장이 자동차로 찾아가는

Kuga Travel 3: Editor's travel notes

교토부 남부로 향하다. 술의 후시미구, 차의 우지시

'지역다움'을 모토로 하는 본서 취재에서 술이라면 지역술, 지역술은 뭐니 뭐니 해도 일본술이 되기 마련이나 사실 개인적으로 위스키를 좋아한다. 그래서 교토하면 역시 '야마자키山崎'가 떠올라 '산토리야마자키증류소サントリー山崎蒸留所'를 목적지로 삼았는데 지도를 검색하니 오사카 경계선에 위치한 것으로 확인되어 안타깝게도 교토편에 실을 수는 없게 되었다.

아쉬운 대로 근처의 '아사히맥주오야마자키산장미술관アサヒビール大山崎山荘美術館'(여기는 아슬아슬하게 교토부)으로 향했다. 오사카와 교토를 잇는 바다와 육지의 요지로, 나중에 천황에게 도요토미라는 성을 하사받아 도요토미 히데요시豊臣秀吉라는 이름으로 알려지는 하시바 히데요시羽柴秀吉가 무장 아케치 미쓰히데明智光秀를 물리 친 '야마자키전투山崎合戦'의 무대였던 덴노산天王山의 등산로 입구에서 언덕길을 올랐다. 그런데 곳곳에서 '원숭이 출몰 주의'라는 문구가 계속 눈에 들어온 뒤에야 '히데요시의 길'이라는 설명이 적힌 표지판이 보여 특별한 의도가 있는지 궁금했다. 미술관은 그 너머에 있는데 본관 2층은 카페여서 맥주도 마실 수 있다. 테라스에서 내려다보면 우지강宇治川, 기즈강木津川, 가쓰라가와강桂川이 한눈에 펼쳐진다. 하류에서 합류한 강은 요도가와강淀川이라는 이름으로 바뀌어 오사카 바다로 흘러 들어간다.

야마자키에서 일본술 '겟케이칸月桂冠' '기자쿠라黄桜'로 유명한 후시미伏見는 차로 동쪽 방향 약 20분 거리. 후시미를 걷다 보면 흥미로운 점은 이곳이 내륙이라는 점이다. 이 토지가 가모가와강, 우지강, 기즈강, 가쓰라가와강의 수운을 발달시켜 예전에는 '항구 도시' '교토 남쪽의 현관'이라고 소개했다고 한다. 에도 바쿠후 시절의 무사 사카모토 료마坂本龍馬가 머물렀다던 료칸 '데라다야寺田屋'도 근처에 있었다. 커다란 술 곳간들이 즐비한 거리는 건물의 삼나무 판자벽과 회칠한 담벼락의 콘트라스트

To the southern Kyoto: Fushimi and sake, Uji and tea
I am a whiskey lover. And when I remember that Yamazaki is in Kyoto, I headed toward "Suntory Yamazaki Distillery", only to see that it was across the border in Osaka. So instead, I went to "Asahi Beer Oyamazaki Villa Museum of Art", which was on this side of the border. The view from the terrace was beautiful—I could see Uji River, Kizu River, and Katsura River below me.

From Yamazaki, it's nearly 20 minutes by driving to get to Fushimi, known for sake companies like "Gekkeikan" and "Kizakura". "Gekkeikan Okura Sake Museum" has an archive, and "Kizakura Kappa Country" has a restaurant which sells limited edition alcohol.

Nearby, there's the headquarter of "Diatech Products", an import and production company of bicycles such as Bruno as well as bicycle goods. The building used to be a traditional Japanese house that a sake master used to live and had, for some years, lay in ruin but now is converted to

가 아름답다. '겟케이칸오쿠라기념관月桂冠大倉記念館'에는 역사 전시실이 있고, '기자쿠라갓파컨트리黄桜カッパカントリー'에는 한정 판매하는 술을 마실 수 있는 레스토랑 등이 있다. 그 근처에 '브루노' 등의 자전거와 자전거 용품의 수입 및 제조 도매 등을 통합하고 있는 '다이아테크프로덕트diatec products' 본사가 있다. 건물은 원래 술통을 만드는 장인이 살던 오래된 민가였는데, 폐허가 되었다가 멋지게 재건축되어 사무실로 탈바꿈했다. 토방 안쪽은 마당과 통해 있어서 자전거를 정비할 수 있는 도구가 마련되어 있었다. '후지오카주조藤岡酒造'에서는 유리문 너머로 저장 탱크가 보이는 '양조장 바 엔酒蔵barえん'을 함께 운영하고 있어서 흥미롭다. 대표 브랜드 '소쿠蒼空'를 추천한다.

이제 후시미에서 우지宇治로 향한다. 교토 출신 건축가 와카바야시 히로유키若林広幸가 설계한 우지역宇治駅에서 격류인 우지강 천변에 있는 '아사히야키사쿠토관朝日焼作

an office space.
 At "Fujioka Shuzo", you can watch the distillery tanks from the bar called "Sakagura Bar En".
 From Fushimi to Uji. I spent some hours at "Asahiyaki Sakutokan" a pottery studio along Uji River making pottery. Other beginners, using molds, made beautiful pottery but I'm all thumbs: Yuka Yotsumoto, the pottery master, had to help me every step of the way. A month and half later, my ware arrived; thanks to you, Yuka, I am using it every day.

Arashiyama: Of course, speechless
One day I went to Arashiyama on a beautiful day, and walked on Togetsukyo congested with cars and rickshaws. Once passed Tenryu-ji temple and Arashiyama Station, I turned left to face the famous bamboo forest. Ryuki Obara, former rickshaw driver, told me, "You don't go into bamboo forest just to see it, you have to experience it with your senses." According to Obara, there are drivers who have excellent strength, conversation skill, and knowledge of the area who

陶館'에서 도예 체험을 하기로 했다. 거푸집을 사용한 초심자 코스이다. 다른 참가자들은 예쁘게 잘도 완성했는데 나는 유독 스스로도 놀랄 정도로 손재주가 없어서 진땀을 흘렸다. 보다 못한 요쓰모토 유카四元由佳 선생님이 처음부터 하나하나 다시 도와주셔서 겨우 완성했다. 그 사이 이미 체험을 끝낸 참가자들은 세계유산인 뵤도인平等院을 견학하고 돌아오는 길에 말차 아이스크림까지 맛있게 먹고 돌아와 있었다. 한 달 반 정도 지나 구워진 도자기가 집으로 도착했는데 멋지게 완성된 모습에 감동했다. 지금도 집에서 매일 사용하고 있다. 선생님께 거듭 감사의 말씀을 전하고 싶다.

우지라면 역시 차가 유명하다. 우지에서 차로 30분 정도 가면 와즈카초和束町라는 마을이 나오는데, 꼭 방문해 보길 권한다. 이것이 바로 '차의 마을'이라고 할 만한 계단식 차밭이 펼쳐진다. 압도적으로 아름다운 경치를 감상해보길 바란다.

역시 대단한 아라시야마

5월 하면 골든 위크이다. 황금 연휴에 절호의 날씨까지 받쳐줘서 아라시야마로 향한다. 어느 정도 각오는 했으나, 취재한 이래 최대 인파를 만났다. 버스, 자동차, 인력거가 빼곡히 도게쓰다리渡月橋를 엉금엉금 건너간다. 왼쪽으로 아름다운 이와타산岩田山, 반짝이는 가쓰라가와강 위로 보트가 수십 대 떠다닌다. 오른쪽으로는 멀리 뇨이가타케산의 다이몬지까지 보였다. 유명 사찰 덴류지를 지나 란덴아라시야마역嵐電嵐山駅을 지난 다음 왼쪽으로 꺾으면 유명한 대나무 숲길인 '지쿠린노코미치竹林の小径' 입구가 나온다. "대나무 숲은 보는 것이 아니라 몸으로 느껴야 한다"라고 알려준 사람은 물론 아라시야마에서 인력거를 끌던 오랜 경력의 오바라 류키小原龍樹 씨이다. 대나무 숲을 지나 토롯코아라시야마역トロッコ嵐山駅을 지나면 인파도 줄어들기 시작한다. 이 부근부터 더 안쪽은 안내자가 없으면 좀처럼 알 수 없

는 아라시야마의 숨은 명소라고 한다. JR 광고 '그래, 교토에 가자' 촬영지인 조잣코지常寂光寺, 라쿠시샤落柿舎(겐로쿠의 하이쿠 시인 무카이 교라이向井去来의 집) 등이 있다. 참고로 오바라 씨가 말하길, 아라시야마의 인력거지기들 중에 체력, 화술, 지식을 두루 갖춘 4대 천왕이 있다고 한다. 그러면서 "마침 저기! 저기 있어요!"라고 알려줘서 네 명을 모두 만나볼 수 있어 반가웠다.

옛날이 그리울 땐 미야마

시조의 니시노토인西洞院 지역에 있는 오릭스렌터카(현재는 폐업)에서 차를 몰고 고조도리 서쪽으로 직진하면 구쓰카케 IC沓掛インター에서 교토주칸자동차도로京都縦貫自動車道를 지나 약 1시간 거리에 있는 미야마초美山町로 향한다. 도중에 잠시 아야베시綾部市에 들른다. 1896년 문을 연 섬유 브랜드 '군제グンゼ'의 발자취를 한눈에 볼 수 있는 '군제박물원グンゼ博物苑'은 화요일 휴관이고, '군제기념관グンゼ記念館'은 금요일 휴관이다. 창업 당시의 본사 사무실이나 창고 등을 개조해 자료실로 이용하고 있다. 근처 '아야베물산관あやべ物産館'에서 아야베에서 제조되는 '아카쓰키제작소 KODアカツキ製作所 KOD'의 수평기를 판매하는데, 심플하면서도 쓰임새 있어 보이는 다종다양한 제품을 본 순간 그만 충동구매를 해버렸다.

점심으로 '다케마쓰우동집竹松うどん店'를 찾았다. 주문과 동시에 수타면으로 만들어주는 우동이 한 그릇에 450엔 정도이다. 손님 대부분이 우동을 추가해 먹는다. 멀리서 이곳을 찾아오는 사람도 많다고 한다. 음식도 맛있고 공기도 맑은 곳이라 일부러 찾아올 만하다.

미야마초는 교토 시내보다 2-3주 정도 늦게 벚꽃이 피는데 마침 방문한 시기에 만개했다. 여린 초록 잎이 달린 광엽수림과 섞여 드문드문 엷은 분홍 꽃이 보였다. 벚꽃 근처 여러 초가지붕 민가가 한데 조화를 이룬 모습은 그저 우두커니 서서 바라보게 만들 정도로 가히 환상적이었다.

houses, and people are still living them. In the mountain behind the hamlet, there must be deer and monkeys and boars and raccoons, it's almost like a scene out of a folktale. It looks exactly like the setting of "The Tale of The Princess Kaguya" directed by Director Isao Takahata. There are many fairy tales and folk tales like "The Tale of Bamboo Cutter", the oldest fairy tale in Japan, which originated in Kyoto.

Ten minutes by car from Kayabuki no Sato, I came across "Tautasha", a proud carrier of *d mark*; thirty minutes from Tautasha is "Ashiu Research Forest", an affiliate of Kyoto University. Yoshida from Tautasha took me into the forest. We crossed the stream, down the valley, and when it started raining, we pitched a tent and had our lunch. We made miso soup there and ate food made out of ingredients made at Tautasha including rice, miso, deer meat, and pickles (except, of course, the seaweeds wrapped around the rice ball).

미야마 관광에서 빠질 수 없는 것이 초가 지붕 민가가 모여 있는 '가야부키마을'이다. 서른여덟 채의 초가집으로 1993년에 '중요 전통건축물군보존지구'로 지정되었다. 자료관이나 민박, 식당, 선물 가게 등이 있고, 민가가 남아 있어 지금도 사람이 살고 있다. 전래 동화에나 나올 법한 풍경인데 마을 뒤에 작은 산이 있다. 아마도 산속에는 사슴과 원숭이, 족제비, 너구리, 멧돼지, 곰도 있을 것 같다. 다카하타 이사오高畑勲 감독의 영화『가구야 공주 이야기かぐや姫の物語』의 주인공 공주가 태어나 자란 곳과 정말 똑같다. 가장 오래된 전래 동화『다케토리 이야기竹取物語』처럼 오래 사랑받는 옛날이야기나 동화 중에는 교토에서 창작된 것이 많다. 옛 사람들과 지금의 우리 모두, 수도에서 벗어나 권위와 신으로부터 달아난 이곳 미야마의 환경에 아름다움과 자유로움을 느끼고 동경하는 것이다.

'가야부키마을'에서 10분 정도 이동하면 d 마크 기사에서 소개한 '다우타샤'가 나온다. 그곳에서 30분 정도 가면 교토대학 부속 '아시우연구림芦生研究林'이 있다. 다우타샤의 요시다 유스케 씨에게 안내를 부탁해 숲속에 들어갔다. 들어가자마자 백골화된 사슴이 길 한가운데 누워 있었다. 요시다 씨가 말하길 겨울 동안 자연사한 것으로 보인다고. 다른 동물들에게 먹히고 뼈만 남은 듯했다. 연못을 지나 산마루를 넘자 비가 내리기 시작해 텐트를 치고 점심을 먹기로 했다. 된장국을 직접 만들어 도시락과 함께 먹었다. 쌀, 된장, 고기, 절임 반찬까지 주먹밥용 김을 제외한 모든 재료를 다우타샤에서 만든다. 참가자의 희망과 체력에 맞춰 마음껏 자유롭게 숲속을 거닐게 해서 있는 그대로의 자연을 제대로 체험할 수 있었다.

<u>바다로 향하다. 미야즈, 이네마치</u>

다시 구쓰카케 IC에서 교토주칸자동차도로를 경유해 미야즈宮津 아마노하시다테 IC天橋立 IC에서 미야즈항宮津港으로 향하면 서쪽 바다이다. 간선도로에 인접한 '가네마스석쇠구이カネマスの七輪焼き'에서 점심을

To the sea: Miyazu, Amanohashidate, Ine.
I drove over Kyoto-Jukan Expressway and headed toward Miyazu Harbor and the Sea of Japan. I had lunch at "Kanemasu Shichirin-yaki (Kanemasu Barbecue Pit)" along the expressway which serves slightly sun-dried fish dipped in fish stock, and served barbecued over coal. This is very delicious.
  "Amanohashidate", considered as one of the best three sights in Japan, is just a drive away. I parked my car; people say that the best view is from the top of the mountain via cable car, but in my view, the best view is to head toward the sea. Amanohashidate has no special facilities but the beach is white sand and clean, and the ocean stark blue, dappled with light from the sky. It's so beautiful I felt rejuvenated after standing there for a while.
  Thirty minutes north from Amanohashidate is the Bay of Ine in a shape of a C with Aoshima Island position as if to put a lid in the bay. There is absolutely no wave, and the surface of the transparent water is like a mirror. And on land, you can see

먹는다. 아침에 갓 잡은 신선한 생선을 바로 잘라 다시마, 멸치 등으로 맑게 맛국물을 내어 담가둔다. 짧은 시간에 말린 반건조를 이 가게에서는 '일각 건조'라는 이름으로 내는데, 숯불에 구워 먹는 맛이 일품이다. 인근 바다에서 잡은 생선을 맛있게 먹는 방법을 배우면서 먹으니 더 맛있는 듯하다.

　이곳에서 일본삼경日本三景 중 하나인 '아마노하시다테天橋立'는 차로 가까운 거리이다. 차를 세우고 케이블카로 산기슭에 올라 전망대에서 일직선으로 항구를 가로지른 아마노하시다테를 바라보는 것이 일반적인 아마노하시다테 관광 스타일이라고 하지만, 나는 이것만으론 너무 아쉽다고 생각한다. 바다로 걸어가보길 권한다. 아마노하시다테 자체에는 특별한 시설이 있지는 않다. 그저 사람이 적고, 쓰레기가 정말 없고, 모래는 새하얗고 투명한 바다는 파랗게 넘실댄다. 수면이 반짝반짝 빛나고 있다. 아주 고요하고 밝게 빛나서 멀리서 바람이 건너오는 것이 해수면으로 보인다. 몸도 마음도 모든 것이 정화되는 듯한 청명함이다. 주변에는 관광지화 되지 않은 민가나 수산물점이 오키나와의 섬들처럼 밀집되어 있고 제방에는 해삼이 소쿠리에 널려 말려지고 있었다.

　아마노하시다테에서 북쪽으로 30분 정도 걸리는 이네초伊根町의 '후나야마을舟屋の里(후나야는 수상가옥을 말한다)'을 목적지로 달린다. 도중에 교토 출신 록밴드 '구루리'의 걸작 'THE PIER'의 CD 표지 사진 촬영지가 있으니, 관심 있는 사람은 찾아보기를 추천한다. 나는 어렵게 네 번째 만에 찾았다.

　이네만은 절경이다. 동그랗게 빙 말린 갈고리 형태의 항구는 남쪽으로 열려 있다. 게다가 바깥 바다와의 사이에 마치 항구에 뚜껑을 덮는 것처럼 '아오시마青島'가 우뚝 떠 있다. 항구 안쪽으로는 전혀라고 말할 수 있을 정도로 파도가 치지 않는다. 거울 같은 해수면에 물은 아주 맑다. 만안에는 아주 잔잔한 파도 위에 수상가옥, 즉 배로 만든 집이 파노라마처럼 즐비하게 서 있는데 실제로 사람들이 살고 있다. 이보다 더한 풍류를 즐길 수 있을까 싶을 정도의 바닷가 마을이다.

　'무카이주조向井酒造'는 그 수중가옥 부락에 인접해 있어서 빗살 나무문 한 개 너머로 바다가 보인

people moving about, living their everyday lives. It's a beautiful atmospheric seaside town.

"Mukai Shuzo" (distillery) is in the town, and this is, perhaps, the distillery closest to the sea. All around the distillery it smells of rice malt. Even the sea began to look like sake. No one has studied the relationship between the taste of scotch whiskey and the sea wind in Islay Island, but I have a sneaking suspicion that where it is has affected the taste of sake from this distillery.

At "Funaya no Sato Ine" atop the hill, a roadside shop selling local produces, you can view the entire Bay of Ine at one glance. The view from here is magnificent.

I highly recommend staying at "Kagiya", an inn converted from traditional Japanese houses. At night when you go out in the wooden deck, you can watch sea urchins and anemones and turbos crawling at the bottom of the ocean. When they turned off the light after midnight and swirl the surface with a deck broom handle, the sea began to twinkle: sea fireflies,

다. 아마도 일본에서 가장 바다에 가까운 주조이지 않을까. 주변에는 누룩 향이 풍겨나고 바람이 거의 없는 새파란 바다가 마치 술로 보인다. 아일랜드의 스카치 위스키처럼 바닷바람이 일본술의 풍미에 영향을 주는지에 대해 입증된 바는 없다고 하지만, 이 경치를 알아버린 나로서는 영향이 없을 리 없다고 느낀다. 가히 맛좋아 보인다.

휴게소 '후나야노사토 이네舟屋の里 伊根'는 높직한 언덕 위에 있어 이네만 전체를 조망할 수 있다. 이곳에서 바라보는 경치도 정말 멋지다. 이네까지 왔다면 꼭 여기 묵어보고 싶어질 것이다. 추천할 곳은 수상가옥에 묵을 수 있는 '후나야민박 가기야舟宿鍵屋'이다. 밤에 수상가옥 갑판에 나오면 바로 발 아래 작고 예쁜 파도 속에 성게, 소라, 말미잘, 게 등이 천천히 움직이는 모습을 발견할 수 있다. 가만히 바라보다 마치 유리 쇠사슬처럼 생긴 투명한 힘줄 같은 것이 몇 개나 둥둥 떠다니는 것을 발견했다. 궁금해서 손바닥으로 건져 올려보니 중력을 이기지 못해 뿔뿔이 흩어져 바닷속으로 빠져버렸다. 그 하나하나가 각자 자유롭게 헤엄쳐 사라졌는데 주인장 가기 켄코 씨에게 물어보니 이 신기한 생물체는 멍게의 집합체인 '무리 멍게'의 한 종류라고 한다. 개체가 연결되어 움직이는 모습이 신비롭다.

심야가 지났을 때 갑판 불을 꺼 완전히 캄캄한 상태를 만든 뒤 갑판 빗자루로 물을 휘저으니 거품과 물방울이 반짝거렸다. 야광충(갯반디)이 외부의 자극을 받아 빛나는 것이다. 타이밍 좋게 비가 내리면 야광충이 빗방울에 자극을 받아 항구 전체가 별하늘처럼 반짝이는 밤이 된다고 한다.

조식으로 먹은 황돔 소금구이(환상의 맛!)의 뼈와 머리를 바다에 던지니 갈매기가 순식간에 모여들었다. 공중이나 수면에서 먹잇감을 잡아채 남김없이 먹어치웠다. 가기 씨는 잔잔한 파도가 치는 조용한 마을에서 "불경기 등의 파도에 신경 쓰지 않고, 근처에 있는 것, 주변에 있는 것을 활용해 제대로 자신의 생활과 일을 지켜나간다면 스스로도 즐겁고 누군가를 즐겁게 해줄 수도 있지 않을까 한다"라고 말하며 미소지었다. 갈매기들도 반가운 울음소리를 들려줬다. 교토에 머물면서 가장 기분 좋은 아침으로 남았다.

awaken by the water movement, lit brilliantly. If you are lucky and it begin to rain, the bay itself can light up like the night sky.

In the morning, as I threw the leftover bones from the breakfast into the sea, seagulls swooped down to catch them in midair. Kengo Kagi, the owner of the inn, told me, "If I can continue to work with what is around me, to use what is local and regional, I will be happy, and I can keep making other people happy. If I can run a business unaffected by recession, I am doing the right thing."

Out of all the mornings in Kyoto, this was, by far, my favorite.

편집부가 추천하는 교토의 맛있는 지역 특산물

우지차 미니캔 세트 교토에서 일본차의 매력에 흠뻑 빠졌다. 신차의 계절에 다원은 아름답기 그지없어 매년 방문해 수확의 기쁨을 함께 느끼고 싶다. (사사키) 현미차, 센차, 호지차 각 30g 1,296엔 마루큐코야마엔 丸久小山園 ☎ 0774-20-0909 ♀ 교토부 우지시 오구라초 데라우치 86 **Ujicha Mini Can Set** Brown Rice Tea, Sen Tea, Houji Tea 30g each ¥1,296 **Marukyu Koyamaen** ♀ Ogura-cho Terauchi 86, Uji, Kyoto

와쿠와쿠교미야마(무여과 생원주) 라벨에 그려진 초가지붕의 오래된 이엉을 술 담그는 쌀의 비료로 재사용한다. 꼭 얼음을 넣어 마셔보길! (신도) 500ml 2,000엔 와쿠와쿠미야마주점 和く輪く美山酒店 ☎ 0771-75-9081 ♀ 교토부 난탄시 미야마초 우치쿠보시모카루노 54-1 **Waku Waku Kyo Miyama (Non-filtered raw unprocessed sake)** 500ml ¥2,000 **Waku Waku Miyama Liquor Shop** ♀ Miyama-cho Uchikubo Shimokaruno 54-1, Nantan, Kyoto

러시아 케이크 모든 쿠키 종류를 사고 싶을 정도로, 브로치처럼 아담한 모양에 소박한 맛의 구움과자. 클래식한 가게 분위기에 안정감을 느낀다. (신도) 10개입 2,130엔 무라카미카이신도 ☎ 075-231-1058 ♀ 교토부 교토시 나카교구 도키와기초 62 **Russian Cake** 10 pieces ¥2,130 **Murakami Kaishindo** ♀ Tokiwagi-cho 62, Nakagyo-ku, Kyoto, Kyoto

아자리모치 阿闍梨餅 1992년부터 변함없는 제조법으로 만들어진 쫄깃쫄깃한 식감의 삿갓 모양 생과자. 대나무로 만든 선물용 패키지도 명품이다. (마에다) 10개입 1,296엔 아자리모치혼포阿闍梨餅本舗 만게쓰満月 ☎ 075-791-4121 ♀ 교토부 교토시 사쿄구 마리코지도리 이마데가와아가루 **Ajari Mochi (Sweets)** 10 pieces ¥1,296 **Ajari Mochi Honpo Mangetsu** ♀ Marikoji-dori Imadegawa Agaru, Sakyo-ku, Kyoto, Kyoto

이네만카이伊根満開 아카마이슈赤米酒 젊은 여성 양조사가 이네의 적미로 만든 옅은 은색의 일본술. 진한 맛의 요리와 궁합이 좋다. (마에다) 720ml 2,090엔 무카이주조주식회사 向井酒造株式会社 ☎ 0772-32-0003 ♀ 교토부 요사군 이네초 히라타 67 **Ine Mankai Red Rice Sake** 720ml ¥2,090 **Mukai Shuzo** ♀ Ine-cho Hirata 67, Yosa, Kyoto

Tasty Souvenirs from KYOTO

나마후 만주生麩饅頭 쫄깃한 식감이 중독성 있는 맛. 대나무 잎으로 싼 세련된 느낌의 포장도 멋스럽다. (사사키) 5개입 1,204엔 후우카 ☎ 075-231-1584 ♀ 교토부 교토시 가미교구 니시노토인도리 사와라기초아가루 히가시우쓰지초 413
Namafu Manju (Sweets) 5 pieces ¥1,204 **Fuka**
♀ Nishinotoin-dori Sawaragi-cho Agaru Higashi-uratsuji-cho 413, Kamigyo-ku, Kyoto, Kyoto

과실초 6병 세트 선명한 붉은 계열 색이 보기에도 맛있어 보이는 과실초. 그날의 기분에 따라 다양하게 즐길 수 있다. (신도) 각 120ml 5,022엔 주식회사 이오양조 ☎ 0772-25-0015 ♀ 교토부 미야즈시 오다슈쿠노 373 **Fruit Vinegar Six-Bottle Set** 120ml each ¥5,022 **Iio Jozo** ♀ Odashukuno 373, Miyazu, Kyoto

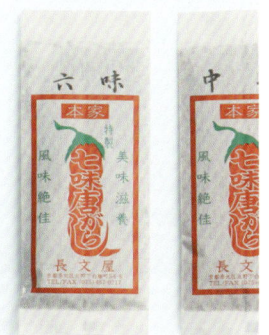

중간매운맛 로쿠미六味 주문 후 눈앞에서 조합해주는 후미젯카風味絕佳의 시치미七味. 고춧가루가 강한 로쿠미도 한 번 맛보면 다시 찾게 되는 맛이다. (구가) 다섯 스푼 340엔 (산초 추가 390엔) 조분야 ☎ 075-467-0217 ♀ 교토부 교토시 기타구 기타노시모하쿠바이초 54-8
Seven Flavor Spice (Medium-spicy), Six Flavor Spice Five Spoonful ¥340 (w/ extra sansho pepper ¥390) **Chobunya** ♀ Kitanoshimohakubai-cho 54-8, Kita-ku, Kyoto, Kyoto

아라비아 진주(커피원두) 교토를 떠나면 좀처럼 산조에는 가기 힘들기 때문에 선물용으로 구입하면 좋은 커피. 설탕과 우유를 넣어 마시는 것이 가장 맛있다는 정평. (구가) 200g 1,250엔 노다커피 본점 ☎ 075-221-0507 ♀ 교토부 교토시 나카교구 사카이마치도리 산조쿠다루 도유초 140
Arabian Pearl (Coffee Beans) 200g ¥1,250 **Inoda Coffee** ♀ Sakaimachi-dori Sanjo Kudaru Doyu-cho 140, Nakagyo-ku, Kyoto, Kyoto

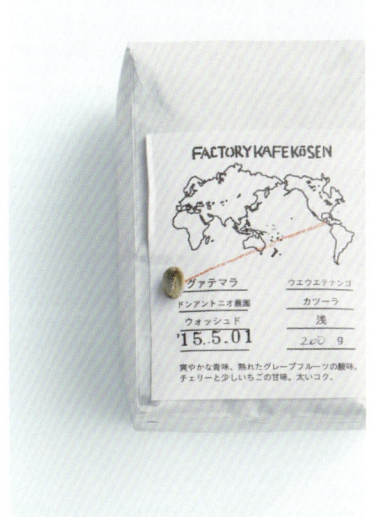

커피원두 시즌마다 달라지는 추천 원두. 점주의 스킬을 눈여겨봤다가 집에서도 용드립으로 맛보길 권한다. (신도) 200g 1,512엔 팩토리카페 고센 ☎ 075-211-5398 ♀ 교토부 교토시 가미교구 가와라마치도리 이마데가와쿠다루 가지이초 448 세이와 텐넨트하우스 2층 G호실 **Coffee Beans** 200g ¥1,512 **FACTORY KAFE KOSEN** ♀ Kawaramachi-dori Imadegawa Kudaru Kajii-cho 448 2F Room G, Kamigyo-ku, Kyoto, Kyoto

절임반찬 선물세트 멋스러운 포장의 절임반찬을 고루고루 골라보기. 오하라에서 자란 적차조기로 만든 '시바즈케(가지절임)'는 꼭 드셔보시길. (구가) 100g 432엔~ (사진은 '차조기말이 락쿄' 100g 756엔) 시바큐 ☎ 075-744-4893 ♀ 교토부 교토시 사쿄구 오하라쇼린인초 58 **Pickled Vegetables** 100g ¥432~ (Photo: "Shiso-maki Rakkyo" 100g ¥756) **Shibakyu** ♀ Ohara Shorinin-cho 58, Sakyo-ku, Kyoto, Kyoto

生

吟醸

교토의 맛

편집장이, 취재가 아니어도 가고 싶은 유명한 교토. 오랜 역사의 전통이 있는 가게가 많은 교토에서 특히 극찬하게 되는 추천할 만한 여덟 가지 요리를 소개한다.

순한 맛의 이미지와 달리 진하고 걸쭉한 맛으로도 피로를 풀어주는 유명한 일품 요리. 개운하고 살짝 허기질 때쯤 찾게 되는 달콤한 간식, 교토 시가지를 도보나 자전거로 취재했던 편집부.

Kyoto's Delicious Local Foods

Our editorial team went all over Kyoto, on foot as well as on bicycles, to get this issue out on time. Here and there, we stopped to snack on sweets, eat lunch, and dine at both famous and not so famous restaurants during our two months' stay here. We would like to introduce the eight best local foods from Kyoto, the city known for its historical restaurants.

1
라멘
Ramen

아침 5시에 개점! 심야 버스로 교토역에 내리면 아침 이슬을 맞으며 가장 먼저 들르는 곳은 '다이이치아사히第一旭'. 특제 라면은 면을 곱배기로, 고기도 추가하면 기운이 번쩍 난다. (구가) 700엔

교토 다카바 혼케 다이이치아사히京都たかば 本家 第一旭
📍 교토부 교토시 시모교구 히가시시오코지 무카이하타초 845
☎ 075-351-6321
🏠 www.honke-daiichiasahi.com
Dai-ichi Asahi
📍 Higashishiokoji Mukaihata-cho 845, Shimogyo-ku, Kyoto, Kyoto

2
오므라이스
Omelette Rice

'구가 트래블'에서 소개한 오므라이스가 바로 이것! 맛있는 달걀 요리를 하나만 고른다면 망설임 없이 이것으로. (신도) 중 사이즈 1,050엔

그릴 고다카라 グリル小宝
📍 교토부 교토시 사쿄구 오카자키 기타고쇼초 46
☎ 075-771-5893
🏠 www.grillkodakara.com
Grill Kodakara
📍 Okazakikitagosho-cho 46, Sakyo-ku, Kyoto, Kyoto

3
각종 크로켓
Croquettes of various kinds

갓 튀긴 원통형 크로켓은 와인 안주로 제격이다. 블루치즈나 바질 등 특별한 크로켓 메뉴가 다양하다. (사사키) 1개 170엔~

NISHITOMIYA
📍 교토부 히가시야마구 니시마치 126 1층
☎ 070-8513-0452
NISHITOMIYA
📍 Nishimachi 126 1F, Higashiyama-ku, Kyoto

4
뜨거운 청주
Seishukan (blend of six hot sakes)

요리는 무엇이든 맛있지만, 술만큼은 이것만 찾게 된다. 효고현 고베시 나다에서 주조되는 술 여섯 종류를 블랜딩한 이곳만의 뜨거운 청주. (구가) 650엔

신메 神馬
📍 교토부 교토시 가미교구 센본도리 나카다치우리아가루 니시가와 다마야초 38
☎ 075-461-3635
Shinme
📍 Senbon-dori Nakatachiuri Agaru Nishigawa Tamaya-cho 38, Kamigyo-ku, Kyoto, Kyoto

겉은 바삭바삭, 안은 두꺼운 달걀말이처럼 폭신폭신. 진한 커피와 함께 먹으면 최고의 조합이다. 핫케이크와 푸딩도 추천한다. (신도) 700엔
스마트커피점
교토부 교토시 나카교구 데라마치도리 산조아가루 덴쇼지마에초 537
075-231-6547
www.smartcoffee.jp
Smart Coffee
Teramachi-dori Sanjo Agaru Tenseijimae-cho 537, Nakagyo-ku, Kyoto, Kyoto

5
프렌치 토스트
French Toast

6
말차 소프트아이스크림
Maccha ice cream

W말차(말차 아이스에 말차 가루 더하기)를 쓴 호사스런 소프트 아이스크림. 선물용으로는 그래픽 디자이너 마스나가 아키코增永明子가 디자인한 선물 상자를 추천. (사사키) 400엔
마스다 차호 ますだ茶舗
교토부 우지시 우지렌게 21-3
0774-21-4034
masudachaho.jp
MASUDA TEA STORE
Ujirenge 21-3, Uji, Kyoto

7
모닝 세트
Morning Set

창의적인 플레이팅과 채소가 풍성한 토스트 세트. 빵 테두리까지 남김없이 먹게 되어 든든한 한끼이다. 챙겨먹고 가모가와강 산책을 가보자. (신도) 680엔
커피하우스 마키 coffee house maki (데마치점出町店)
교토부 교토시 가미교구 가와라마치도리 이마데가와아가루 세이류초 211
075-222-2460
www.coffeehouse-maki.com
COFFEE HOUSE maki (Demachi-ten)
Kawaramachi-dori Imadegawa Agaru Seiryu-cho 211, Kamigyo-ku, Kyoto, Kyoto

갈색 대나무 벽 카운터가 정취를 느끼게 한다. 주문하면 앞에서 정성껏 만들어주는 명품 고등어 초밥은 두터운 생선살인데도 순식간에 접시를 비우게 한다. 선물용은 종이로 포장해준다. 반 마리(여섯 조각) 2,120엔
교노스시도코로京のすし処 스에히로末廣
교토부 교토시 나카교구 데라마치도리 니조아가루 요호지마에초 711
075-231-1363
sushi-suehiro.jp
SUEHIRO
Teramachi-dori Nijo Agaru Yohojimae-cho 711, Nakagyo-ku, Kyoto, Kyoto

8
고등어 초밥
Saba zushi
(mackerel sushi)

편집부가 추천하는 맛있는 달걀 요리

나 역시 취재하기 전까지는 청어 메밀국수, 잔멸치산초, 야쓰하시八ツ橋(교토 대표 특산 전통과자로 전병 종류) 등을 교토 식문화의 간판 음식으로 생각하고 있었다. 교토는 내륙 도시여서 교토 사람들은 닭고기, 달걀 등을 옛부터 즐겨 먹었다고 한다. 그러고 보니 편집부가 취재하면서 접한 요리도 육수를 베이스로 만든 달걀말이, 달걀우동, 오므라이스 등 그 종류가 다양하다. 교토의 수많은 달걀 요리 중에서 편집부가 진심으로 인정하는 요리 세 가지와 맛집을 소개한다.

【긴시돈きんし丼】 교고쿠 가네요京極かねよ

가네요라고 쓰인 빨간 등불이 표지판인 붕장어 요리 전문점. 명물 '긴시돈'(보통 2,600엔)은 돈부리(사발 그릇)에서 삐져 나올 정도로 커다란 달걀부침(육수를 넣어 만든 달걀말이) 아래에 100년 넘게 이어

교고쿠 가네요
- 교토부 교토시 나카교구 롯카쿠도리 신쿄고쿠 히가시이루 마쓰가에초 456
- 075-221-0669
- 11:30~15:30 (라스트 오더) 17:00~20:30 (라스트 오더) 무휴
- 교토시야쿠쇼마에역에서 도보 약 5분

Kyogoku Kaneyo
- Rokkaku-dori Shinkyogoku Higashi-iru Matsugae-cho 456, Nakagyo-ku, Kyoto, Kyoto
- No regular holidays
- Approximately 2-minute walk from Kyoto Shiyakusho-mae Station

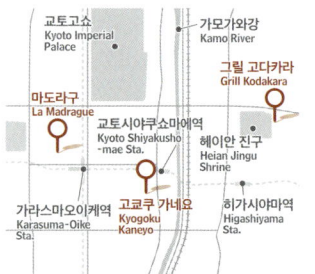

그릴 고다카라
- 교토부 교토시 사쿄구 오카자키 기타고쇼초 46
- 075-771-5893
- 11:30~21:00 (라스트 오더)
- 화요일, 둘째주, 넷째주 수요일 (임시 휴무 확인)
- 히가시야마역에서 도보 약 15분

Grill Kodakara
- Okagazaki Kitagosho-cho 46, Sakyo-ku, Kyoto, Kyoto
- Closed on Tuesday, as well as 2nd and 4th Wednesdays
- Approximately 15-minute walk from Higashiyama Station

The Recommended Dish by the Editorial Team

Fabulous Egg Dishes

Until I went to Kyoto, the only image I had of Kyoto's cuisine was its familiar dishes: Nishin soba, *chirimen* peppers, *yatsuhashi*. However, in reality, because its citizens are landlocked, they have traditionally eaten quite a variety of egg and chicken dishes. Our Editorial Team encountered quite a few egg dishes for this issue, so we have chosen the three best Kyoto egg dishes.

[Corona Egg Sandwich] La Madrague

When Corona closed its doors in 2012, its most famous dish, the Egg Sandwich, was inherited by La Madrague, an equally famous restaurant. The sandwich should be eaten at night while drinking a cocktail. The way to eat this sandwich (¥800) is by eating it vertically—that way, you will be able to eat it without making a mess.

온 소스를 끼얹은 장어가 조화를 이룬다. 처음에는 달걀과 장어를 안주 삼아 일본술 또는 맥주를 한잔 곁들인다. 그런 다음 본격적으로 조화로운 맛을 음미하길 바란다.

【치킨 지쿠세루チキンジクセル】그릴 고다카라グリル小宝
이곳의 부동의 1위는 오므라이스이지만, 편집부의 추천은 '치킨 지쿠세루'(2,100엔)이다. 직접 만든 특제 소스가 뿌려진 커다란 달걀부침 안에 육즙 가득한 닭고기 살이 한 장 그대로 들어가 있는데 정말 쫄깃하고 맛있다. 어릴 적 집밥의 소박한 느낌으로 함께 나눠 먹는 재미도 있다.

【달걀 샌드위치】찻집 마도라구喫茶マドラグ
2012년에 폐점한 양식당 '코로나コロナ'의 달걀 샌드위치의 맛을 이어받은 인기 있는 가게이다. 천장이 높고 세련된 공간에서 밤에 여유롭게 맥주 한잔 마시며 먹는 '코로나 달걀 샌드위치'(680엔)는 세로로 들고 끝에서부터 한 입씩 베어물면 떨어뜨리지 않고 깔끔하게 먹을 수 있다.

찻집 마도라구
교토부 교토시 나카교구 가미마쓰야초 760-5
075-744-0067
11:30-재료 소진 시까지 일요일 휴무
가라스마오이케역에서 도보 약 5분
La Madrague
Kamimatsuya-cho 706-5, Nakagyou-ku, Kyoto, Kyoto
Closed on Sundays
Approximately 5-minute walk from Karasuma-Oike Station

[Chicken Bruxelles] Grill Kodakara
Their most famous dish, without question, is rice omelet, but what we want to recommend, instead, is the Chicken Bruxelles (¥2,290). Underneath a big sunny-side-up egg and homemade sauce, there it is: a whole roasted leg! The first bite will take you back to your mother's kitchen.

[Kinshi-don] Kyogoku Kaneyo
Look for the red lantern with the word, "Ka Ne Yo," the sign for the eel restaurant. Their famous dish, Kinshi-don (¥2,600 for a normal portion), consists of roasted eel marinated in a 100-year-old secret sauce underneath an egg, sunny side up, overflowing from the bowl. First, eat the egg and the eel as appetizers with a glass of beer or a cup of sake, then eat the rice underneath!

후카사와 나오토
深澤直人
Naoto Fukasawa

「강의 경치」

보통

연재 36
디자이너의 쉼표

교토 가모가와강에 걸쳐진 고진다리荒神橋에서 상류 쪽을 바라본 경치를 좋아한다. 얼핏 보면 어느 도시에도 있을 듯한 보통의 강물의 경치이지만 장대하고 아름답다. 분명 인위적으로 정비된 하류임에도 자연 그대로의 모습을 간직한 느낌이다. 주변에 주거지가 있어서 마치 집의 정원 같기도 하다. 데마치出町 부근에서 두 갈래로 나뉘어 강 상류 쪽으로 이어지는 산 능선의 배경도 강과 잘 어우러져 무척 아름답다. 강이 나뉘는 곳에 시모가모신사下鴨神社의 녹음이 보인다. 강 양쪽으로 무성한 초록 화초들과 아름다운 벚나무가 있다.

    교토에 사는 친구는 이곳이 인공적으로 만들어진 좁고 긴 공원이라고 한다. 일본 정원 안에 작은 강이 흐르는 정취를 실제로 재현해 마치 교토 전체가 거대한 정원으로 보인다. 강을 포함해 도시 계획 디자인을 고심한 흔적이 고스란히 느껴진다.

    가모가와강은 처음부터 이처럼 정비되지는 않았다고 한다. 강 지반을 다지고 물 흐름을 부드럽게 만들면서 양쪽으로 넓은 평지의 둔치를 만들어 그곳을 공원으로 조정했다. 예전에는 갈대가 무성한 강둑이었다고 한다.

Futsuu (Normal): The Riverscape

One of my favorite views is looking upstream from Kojin Bridge, which lies across Kamo River in Kyoto. At a glance, it's an ordinary view that one can find in any city, but to me, it's beautiful. The riverbanks are obviously manmade although they are designed to look natural. The view looks like a painting. The mountain range near Demachi, where the river splits, also contributes to the beauty of the view. There I can see the green wooded area of Shimogamo Shrine. Cherry blossom trees line both sides of the river.

    My friend who lives in Kyoto says that this artificially designed park is long and narrow. The river is like a stream in a Japanese garden, and the city of Kyoto itself becomes, in my imagination, a big garden. This is, I think, an example of very successful urban planning: the inclusion of natural elements enhances the plan. In the past, Kamo River did not look like this, but with time, generations of urban designers calmed the speed of the river by making the river bottom deeper and created wide, flat river banks, making them into parks. People tell me that the river banks used to look untamed with wild reeds.

    I started renting an apartment in Kyoto five years ago and

    5년 전부터 교토에 아파트를 빌려 머물고 있는데 사찰이나 정원을 자주 다니지는 않는다. 가모가와강을 종종 찾아 산책한다. 자전거로 강가를 달리다 니조 근처 카페에 자주 들른다. 강을 건너 데마치마스가타상점가出町桝形商店街에서 종종 작은 덴푸라와 우동면을 한 개 사 들고 집에 돌아와 먹었다. 소박한 한 끼이지만 나에겐 풍요롭고 여유로운 생활로 여겨졌다. 어디를 가든지 강가를 통해서 다녔다. 강이 내 생활의 중심이 되었다. 어느날은 강 둔치 벤치에서 주먹밥을 먹고 있는데 솔개가 날아와 낚아채간 적도 있었다.

    가모가와강은 교토 사람들의 휴식처라고 느낀다. 강 경치는 늘 교토 일상의 배경이 되어주었다. 강 근처에 사람들이 살기 시작해 작은 도시를 만들었다. 가모가와강과 근접한 교토고쇼(약 5백 년 동안 일왕이 기거하며 정무를 보았던 왕궁) 지하에는 수계가 있어서 그 수맥을 매일 관리하는 가문이 있는데 그 집은 대대로 물려받은 연못이 집 정원에 있어 그 연못의 수위로 고쇼의 지하수를 관리하기도 했다고. 교토는 강과 지하수계 위에 만들어진 도시인 것이다.

    옛 선조의 도시 계획은 자연의 섭리를 거스르지 않는 방법이었음을 알 수 있다. 교토는 일본 내에

began visiting the city quite often. I don't often go to temples and gardens; I just walk along the Kamo River. After bicycling over the river, I often go to cafes in the Nijo neighborhood. I go across the bridge and buy small *tempura* and udon noodles at Demachimasugata Shopping Arcade to cook at home. It may sound like a simple life, but for me, it is very rich. Anywhere I go, I travel alongside the river; the river dictates my life in Kyoto. Once, when I was eating *onigiri* on a bench along the river, a kite flew down and stole my food right out of my hand.

    Kamo River is a place of rest for residents of Kyoto. The view of the river has always been part of their daily lives. A long time ago, people started to live along the river, eventually forming a small town. I heard that there is an underground water source somewhere underneath the Kyoto Palace, and a family has been looking after it for generations. The family has a pond in their garden so they can keep an eye on the quality and quantity of the underground water. Kyoto was built around a river and atop an underground water source.

    The city planning of the past was based on living harmoniously with nature. Kyoto is one of the very few cities in

후카사와 나오토   프로덕트 디자이너. 유럽, 북미, 아시아를 대표하는 브랜드의 디자인 및 일본 대기업 제조사의 컨설팅 등 다수를 작업. 로열 디자이너 포 인더스트리(영국왕실예술협회)의 칭호를 수여받는 등, 일본 국내외 다수의 수상 경력이 있다. 저서로는 '디자인의 윤곽'(TOTO출판) 등이 있다. 2012년부터 '일본민예관'의 관장을 역임 중.

Naoto Fukasawa   Product designer. Fukasawa has designed products for major brands in Europe and Asia. He has also worked as a consultant for major domestic manufacturers. Winner of numerous awards given by domestic and international institutions, including the Royal Designer for Industry Award, honored by the British Royal Society of Arts. He has written books, most importantly An Outline of Design (TOTO). Since 2012, he is the Director of Nihon Mingei-kan (Japan Arts and Crafts Museum).

서도 자연재해가 적은 편인데 분지의 녹음이 연결되는 산맥을 뒤로 사찰이 자리한다. 차경이란 뜻 그대로 빌려온 경치이기에 소유하는 것이 아니다. 모두가 함께 나누는 자연 경치 속에 가모가와강이 흐르고 있다. 강가를 걷다보면 마음이 평온해지는 이유는 이 강을 만든 사람들이 인간도 자연의 일부라는 이해를 토대로, 훌륭한 환경 디자인이 가능했기 때문일 것이다.

강가 잔디밭에는 항상 학생들이 즐겁게 모여 있는데 Y자 왼편(서쪽)의 상류 가모가와강에서부터 교차되는 하류(남쪽)의 가모가와강으로 이어지는 강 둔치는 최고의 달리기 장소로 알려져 늘 달리는 사람들로 붐빈다. 일본, 나아가 세계 어느 곳과 비교해도 가모가와강 근처에 사는 행운을 누리는 것은 무척이나 사치스러운 행복이 아닐 수 없다.

가모가와강 상류에서 하류를 걷다 보이는 왼편(동쪽)의 '교토부립식물원京都府立植物園'의 초록 경치는 압권이다. 이 경치는 갖고 싶을 정도이다.

"아, 이토록 풍요로운 강이라니! 풍요롭고 그저 아름다운 일상의 경치라니!"

늘 이렇게 느끼며 가모가와강을 걷는다.

Japan that does not experience many natural disasters. There are temples built along the sides of the mountains. *Shakkei*—borrowed landscape—is just that: no one owns it. It is part of nature. No one owns Kamo River. I suspect that the reason that I feel relaxed when I walk along the river is that people who designed the city around the river knew that human beings are part of nature, and the best city planning allows us to live harmoniously with nature. The body fits into the environment.

Students and other people are always having parties on the river banks. The left side of the split along the river is a running course for joggers. Both serious and amateur joggers run along this path. I do think that being able to live by Kamo River is quite an astonishing thing. When I walk downstream along the river and gaze at Kyoto Botanical Garden to the left, I am always struck by how beautiful this view is. I want to own it. The river is full of bounty. What a rich and enriching life I have because of this river. These are my thoughts as I take my daily walk along the river.

001
홋카이도
HOKKAIDO

그리 グリ
홋카이도 삿포로시 주오구 미나미 니조니시 8-5-4 4층
011-206-8448
GRIS
4F, Minami 2-jo Nishi 8-chome 5-4, Chuo-ku, Sapporo, Hokkaido

002
아오모리
AOMORI

와라한도 わらはんど
아오모리현 히로사키시 지토세 4-9-24
0172-55-7173
www.warahand.com
Warahand
Chitose 4-chome 9-24, Hirosaki, Aomori

중화요리, 일본요리 그리고 술의 맛집 다누키코지狸小路의 아케이드를 지나 흰색 건물의 문을 열고 어두컴컴한 계단을 4층까지 오르면 주류와 함께 요리를 즐길 수 있는 'GRIS'가 있다. 주인 오노 시로키小野城碁, 리에코理惠子 부부가 지역 '토롯코일급건축사사무소'와 함께 리모델링한 식당은 가문비나무로 된 마루에 회색 벽, 불투명 유리창에 노출 전구 조명이 잘 어우러져 차분한 분위기를 자아낸다. 추천 메뉴로 '그리 슈마이'를 권한다. 다소 큰 사이즈로 도카치+勝산 돼지고기가 꽉 차 있다. 간장 겨자 소스를 찍어 한입 넣고, 맥주로 홋카이도 한정판 삿포로 클래식을 곁들이면 금상첨화. 식후에는 '다카하시공예高橋工芸'의 카미 글래스(얇은 나무로 된 컵)에 호지차를 내어준다. (미야코시 요코宮越葉子 / D&DEPARTMENT HOKKAIDO)

현지 목재를 사용한 안전하고 즐거운 목재 완구 히로사키시弘前市를 중심으로 하는 목공 장인들의 합작회사 '와라한도わらはんど'는 아이들을 뜻하는 쓰가루津軽 지방 방언으로 지어진 이름이다. (또 아이와 손이 합쳐진 단어이기도 하다.) 이곳의 대표적인 완구 중 하나가 '오동나무 집짓기 놀이'이다. 아오모리 삼나무의 부드러운 부분을 잘라 오목하고 볼록하게 만든 심플한 블록이다. 따뜻한 색감, 부드러운 촉감, 쌓을 때 나는 듣기 좋은 나무 소리가 아이들 마음을 안정시키고 편안한 커뮤니케이션을 일으킬 수 있다. 대표 사원 기무라 다카유키木村崇之 씨는 자랑스럽게 말한다. "이 블록은 상태가 덜 좋은 나무로도 만들 수 있어요. 전쟁 후 많이 심어 남아도는 아오모리 삼나무의 궁극의 활용 방법이기도 하죠." (사이토 노조미斎藤望 / NPO 법인 '히로사키어린이커뮤니티 피플弘前こどもコミュニティ・ぴーぷる')

A great restaurant serving alcoholic drinks and Chinese and Japanese food The restaurant "GRIS" is located past the Tanukikoji arcade, through a white door, and up four flights of a dark staircase. Its owners Shiroki and Rieko Ono renovated the space with local architectural office "Studio 1065". GRIS' calming interior features naked light bulbs, which perfectly match its Yeddo spruce floors, gray walls, and ground glass windows. "GRIS Shumai" is the signature dish. It's slightly larger than average, and filled with Tokachi pork. Take the whole thing in one bite with mustard and soy sauce. It should of course be eaten with "Sapporo Classic" beer, which is only available in Hokkaido. After the meal, you can enjoy a cup of roasted green tea in Takahashi Kougei's thin walled wooden "Kami Glass". (Yoko Miyakoshi, D&DEPARTMENT HOKKAIDO)

Safe and Fun Wooden Toys Made Out of Locally Produced Lumber Named after a Tsugaru word that means "child" (also a neologism combining *warabe* [child] and "hand"), "Warahand" is a limited liability company comprising woodworkers mainly working in Hirosaki. One of its representative products is "Udukumi Blocks". They are simple building blocks shaped by shaving the soft white parts of Natsume, an Aomori cedar. Their warm color, great feel in the hand, and emission of a gentle sound when stacked relaxes families and promotes friendly conversation. The company representative Takayuki Kimura proudly says, "These blocks can be made with any remnant wood. It is the ultimate use of Aomori cedar that was planted after the war is now ripe for harvesting." (Nozomu Saito, NPO Hirosaki Child Community "People")

003 이와테 IWATE

모리오카시 쓰레기 분리수거 일람표
盛岡市ごみ分別早見表

📍 이와테현 모리오카시 우치마루16-16 오테사키 빌딩 2층 (homesickdesign)
☎ 019-681-8089
🏠 homesickdesign.com

Morioka Quick Guide to Trash Organization
📍 Otesaki Bldg. 2F, Uchimaru 16-16, Morioka, Iwate

004 미야기 MIYAGI

센다이 고겐샤仙台光原社

📍 미야기현 센다이시 아오바구 이치반초 1-4-10
☎ 022-223-6674
🏠 kogensya.sakura.ne.jp
Sendai Kogensha
📍 Ichiban-cho 1-chome 4-10, Aoba-ku, Sendai, Miyagi

눈에 띄는 곳에 붙이고 싶어지는 '쓰레기 분리수거 일람표' 디자인 사무소 'homesickdesign'의 '모리오카시 쓰레기 분리수거 일람표'는 디자이너 시미즈 신스케清水真介 씨가 공식 자료보다 알기 쉽고 보기 좋게 기획해 약 1년여의 시간을 들여 제작했다고 한다. 2013년 완성해 매년 새롭게 제작해 시내 곳곳에서 큰 호응을 얻어 판매하고 있다. 다우에 다카田上たか 씨의 수채화 일러스트는 신문 기사나 식품 패키지 등에 모리오카시를 알릴 수 있게 세심하게 그려져 있어 보는 즐거움도 있다. 시각적으로 아름다울 뿐 아니라, 각 동네의 회수 지정 요일이 자세히 적혀 있고, 헷갈리는 분리수거 품목을 크고 상세하게 한눈에 보기 좋게 그려 넣어서 세심하게 고심한 흔적이 곳곳에 보인다. 타지역 사람들이 부러워할 정도여서 괜스레 자랑스럽다. (다시로 준田代 淳 / 칠기공예 다시로うるしぬりたしろ)

계절의 변화를 즐기는 민예품 상점 1968년 문을 연 '센다이 고겐샤'는 오래된 담쟁이넝쿨이 벽을 에워싸고 그 잎이 계절에 따라 초록으로, 붉은 낙엽으로 변하는 아름다움을 느끼게 해준다. 염색공예가 고 세리자와 게이스케芹沢銈介가 디자인한 간판과 조명이 눈에 띈다. 현관 입구의 하늘색 큰 수련 화분에는 작은 금붕어가 헤엄치고 있어 물속에 해가 들어 반짝거리는 모습이 무척 아름답다. 오이카와 요이치로及川陽一郎 대표는 "전통, 민예, 모던, 새로운 것이라는 틀에 얽매이지 않고 좋은 물건을 소개하고 싶다"라고 말한다. 각 지역에서 다양한 생활 잡화를 엄선해 들인다. 유노키 사미로柚木沙弥郎의 센다이 완구 형염 엽서는 이곳의 오리지널로 나 역시 좋아하는 것 중 하나. 계절마다 행사나 전시회도 즐길 수 있고 2004년 '초봄 시장'의 기념품으로 받은 중국의 작은 접시가 무척 마음에 들어 내긴김에 사기 숟가락 세트도 사고 말았다.
(이토 아이伊藤 愛 / 머플러 제작 아티스트)

A favorite trash guide to be promnently displayed
Shinsuke Shimizu of the design office "homesickdesign" spent approximately a year designing the "Morioka Quick Guide to Trash Organization," which he made to be more beautiful and easier to understand than the official one. Since its completion in 2013, it has been sold annually in various places in Morioka. Taka Tagami's fun watercolor illustrations depict Morioka-like objects such as newspaper articles and food packaging. The Guide is not only beautiful, but also filled with practical features such as a space for writing in the local trash collection days and a large column of trash items that people often find difficult to categorize. It makes me happy whenever people living outside of Morioka express envy for the trash guide. (Jun Tashiro, Urushi-nuri Tashiro)

A folk craft shop, where you can enjoy seasonal changes
"Sendai Kogensha" opened in 1968. Its building walls have long been covered in ivy, the color of which changes beautifully with the seasons. The ivy-covered walls also highlight the Keisuke Serizawa-designed shop sign and steel lantern. At the entrance is a light blue colored Ootani-yaki ceramic water lily bowl, which has spotted goldfish swimming inside. It's beautiful when the sunlight hits it. Owner Yoichi Okikawa explains, "I want to show good things, regardless of whether they're traditional, modern design, or folk craft works." I love Samiro Yunoki's postcards, which are stencil-dyed with traditional Sendai toy patterns and made exclusively for Sendai Kogensha. The store also organizes fun events and exhibitions seasonally. I liked the small Chinese plate I received as a commemorative gift at the 2004 "Early Spring Market" event so much that I bought a matching spoon. (Ai Ito, scarf maker)

005
아키타
AKITA

바바헤라아이스 ババヘラアイス
아키타현 오가시 가쿠마자키 게야나가네 12-1 (유한회사 신도냉동)
0185-46-2066
babahera.net
Babahera Ice cream
Kakumazaki Geyanagane 12-1, Ogashi, Akita (Shindo Reika Inc.)

006
야마가타
YAMAGATA

숲의 만찬—채집과 불
森のばんさん—採集と火
야마가타현 쓰루오카시 주변
atotsugi.me
Banquet in the Forest
Tsuruoka City, Yamagata

1950년대부터 이어진 고향 아이스크림의 맛 아키타의 여름 행사 '오마가리 불꽃놀이' 회장으로 향하는 도중 드넓고 파란 하늘 아래 길가에 노란색과 핑크색이 알록달록 선명한 파라솔이 보인다. 일러스트의 파란색, 노란색, 핑크색의 조화는 어린아이가 그린 그림 같기도 하고, 장난감 카메라의 사진 같기도 해서 지금까지 눈에 선하다. 그리고 매대 앞에는 노란 보자기 모자를 쓰고 있는 '바바헤라아이스'를 파는 아주머니가 가만히 앉아 있다. 아주머니(바바)가 주걱(헤라)으로 핑크색 딸기맛과 노란색 바나나맛 두 가지 샤베트를 번갈아가며 떠준다. 이름 그대로 '바바헤라아이스'이다. 봄부터 가을까지 아키타 각지에서 만날 수 있다. (온라인 구매 가능) (소노베 아키코園部暁子 / d47 design travel store)

숲을 먹는 궁극의 만찬 지역 식문화와 수작업의 대를 잇기를 테마로 활동하는 '대를 잇는 편집실'은 숲에 들어가 맛있는 식재료를 구별해 채집해 먹는 프로그램 '숲의 만찬'을 운영하는 곳이다. 이곳에는 네 명의 멤버를 비롯해 수렵이나 산나물 캐기 등에 숙련되어 그 조리법을 연마한 사람들이 있다. 이들과 참가자가 힘을 합치면 숲은 어느새 풀코스 요리가 된다. 2014년 제 2회 가쓰산, 아사히연봉 주변의 산에 들어가 호두 양념이나 버섯 오일 등의 소재를 살린 조리법을 소개했다. 다음에 어떤 메뉴를 만들지는 알 수 없다. 무엇을 채취할 수 있을지 모르는 묘미가 '숲의 테이블 매너'의 중요한 요소이다. 참가비 필요. (이와이 다쓰미岩井 巽 / 동북예술공과대학 학생)

Exquisite local ice cream introduced in the 1950s
While I was heading to "Oomagari Fireworks," an Akita summer tradition, under the huge blue sky and on the side of the road, I saw a bright yellow and pink parasol. The high contrast illustration on the parasol, executed in blue, pink, and yellow, looked like it was drawn by a child or shot on a toy camera. I remember it clearly to this day. Under the parasol was an old woman with a yellow towel wrapped around her head was sitting and selling "Babahera Ice Cream." The name comes from the fact that an old woman [*baba*] alternately scoops pink and yellow sherbet with a spatula [*hera*]. It's sold between spring and autumn in various areas throughout the prefecture (and through mail order). (Akiko Sonobe, d47 design travel store)

The ultimate supper made of the forest "Banquet in the Forest," is a program in which participants go into the forest, forage ingredients, then cook and eat them. It is operated by the four members of "Atotsugi Editorial Room," a small publisher that focuses on the theme of carrying on regional cuisine and handiwork, and foraging and hunting experts. With the help of these experts, participants transform the forest into a full-course meal. For the second "Banquet in the Forest" of 2014, participants entered the Asahi mountain range of the Gassan mountains and cooked with mushroom oils and walnut duqqa made with wild ingredients. Whether participants will make the same dishes next time is unknown. "Forest table manners" dictate that you cook with and enjoy what's available in the forest. Participation fee required. (Tatsumi Iwai, Tohoku University of Art and Design)

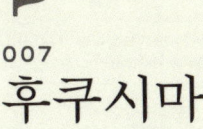

007
후쿠시마
FUKUSHIMA

For 좌 rest 2015 For 座 rest 2015
📍 후쿠시마현 후쿠시마시 오마치 9-21
뉴야부우치빌딩 1층 (for 좌 rest 2015
실행위원회)
🌐 www.ankaju.com/forzarest/
FOR ZA REST 2015
📍 New Yabuuchi Bldg. 1F, Omachi
9-21, Fukushima, Fukushima

008
이바라키
IBARAKI

좃쿠라—신주를 축하하는 모임
ちょっ蔵 新酒を祝う会
📍 이바라키현 가사마시 이나다 2281-1
📞 0296-74-2002
🌐 isokura.jp/event/iwaukai/2015
Chokkura—New Sake Celebration
📍 Inada 2281-1, Kasama, Ibaraki

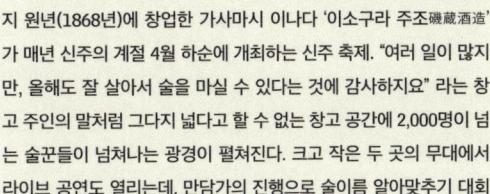

10주년을 축하하며! 처음 후쿠시마에 방문했던 때가 2012년 4월이다. 후쿠시마시 이자카온천飯坂温泉 '료칸 세이산清山'에서 개최한 'for 좌 rest 2015 대학'이라는 라이브 공연에서 회장을 가득 메운 지역 주민들과 함께 뮤지션 호소노 하루오미細野晴臣, 다카다 렌高田連의 멋진 연주를 감상했다. 그곳에서 후쿠시마시의 셀렉트 숍 '픽업'의 다나카 사카에田中栄 씨 등과 친구가 되었던 좋은 추억이 있다. 그리고 2015년 7월, 드디어 'for 좌 rest'가 10년 만에 부활했다. 장소는 1회와 같은 '후쿠시마시민가원'이다. 앤 서리, 오토모 요시히데大友良英 등의 단골들 이외에도 '야마가타호'에서 취재했던 산속에 사는 사카모토 오사부로坂本大三郎 씨, 동북예술대학 미야모토 다케노리宮本武典 씨, 디자인 사무소 '아카오니디자인'도 워크숍으로 참가했다. 더없이 기쁜 재회였다. (구가 오사무 / d47 design travel 편집부)

지역에서 사랑받는 양조장의 1년에 한 번 찾아오는 신주 축제 메이지 원년(1868년)에 창업한 가사마시 이나다 '이소구라 주조磯蔵酒造'가 매년 신주의 계절 4월 하순에 개최하는 신주 축제. "여러 일이 많지만, 올해도 잘 살아서 술을 마실 수 있다는 것에 감사하지요" 라는 창고 주인의 말처럼 그다지 넓다고 할 수 없는 창고 공간에 2,000명이 넘는 술꾼들이 넘쳐나는 광경이 펼쳐진다. 크고 작은 두 곳의 무대에서 라이브 공연도 열리는데, 만담가의 진행으로 술이름 알아맞추기 대회 등 행사를 무르익게 하는 다양한 이벤트가 하루 종일 펼쳐진다. 입장료에는 대표 브랜드 '이나사토稲里'의 신주 1병과 가사마야키笠間焼 도자기 잔이 포함되어 있다. 산지의 특산 명물을 선물로 주는 마음이 반갑고 기쁘지 아니한가! (누마다 겐이치沼田健一 / trattoria blackbird)

Tenth anniversary! In April 2012, I saw a wonderful live performance by Haruomi Hosono and Ren Takada at the Seizan Inn in the Iizaka hot spring region. The local audience was so large that it was barely contained at the inn. It was also at that show that I became friends with Sakae Tanaka, the staff of the multi-brand store "Pick-Up" in Fukushima city. In July 2015, "FOR ZA REST" will be revived and held again at "Fukushimashi Minkaen," where it was first held 10 years ago. In addition to regulars Ann Sally and Yoshihide Otomo, the mountain ascetic Daizaburo Sakamoto, whom I met while researching the *d design travel Yamagata*, Takenori Miyamoto from Tohoku University of Art and Design, and the design office "Akaoni Design" will participate in workshops. I'm looking forward to the reunion. (Osamu Kuga, d design travel Editorial Team)

New sake celebration organized by locally loved sake brewery Established in 1868, "Isokura Shuzo" sake brewery organizes an annual new sake celebration event at the end of April. In 2015, it will hold its ninth new sake celebration event. As the brewery owner says, "Many things happen in life, but we're grateful to be alive and drink sake." The brewery is by no means big, and to see over 2000 drunks in it is an amazing sight. There are two stages, on which live performances, storytelling, sake-tasting championships, and other sake-related events that make drinking more fun are held all day. Admission includes a bottle of the brewery's best-known "Inasato" and Kasama-yaki sake cup, an expression of hospitality unique to a region known for its pottery. (Kenichi Numata, trattoria blackbird)

009
도치기
TOCHIGI

가자마 교지 風間教司

📍 도치기현 가누마시 가미자이모쿠초 1737 (네코야 도로변)
☎ 0289-60-1610 (닛코커피 카페 교차안 본점)
🌐 nikko-coffee.com
Kyoji Kazama
📍 Kamizaimoku-cho 1737, Kanuma, Tochigi

가누마시의 큰형님 가자마 교지 씨는 자택의 일부를 스스로 리모델링해 1999년 '카페 교차안 カフェ饗茶庵'을 열었다. 처음에는 열 석으로 시작해 점차 늘려 집 건물 전체를 카페로 만든 지 10년째가 되었다. 맛있는 호박 푸딩을 먹을 때는 해가 잘 드는 방을, 느긋하게 독서를 즐기고 싶으면 조금 어두운 거실을 선택할 수 있다. "시행착오는 당연하지요. 뭐든 시작하는 게 중요합니다"라고 하면서 카페의 지점도 계속 늘려나가고 있다. 매달 한 번 열리는 시장 '네코야도상점가 ネコヤド商店街'는 가게를 열고 싶어하는 청년들이 접객 경험을 할 수 있도록 그와 동료들이 힘을 모아 9년 전에 시작했다. 지금은 창업의 꿈을 이룬 청년들과 함께 상인회를 결성해 지역사회 부흥에 기여하고 있다. 게스트하우스도 개업할 예정으로 "일단 시작해보는 거지요"라며 기대에 찬 미소를 지어 보였다. (사사키 아키코 / d47 design travel 편집부)

010
군마
GUNMA

고아세 스나오 小阿瀬直

📍 군마현 다카사키시 다마치 53-2 2층 (고아세 스나오건축설계사무소 'SNARK')
☎ 027-384-2268
🌐 www.snark.cc
Sunao Koase
📍 2F, Tamachi 53-2, Takasaki, Gunma (SNARK)

"현재의 시각"으로 오래 사랑받는 편안함을 더한다 건축설계 사무소 SNARK의 대표 고아세 스나오 씨는 건축가로서의 활동에 그치지 않고 가구 만들기에 힘을 쏟아 Lodge라는 브랜드를 론칭하기도 했다. 2015년 봄에는 사무실 2층을 커피 스탠드 겸 공유 오피스로 개방하기도 했다. 그곳에서 함께 모여 창작하는 사람들이 늘어났다. 이러한 환경에서 설계하는 집은 클라이언트에게 기대와 만족을 주지 않을까. 오픈 하우스에 가보니 색감이나 골조가 인상에 남았다. 외관은 독특한 중간색으로 덮여 있고 장인이 수작업으로 만든 금속을 곳곳에 사용해 깊은 애착이 엿보인다. (쓰치야 유이치 土屋裕一 / 서점업 [suiran])

The brother from Kanuma Kyoji Kazama renovated a part of his home to open "Café Kyo-Cha-an" in 1999. It started out with just 10 seats. After more renovations, it became a standalone business in 2005. You can choose the room you want to be in– the well-lit room for enjoying the delicious "pumpkin cake" and the darker room for reading, for example. "Experimentation is the norm. The important thing is to start," Kazama explains. He's opened several branch cafes since. Nine years ago, he also started, with friends, "Nekoyado Arcade," where a market is held monthly to allow young people, who want to start a shop, to gain business experience. He has since organized a shop association with young people who've opened up businesses to vitalize the local city. This summer, he will also open a guesthouse. "The important thing is to start," he reiterated with a confident smile. (Akiko Sasaki, d design travel Editorial Team)

Adding everlasting comfort to contemporary perspectives Sunao Koase is the president of the architectural office "SNARK." He also launched the product label "Lodge" for his furniture line and, in 2015, opened the second floor of his office as a shared office and café. The space now draws a variety of people who are interested in "object making." Such an environment is sure to entertain and reassure Koase's architectural clients. When I went to an open house event there, I was struck by the structure and color of the building. The exterior was covered in unique neutral tints and handmade metal fittings were used thoughtfully throughout the interior to cultivate deep personal attachment. (Yuichi Tsuchiya, Book Seller "suiran")

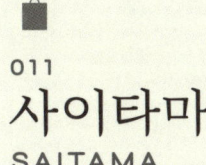

011 사이타마 SAITAMA

호켄화장품 ホーケン化粧品
사이타마현 가와구치시 시바신마치 11-10
☎ 0120-83-99-83
www.ho-ken.co.jp
Hoken
Shibashin-machi 11-10, Kawaguchi, Saitama

3대가 대대로 사용하는 롱 라이프 화장품 1927년에 창업한 '호켄화장품'은 이전에는 여러 백화점 등에서 판매했지만 제2차 세계대전을 계기로 양질의 상품을 필요한 만큼 만들어 소개하고 싶다는 마음으로 주로 통신 판매에 주력하게 되었다. 추천하고 싶은 비누 '허니 솝'은 재료를 60일간 정성껏 햇볕에 말려 사용한다. 향료나 착색제는 사용하지 않는다. 오랜 세월 인기 있는 '허니 크림'은 가와구치시 공장에서 소량 생산한다. 창업 당시부터 변함없는 디자인으로 수도권에서는 널리 알려져 지금도 큰 인기이다. 홍보 담당 후루야 가즈미古屋和美 씨는 "화장품 회사이지만 상품을 통해 사람과 사람의 관계를 소중히 지켜가고 싶다"고 한다. 창업자인 할아버지로부터 대를 이어온 소중한 기업 정신이다. (나카무라 지아키中村千晶 / d47 design travel store)

012 지바 CHIBA

오무스비부동산 omusubi不動産
지바현 마쓰도시 도키와다이라 진야마에 1-13
☎ 047-710-0628
www.omusubi-estate.com
Omusubi Fudosan
Tokiwadaira Jinyamae 1-13, Matsudo, Chiba

마을과 그곳의 자연을 활성화시키는 공인중개사 '쌀농사 짓는 부동산'을 표방하는 '오무스비(주먹밥)부동산'은 야바시라역八柱駅 사쿠라도리さくら通り에 있는 도노즈카 겐고殿塚健吾 씨가 운영하는 부동산 회사이다. 빈집, 낡은 집이나 아파트를 스스로 개조할 수 있는 물건으로 소개하거나, 거주자와 함께 쌀농사 체험이나 DIY 워크숍을 개최하는 등 거주자 각각에게 맞는 생활의 방법을 즐겁게 제안하고 있다. 믿을 만한 소개 정보도 위트가 넘친다. 툇마루와 마당이 있는 단층집은 '마당에서 딴 토마토를 그대로 씻어서 와구와구 먹기'라고 소개하는 식이다. 그런 생활에 이끌려 나 역시 현재 단층집에서 채소와 허브를 기르는 중이다. 수확의 여름을 기대하면서. (사에구사 리카三枝里可夏 / 문필가)

Long-lasting design cosmetic products that can be passed down generations "Hoken" was established in 1927. It was previously available in many department stores, but after the tragedy of World War II, the company decided to "produce quality products in only necessary quantities" and shifted its primary business to mail order. I recommend "HONEYX SOAP," which is sun dried carefully for 60 days and made without color or fragrance additives. Its long-selling "HONEYX CREAM" is made in small batches at its Kawaguchi factory. Both are popular primarily in the Tokyo Metropolitan area and their designs have not changed since 1927. Company publicist Kazumi Furuya says, "We are a cosmetics company, but we value the connection made through people through our products." It is a philosophy, she says, which was passed down from the company founder's grandfather. (Chiaki Nakamura, d47 design travel store)

A real estate company vitalizing the city and its natural environment "Omusubi Fudosan" advertises itself as "a real estate company that makes rice." It's located on Sakura Dori near Yabashira Station and is run by Kengo Tonozuka. The company specializes in DIY (do it yourself) properties, such as old houses and apartments, and organizes DIY home repair and rice-making workshops to propose a lifestyle that fits individual tenants and the city they live in. Its property listings, which are carefully written, are also full of humor. For example, the description of a one-storied house with a yard and a verandah reads, "Pick the garden-grown tomato, wash it outside, and eat it in one go." I aspired to such a lifestyle, and I currently live in a one-storied house and grow herbs in my garden. I can't wait till summer harvesting season. (Rika Saegusa, writer)

013

도쿄
TOKYO

수도고속도로 首都高速道路
☎ 03-6667-5855 (수도고속도로 고객센터)
www.shutoko.jp
Metropolitan Expressway

014

가나가와
KANAGAWA

가나가와현립 근대미술관 가마쿠라
神奈川県立近代美術館 鎌倉
가나가와현 가마쿠라시 유키노시타 2-1-53 (쓰루가오카하치만구 경내)
☎ 0467-22-5000
www.moma.pref.kanagawa.jp
The Museum of Modern Art, Kamakura
Yukinoshita 2-chome 1-53, Kamakura, Kanagawa

하이 스피드의 도쿄 관광 2013년도 '굿 디자인·미래 만들기 디자인상'을 받은 메구로구目黒区 '오바시고속도로분기점大橋ジャンクション'부터 달린다. 수도고속도로 3호 시부야선首都高速3号渋谷線에서 유리창 빌딩 숲에 비친 수많은 도쿄타워東京タワー에서 빠져나와 고쿄皇居를 따라가듯이 도심순환선都心環状線으로 미야케자카三宅坂에서 다케바시竹橋로, 계속해서 이어지는 커브길을 넘어간다. 롤러코스터처럼 도로의 굴곡과 업다운이 계속되어 콘크리트 공간을 쌩쌩 달리는 차들과 하나가 되어 기분 좋은 속도감을 즐긴다. 속도에 맞게 설계된 도로 폭, 표식 위치 등 안정성도 치밀하게 디자인된 "초거대 미궁 하이웨이"이다. 이 질주감과 황홀감을 느끼려면 한산한 일요일 밤이 특히 좋다. 물론 안전운전은 기본! (신도 히데토 / d design travel 편집부)

고 사카쿠라 준조坂倉準三가 설계한 일본 첫 공립근대 미술관 2016년 초봄, 아담한 지역 미술관의 폐관이 결정된 후, 많은 사람들이 그 존재 가치를 주목한 점에 나는 적잖이 놀랐다. 내가 현립근대미술관 '가마쿠라관'을 좋아하는 이유는 전람회를 보고 계단을 내려와 테라스에서 헤이케 연못을 바라보며 느끼는 멋진 풍경 때문이다. 있는 그대로의 자연의 모습이어서 계절마다 바뀌는 꽃과 초목의 색이 한층 아름답다. 2006년 비디오아트 선구자이자 아티스트 야마구치 가쓰히로山口勝弘의 전시를 관람한 날은 비가 내려서 수면의 파문이 얼마나 아름다웠던지, 10여 년이 지난 후 방문했을 때도 생생하게 기억날 정도였다. 엘리베이터도 없는 고풍스러운 미술관이 세계 곳곳의 예술과 문화를 발신하는 장소로서 지금까지 굳건히 자리를 지키고 있음에 지역인으로서 자긍심을 느낀다. (구로에 미호黒江美穂 / d47 MUSEUM)

High-speed sensory Tokyo tours From the Ohashi Junction in Meguro, which received the 2013 "Good Design Award for Future-Making Design," take the Metropolitan Expressway 3 Shibuya Line and take in the many Tokyo Towers reflected in skyscraper windows. Then take the curvy Tokyo Metropolitan Expressway Ring Route along the Imperial Palace from Miyakezaka to Takebashi. The continuously bending expressway goes up and down like a roller coaster. I enjoy driving alongside the cars traveling at high speeds through the concrete space. This is an enormous labyrinth-like highway that's precisely designed with road widths and signage appropriate to the driving speed and with safety in mind. The intense thrill of driving through this highway is best enjoyed on a Sunday night, when there isn't a lot of traffic. Make sure you drive safely. (Hideto Shindo, d design travel Editorial Team)

Japan's First Public Modern Art Museum Designed by the Late Junzo Sakakura To my surprise, after a modest, local art museum was scheduled for closure in early spring of 2016, the value of its presence has been drawing a lot of attention. What I like about the Museum of Modern Art, Kamakura is the wonderful view of Heike Lake from the terrace, which you can reach by descending the stairs after seeing the exhibition on display. Because the view is of nature as is, the trees, flowers, and colors of leaves change beautifully with the seasons. I vividly recall going to the 2006 Katsuhiro Yamaguchi exhibition on a rainy day and seeing beautiful ripples on the surface of the lake. I'm proud that this old art museum, which doesn't even have an elevator, survived this long as a place that transmits art and culture from around the world. (Miho Kuroe, d47 MUSEUM)

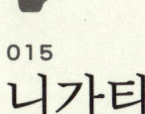

015
니가타
NIIGATA

폰슈관 니가타역점 ぽんしゅ館 新潟駅店
📍 니가타현 니가타시 주오구 하나조노
1-96-47 cocolo 서관 3층
☎ 025-240-7090
🌐 ponshukan-niigata.com
Ponshu:kan Niigata
📍 CoCoLo Nishikan 3F, Hanazono 1-chome
96-47, Chuo-ku, Niigata, Niigata

016
도야마
TOYAMA

신돈가스 소가와점 新とんかつ 総曲輪店
📍 도야마현 도야마시 소가와 3-6-15-21
☎ 076-424-4536
🌐 shintonkatsu.com
Shintonkatsu (Sogawa Branch)
📍 Sogawa 3-chome 6-15-21, Toyama, Toyama

에치고越後**(옛 니가타 이름)의 문화와 분위기를 즐길 수 있는 곳** 니가타시에 방문한다면 꼭 들러보길 권하는 '폰슈관'. 시음관에는 현내의 모든 양조장(무려 아흔세 곳!) 술이 모여 있고, 500엔으로 그중 다섯 곳의 술을 시음할 수 있다. 양조장의 특징이나 브랜드의 해설이 적혀 있는 한쪽 벽면의 시음 기계는 실제로 마주하면 압권이다. 수많은 라벨을 찬찬히 바라보는 것만으로 즐겁다. 무엇을 고를지 한참을 망설이게 되는 것도 나쁘지 않다. 개성이 넘치는 니가타의 일본술의 재미, 그리고 성심껏 만드는 양조장의 노고도 새삼 알게 되었다. 매장에는 맛도, 패키지도, 매력적인 식품도 경쟁하듯 엄선해 진열되어 있는데 함께 구입할 수 있는 점도 반갑다. 1호점은 에치고유자와역越後湯沢駅 안에 자리하고 있다. (사코 가즈나리迫一成 / 크리에이트 집단 hickory03travelers)

미술 작품에 둘러싸여 먹는 명품 돈가스 처음 이곳의 포럼을 걷고 들어갔을 때 공간 분위기에 놀랐던 기억이 있다. 다카오카시 출신 화가 고 후루카와 미치야스古川通泰 씨의 회화 작품 그리고 점주와 친분이 있는 지역 도예가의 작품 등이 차분한 조명 아래 전시된 곳과 밝고 깨끗한 조명 아래 음식 접시가 쭉 나열된 주방이 무척이나 대조적이었다. "식사란 그 가게의 분위기를 느끼는 행위이기도 하지요." 1945년 창업 이래 지금까지 이어오는 신념이라고 한다. 경쾌한 돈가스 튀기는 소리와 바사삭 칼질하는 소리, 그리고 단골들의 도야마 사투리. 오감을 자극하는 매장에서 미술품을 감상하며 갓 튀긴 돈가스를 기다리는 시간이야말로 설레고 기분 좋은 한때이다. 내 앞에 놓인 '로스가스'를 서둘러 크게 한입 베어 물었다. (이시이 유이石井唯 / D&DEPARTMENT TOYAMA)

Enjoy Echigo's sake culture and design "Ponshukan" is a must-see for anyone traveling to Niigata. "Kikizake Bansho," the sake-tasting section of the shop offers sake from all the sake breweries in the prefecture (of which there are 93!) and a selection of five to taste for ¥500. The tasting machine, which takes up an entire wall and offers descriptions of breweries and their sake is rather awe-inspiring. Just looking at the uniquely designed sake labels is very enjoyable. The entire presentation showed me the joy of Niigata sake and the care with which the prefecture's breweries continue to make sake. The store also offers foods that taste great and are superbly packaged. The first store is located inside Echigo Yuzawa Station. (Kazunari Sako, hickory03travelers)

Eating exquisite pork cutlets while surrounded by art The first time I entered "Shintokatsu," I was amazed by its ambiance. The dimly lit restaurant features the late Michiyasu Furukawa's paintings and pottery by artists, who are acquaintances of the restaurant owner. In contrast, the kitchen is brightly lit and filled with plates. "To eat at a restaurant is to take in its ambiance," explains the owner. It's a philosophy that has been carried on since the establishment of the restaurant in 1945. The restaurant is filled with various sounds—of the fryer, of the cutlets being cut, and of the regulars and their Toyama dialect. Looking at the artworks while waiting for the freshly fried pork cutlet was a novel experience. All five senses were stimulated as I hurriedly ate the steaming pork loin cutlet. (Yui Ishii, D&DEPARTMENT TOYAMA)

017
이시가와
ISHIKAWA

니자미커피숍 후나고야
二三味珈琲shop 舟小屋
📍이시카와현 스즈시 오리토마치 기노우라 하-99
☎ 0768-86-2088
Nizami Coffee Shop Funagoya
📍Orito-machi Kinoura Ha-99, Suzu, Ishikawa

018
후쿠이
FUKUI

카페 춋토 café chotto ※현재 휴업 중
📍후쿠이현 요시다군 에이헤이지초 히가시후루이치 9-36
☎ 050-7520-2645
✉ 7864e1a73af58c93.lolipop.jp
Cafe Chotto
📍Eiheiji-cho Higashifuruichi 9-36, Yoshida, Fukui

오지의 커피 원두 배전소 노토반도能登半島 끝에 '니자미커피숍 후나고야'가 있다. 니자미 요코二三味葉子 씨가 조부의 후나고야(오두막집)를 개조해 개점한 커피 원두만 판매하는 배전소이다. "우연히 본가에 돌아와 후나고야를 바라보다 영감이 떠올랐지요"라는 요코 씨. 현지의 커피 문화를 정착시키고 스즈시珠洲市 관광 명소로 자리매김하게 된 이곳은 가나자와金沢에 사는 나로서도 차로 3시간이나 걸려 솔직히 방문하기 쉽지는 않다. 하지만 도착해 눈앞에 펼쳐지는 바다의 절경에 감동한다. 시가지에 있는 지점 카페에서 커피를 맛볼 수 있지만, 꼭 오두막집에 들러 갓 구운 원두 향을 직접 느껴보길 바란다. (무라이 가즈키村井一気 / life beautiful 실행위원)

에이헤이지永平寺 참배를 겸해 방문하고 싶은 기품 있는 카페 에이헤이지는 수행승의 일상을 일반 주민들과 공유하기도 한 조동종曹洞宗(중국에서 유래된 일본 불교종파)의 큰 절이다. 다른 지역에서 온 손님을 데려가면 반드시 감동하는 곳이다. 후쿠이 시내에서 에치젠철도えちぜん鐵道와 '게이후쿠버스京福バス'를 타고 '에이헤이지구치역永平寺口駅'에서 내리면 조용한 역 앞에 청색빛이 감도는 기와가 눈에 띄는 '카페 춋토'를 추천한다. 사카이 가즈미酒井和美, 메구미恵美 자매의 조부모님이 살던 100년 넘은 오래된 민가를 리모델링해 만들었다. 오비도帯戸(폭이 넓은 문)나 이로리囲炉裏(농가 등에서 마룻바닥을 사각형으로 도려 파고 난방용·취사용으로 불을 피우는 장치)가 있는 흰 벽의 실내에서 커피와 계절마다 다른 수제 과자 등을 내어주는데, 동네 사람은 물론 게이후쿠 버스 기사들도 쉬어가는 곳이다. (신카이 고스케新海康介 / 아넥스호텔 후쿠이 '니노마루그릴二の丸グリル')

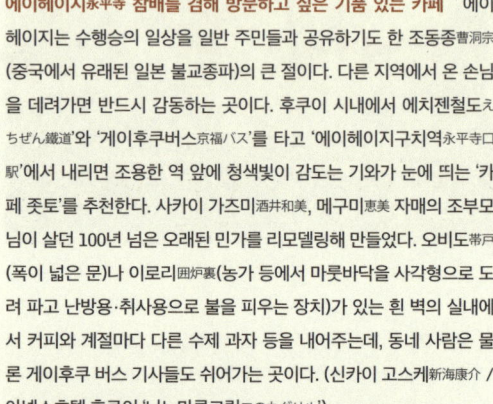

The remotest coffee roaster "Nizami Coffee Shop Funagoya" is located on the tip of the Noto Peninsula. Owner Yoko Nizami renovated her grandfather's boathouse [*funagoya*] and opened the coffee roaster and beans shop in it. "I happened to be back at my parents' home and was inspired by the boathouse," Nizami explains. "Nizami Coffee" established a coffee culture in Suzu and became a big tourist attraction there. I live in Kanazawa, and it took me three hours to drive there. Honestly, it was a long journey, but when I arrived, I was moved by the expansive view of the Sea of Japan in front of me. "Nizami Café" in the downtown Suzu serves coffee, but I recommend taking in the robust aroma of coffee beans roasting in Funagoya. (Kazuki Murai, life is beautiful exeecutive committee)

A pleasant café on the way to Eiheiji Temple Eiheiji is the main temple of the Soto school of Zen Buddhism and visitors can get a firsthand look into the daily lives of monks training there. Whenever I take anyone from outside Fukui Prefecture there, they're always moved. From Fukui, you take the "Echizen Railroad" and "Keifuku Bus" to Eifukuji Station to get there. In front of the quiet station is "Café Chotto." You'll notice its bluish Echizen tiled roof right away. Owner sisters Kazumi and Megumi Sakai renovated an over-100-years-old home, which their grandparents lived in, to house the café. The white walled café, which features a traditional hearth and doors with a lock rail, is a great place to enjoy coffee and seasonal sweets. The "Keifuku Bus" drivers can often be seen relaxing in the café. (Kosuke Shinkai, Ninomaru Grill, Annex Hotel Fukui)

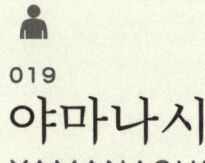

019
야마나시
YAMANASHI

비크 BEEK
야마나시현 호쿠토 오이즈미초 니시
이데 8240-6550 B (BEEK DESIGN)
090-7946-9512
www.beekmagazine.com
BEEK
Oizumi-cho Nishiide 8240-6550 B,
Hokuto, Yamanashi

020
나가노
NAGANO

구라모토헌책시장 くらもと古本市
나가노현 스와시 가미스와가이도
(양조장 다섯 곳)
0268-75-9377
www.valuebooks.jp
Kuramoto Furuhon Ichi
Kamisuwa Kaido Street, Suwa, Nagano (Five Sake Breweries)

귀향한 편집자가 발행하는 야마나시의 매력 쓰치야 마코토土屋誠 씨는 도시에서 10년간 디자이너로 일하다 야마나시로 귀향해 프리매거진 '비크'를 발행했다. 책을 테마로 '슌코도서점春光堂書店'이나 '후지미도不二御堂' 등 현내 다양한 서점을 돌며 취재했고, 제3호는 '야마나시의 주말'을 테마로 장소와 사람들, 에피소드를 소개했다. 편집 및 디자인, 제작 모두 혼자서 맡고 있다. 또 야마나시의 생활을 타지역 사람들도 체감하길 바라는 마음으로 '비크 라이프 스타일'이라는 이벤트를 만들어 첫 행사로 유명 헌책방에 출점해 맛좋은 쌀로 알려진 '무카와48武川48'로 지은 밥 등을 판매할 예정이라고. 야마나시 출신인 나 역시 이 잡지에서 소개된 곳을 찾아다니며 여가를 즐기고 싶어진다.
(히로세 도묘廣瀨智也 / D&DEPARTMENT YAMANASHI)

마음에 드는 술과 서점을 동시에 만난다 역사가 깊은 '양조장 마을 가미스와上諏訪'는 '신슈마이히메信州舞姬' '레이진麗人' '혼킨本金' '요코부에橫笛' '마스미真澄' 등 다섯 곳의 전통 양조장이 400미터 정도 되는 길에 쭉 늘어서 있다. 이들 양조장에서 '구라모토헌책시장'이 열리고, 나가노현, 야마나시현의 서점 20여 곳이 출점한다. 모든 양조장의 술을 시음할 수 있는 쿠폰(1,800엔)을 구입해 갓 빚은 술을 비교해서 마셔봤다. 각 회장의 책방에 진열된 음식과 라이프 스타일 관련 실용서, 그림책, 아트북 등에 각 서점의 개성이 명확히 드러나는 점이 무척이나 흥미로웠고 놀라웠다. 일본술 '마스미真澄'를 만드는 '미야사카양조宮坂釀造'에서 증정에 우뚝 서 있는 멋진 소나무를 바라보며 약간 취기가 올라온 상태로 구입한 책을 펼쳤다. 더없이 행복한 시간이었다. (신도 히토미進藤仁美 / d47 design travel store)

Yamanshi's attractions presented by an editor who returned to the prefecture Makoto Tsuchiya returned to Yamanashi Prefecture after working as a designer in Tokyo for a decade and launched the free magazine *BEEK*. The theme of its second issue is "books," and it features a variety of bookstores in the prefecture, including "Shunkodo Shoten" and "Fujimido." The third issue's theme is "weekend in Yamanashi," and it includes articles on relevant places, people, and events. Tsuchiya handles all aspects of the magazine's production, from editing to design. He also organizes an event called "BEEK Life Style" with hopes of letting people living outside Yamanashi experience the prefecture's attractions. For the first "BEEK Life Style" event, he will set up shop in Nagoya and sell meals featuring Yamanshi's legendary "Mukawa 48" rice. I'm a Yamanashi native, but I enjoy taking part in the leisure activities recommended by the magazine.
(Tomoya Hirose, D&DEPARTMENT YAMANASHI)

An event where you might find your new favorite books and sake Kamisuwa is a historical town known for its sake breweries. Within 400 meters of the city are the renowned breweries "Maihime," "Reijin," "Honkin," "Yokobue," and "Masumi." "Kuramoto Furuhon Ichi (Used Book Fair)" is held in the five breweries and features nearly 20 booksellers from Nagano and Yamanashi Prefectures. I bought an ¥1,800 coupon for sake tasting in all five breweries and compared the fresh sakes. I also looked at the books on food and living, picture books, and art books and could see that each bookseller had a distinct personality. I was amazed by how interesting the book fair was. At Miyasaka Jozo, which makes "Masumi," I, slightly drunk, took in the beautiful pine trees in the garden and read my newly purchased book. (Hitomi Shindo, d47 design travel store)

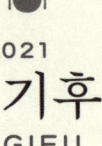

021
기후
GIFU

교야 京や
기후현 다카야마시 오신마치 1-77
0577-34-7660
www.kyoya-hida.jp
Kyoya
Oshin-machi 1-77, Takayama, Gifu

022
시즈오카
SHIZUOKA

오맛차 곤도 お抹茶こんどう
시즈오카현 시즈오카시 스루가구 쓰시마초 5-9
054-282-4222
omaccha.blogspot.jp
Omaccha Kondo
Tsushima-cho 5-9, Suruga-ku, Shizuoka, Shizuoka

히다飛騨 다카야마산高山의 역사가 깃든 향토 요리점 에치고의 고민가를 리모델링한 향토 요리점 '교야'의 내부에는 화로가 있어서 히다 지역의 옛 정취를 물씬 풍긴다.

여주인인 니시무라 교코西村京子 씨의 일상은 손수 만드는 적색무 절임을 접시에 담는 것에서부터 시작한다. 니시무라 씨 어머니의 손맛이라는 닭조림 '게이짱鶏ちゃん'은 닭고기, 닭껍질, 내장, 달걀 등을 모두 넣어 만든다. "닭 전부를 넣어 진하고 깊은 맛이 나지요." '히라세 주조점平瀬酒造店'의 쌀로 빚은 청주 '구스다마久寿玉'와 잘 어울렸고, 나는 밥이 술로 넘어갔다. 절임 반찬을 물에 담갔다가 반나절 동안 오래 졸여내는 '니타쿠모지煮たくもじ'는 절임이 오래되어서 맛이 변질되면 옛날 어머니들이 자주 반찬으로 만들어 먹었다고. 덕분에 곳곳마다 저녁 무렵이면 맛있는 냄새가 풍겼다고 한다. '교야'의 간판 요리이기도 하다. (나카무라 사유리中山小百合 / d47 식당)

즉석에서 갈아주는 마, 신선한 말차의 향토 요리점 'd47 식당'에서 '시즈오카 정식 도로로지루とろろ汁(마를 갈아 만든 국물 요리)'라는 메뉴를 선보이기 위해 도로로지루 만드는 법을 배우러 곤도 요스케近藤雄介 씨의 가게로 향했다. 카운터 좌석에 앉으면 눈앞에서 산지 특산물 참마를 쓱쓱 가는 모습을 볼 수 있다. 조리복을 차려입은 예리한 눈매의 곤도 씨의 긴장감이 느껴지는 동작이 아름답기까지 했다. 혼야마지구本山地区에서 자연산을 재배하게 된 경위나 시즈오카가 발상지인 고추냉이 절임에 대한 이야기, 말차를 갈기 위해 맷돌을 구입한 마음가짐 등을 말하는 그의 한 마디 한 마디에 나도 모르게 귀를 쫑긋 세우고 경청했다. 카운터 너머로 직접 거품을 내어 만들어준 시원한 말차, 검은콩가루로 만든 경단도 별미이다. (우치다 유키에內田幸映 / d47 식당)

A historical restaurant in Hidatakayama serving local cuisine "Kyoya" is housed in a renovated old home, which was moved from Echigo. It features seating surrounding traditional charcoal hearths and evokes the traditional Hidatakayama lifestyle. Its proprietor Kyoko Nishimura starts her day by serving pickled red turnips on plates. "Keichan," a chicken dish modeled after her mother's cooking, is made with chicken meat, skin, innards, and ovaries. Nishimura explains that putting in all of the chicken makes the dish extra juicy. The dish goes perfectly with rice and "Hirase Shuzoten's" "Kusudama" sake. "Nitakumoji," which is made by stewing pickles for half a day after soaking them in water, is a dish that all families in the area used to make. In the past, Nishimura says, the whole neighborhood smelled like the dish. Kyoya's version is exquisite. (Sayuri Nakayama, d47 SHOKUDO)

A restaurant serving local cuisine of freshly grated yam and freshly ground green tea I visited Yusuke Kondo's restaurant "Omaccha Kondo" to learn how to make grated yam soup for a "Shizuoka Style Grated Yam Meal" for "d47 Shokudo." I sat at the counter and watched the locally produced Japanese yam being grated right in front of me. Watching Kondo, who has a tense, but fearless expression and was dressed in a monk's work clothes, prepare the yams was a beautiful sight. He told me of how the yams are produced in Honyama; wasabi pickles, which originated in Shizuoka; and how he carefully selected and purchased a stone mortar for grinding matcha tea. Riveted, I found myself leaning over the counter. The cocktail "frothy iced matcha with shochu" made with matcha ground behind the counter, and "sweet rice cake with wild rice on a long plate," served with black bean powder, are both also delicious. (Yukie Uchida, d47 SHOKUDO)

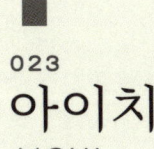

023
아이치
AICHI

도코나메 TOKONAME
아이치현 도코나메시 하라마쓰초 6-70-2 (TOKONAME STORE)
☎ 0569-36-0655
tokoname.com
TOKONAME
Haramatsu-cho 6-chome 70-2, Tokoname, Aichi (TOKONAME STORE)

024
미에
MIE

마루카와 다쓰야 丸川竜也
미에현 쓰시 주오 6-2 (주식회사 드래곤블룸)
☎ 059-253-7845
dragonblooms.jp
Tatsuya Marukawa
Chuou 6-2, Tsu, Mie (DRAGONBLOOMS.INC)

도코나메야키常滑燒의 전통을 갱신하는 새로운 도전 나는 파스텔 색이 귀여운 티포트를 구입했다. 찻주전자 등을 만들어온 일본의 오래된 여섯 가마 중 하나인 도코나메야키의 소재와 기술을 재해석한 '도코나메' 시리즈의 다기는 섬세한 흙의 매끄러운 질감을 갖고 있다. 티포트는 물 따르는 입구 모양이 특별하고, 물줄기도 마음에 든다. 들어보면 보기보다 가볍고 섬세한 만듦새를 느낄 수 있는데, 제대로 구워내 무척 견고하다. 손이 자주 가서 매일 사용하고 있다. 도코나메의 가마 '야마겐도원山源陶苑'의 고이에 유지鯉江優次 씨가 '도코나메' 프로젝트를 시작해서 2015년 4월에 직영점을 오픈했다. 새로운 아이디어로 만든 도코나메야키를 널리 알리고자 하는 그의 열의가 여러 지역에까지 전달되어 많은 손님을 불러 모으고 있다. (야마다 후지오山田藤雄 / DEAN & DELUCA)

앞으로의 세대가 꿈꿀 수 있는 고향 내가 마루카와 다쓰야 씨를 처음 만난 건 5년 전 일이다. 당시 고토구江東区 기요스미시라카와清澄白河에 있던 사무소에서 자신이 만드는 마쓰자카무명松阪木綿의 현재 상황과 앞으로의 전망 등을 열심히 소개해주었던 점이 강렬한 인상으로 남았다. 그는 작업복 차림으로 매장에 나설 때가 많아 마쓰자카무명 제조사 직원이나 사장 쯤으로 보이는데, 실제로는 디자인 사무소 '드래곤블룸' 대표 겸 디자이너이다. 3대가 가업을 이어받은 '마루카와 상점丸川商店'의 이름을 지키며 마쓰자카무명을 사용한 신상품 개발과 이세우동伊勢うどん의 패키지 디자인, 프리 매거진 '미에에코ミエエコ'의 편집장 등을 맡아 의식주에 관련된 디자인 작업을 하고 있다. 현재는 마쓰자카시로 사무실을 옮겨 좋은 멘토로서 지역 청년들을 이끌고 있다. (노구치 다다노리 / d47 design travel store)

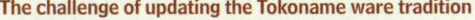

The challenge of updating the Tokoname ware tradition
I bought a cute pastel colored teapot. The "TOKONAME" series of tea ware, which uses the materials and techniques of Tokoname ware, known for its traditional Japanese teapots, is made of fine clay giving it smooth texture. The teapot's spout is exquisitely designed and does not drip. It appears delicate and feels even lighter than it looks, but is fired tight for durability. I use it daily. Yuji Koie of the "Yamagen Togen" pottery started the TOKONAME project and its first directly operated store opened in April 2015. Koie's passion for spreading Tokoname ware through innovative ideas draws customers from within and outside Aichi Prefecture. (Fujio Yamada, DEAN & DELUCA)

Making his hometown a place future generations can realize their dreams I first met Tatsuya Marukawa five years ago at his office in Kiyosumi Shirakawa. His passionate discussion of the current state and his hopes for Matsuzaka cotton impressed me. He often works in monk's work clothes, and is perceived as the young master of a cotton manufacturer, but he is in fact designer and president of the design office "dragonblooms." He designs products for all aspects of life. Preserving the trade name of "Marukawa Shoten," which has been passed down three generations, he creates new Matsuzaka cotton products in addition to designing packaging for Ise udon noodles and editing the free magazine *mienoko*. He is currently based in Matsuzaka, where he continues to realize his dreams. (Tadanori Noguchi, d47 design travel store)

025

시가
SHIGA

마루나카간장丸中醬油
시가현 에치군 아이쇼초 히가시데 229
0749-37-2118
www.s-marunaka.com
Marunaka Shoyu
Aisho-cho Higashide 229, Echi, Shiga

027

오사카
OSAKA

제로쿠ゼ一六 (사카이스지혼마치점)
오사카부 오사카시 주오구 혼마치 1-3-22
06-6261-2606
Ze-roku (Sakaisuji Honmachi)
Honmachi 1-chome 3-22, Chuo-ku, Osaka, Osaka

간세이寬政 창업의 역사가 보증하는 최상의 간장   비와호琵琶湖 동쪽 에치군愛知郡에 있는 '마루나카간장'의 양조 공장은 현재까지 크게 보수하지 않고 예전 모습 그대로 보존해왔다. 천정, 바닥, 벽, 나무통 등에 남아있는 미생물이 변치 않는 맛을 유지해주기 때문이다. 매일 작업복 차림의 장인이 오감을 곤두세우고 몰두해서 나무통 안의 막대를 젓고, 지금은 보기 드문 수동식 '후나시보리舟絞り' 공정을 거쳐 만들어내는 간장은 놀랄 만한 감칠맛이 나서 한 번 맛보고 푹 빠져버렸다. 보리 이삭 그림 안에 '중' 자를 크게 새겨 넣은 마루나카 간장의 로고 및 힘이 느껴지는 필체로 적혀진 디자인의 작업복 등이 눈에 띈다. 이 간장만 넣어 달걀말이를 만들면 일품이다. (오즈카 마이코大塚麻衣子 / d47 식당)

상인의 뚝심도 함께 넣은 아이스 모나카   오사카에는 깍쟁이 상인을 일컫는 '제로쿠ゼ六'라는 말이 남아 있는데 상인에게 쓸모없는 사치스러운 여섯 가지(월급, 가문, 흥정, 학력, 무기, 지위)를 지녔다는 뜻이다. 혼마치다리本町橋 바로 앞에 있는 옛 정취 가득한 고즈넉한 목조 건물 찻집 '제로쿠'라는 가게 이름은 여기에서 유래했다.

가게의 가장 인기 있는 메뉴는 포장이 가능한 손바닥 크기 팔각 모양 아이스 모나카. 모나카 가운데에 이름과 함께 ICECREAM이라는 글자가 새겨있다. 귀여운 생김새에 산뜻한 맛이 좋다. 여름에는 근처 주부와 아이들, 휴식시간에 짬을 낸 회사원들이 땀을 닦아가며 줄을 선다. 드라이아이스는 사용하지 않고 신문지로 포장해주기 때문에 30분 이내 거리가 아니면 포장은 불가하다. "시간 넘기면 큰일나요"라고 말하며 웃는 점주의 모습에서 맛으로 승부하는 뚝심이 느껴진다. (마키메 아야코万城目絢子 / d47 식당)

A superior soy sauce protected by its 200-year history   "Marunaka Shoyu," a soy sauce brewery located on the east side of Lake Biwa in Echi, has been preserved with as little repairs as possible because the microbes (i.e. malt) living in the casks and tubs and the building's roof, floor, and walls ensure that the soy sauce tastes the same as it always has. Artisans dressed in monk's work clothes single-mindedly stir the soy sauce daily. The soy sauce, made using traditional, and now rarely used manual techniques, has astonishing *umami*. I was hooked the first time I tasted it. The Marunaka Shoyu logo, which comprises the character for "naka" encircled by ears of barley and the brush-written logotype is exquisitely designed and exudes strength. Delicious Japanese omelettes can be made flavored with Marunaka Shoyu alone. (Maiko Otsuka, d47 SHOKUDO)

Ice cream and merchant's obsessions sandwiched between wafers   In Osaka, there a term called *zeiroku* or the "six extravagances." They refer to the six extravagances that a merchant doesn't need—stipend, clan, backroom dealings, education, weapons, and status. It is also the origin of the café Ze-roku's name. Located in at the foot of Honmachi Bridge, its most popular item is the palm-sized ice cream sandwich, which can also be ordered for take out. The tasty sandwich is cute and mildly flavored. In the summer, housewives, children, and company employees all line up in the heat to buy the ice cream sandwiches as they wipe the sweat off their brows. The shop offers no dry ice. Simply wrapped in newspaper, the sandwiches must be eaten within 30 minutes. The owner smiles as he warns, "You can't cheat time, you hear." And the warning shows his determination to provide a delicious product. (Ayako Makime, d47 SHOKUDO)

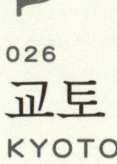

026

교토
KYOTO

에비스야えびす屋 교토아라시야마총본점京都嵐山総本店
교토부 교토시 우쿄구 사가텐류지 스스키노바바초 3-24
075-864-4444
ebisuya.com/branch/arashiyama/
Ebisuya
Saga Tenryuji Susukinobaba-cho 3-24, Ukyo-ku, Kyoto, Kyoto

아라시야마의 랜드마크 교토를 대표하는 관광지, 아라시야마. 그 아라시야마의 매력을 전하는 데 큰 역할을 하는 곳으로 인력거 '에비스야'를 빼놓을 수 없다. 도게쓰다리渡月橋에서 대나무 숲을 지나 사가천황嵯峨天皇이 태어난 곳으로 알려진 사가노嵯峨野로 안내해준다. 인력거꾼 나카야마 다이스케中山大督 씨는 "눈에 보이는 모든 것이 자연인 점이 아라시야마의 매력이다. 손님들에게 그 매력을 알려주는 순간이 기쁘다"라고 말한다. 인력거의 즐거움을 전달하는 동시에 아라시야마와 교토의 멋진 곳을 소개해주는 관광 홍보 대사이기도 하다. 타는 데 조금 용기가 필요하기는 하지만 꼭 한 번 용기내어 타보기를 추천한다. 지금까지 경험해보지 못한 경치가 눈앞에 펼쳐질 테니까. (오바라 류키/D&DEPARTMENT KYOTO)

An Arashiyama landmark Arashiyama is one of the best-known tourist destinations in Kyoto. The rickshaw business "Ebisuya" plays a major role in communicating the area's attractiveness. Ebisuya's rickshaws will take you from Togetsu bridge, through Takebayashi, and to Sagano, where the Saga Emperor is said to have lived. Daisuke Nakayama, a rickshaw driver, says, "Everything is natural in Arashiyama. That's the best part. And I love it when my customers have that realization." Rickshaw drivers are ambassadors of tourism. They not only convey the joy of riding a rickshaw, but also of the wonders of Arashiyama and Kyoto. It might take a bit of courage to ride a rickshaw, but try it. You will see amazing sights, the likes of which you've never seen before. （Ryuki Obara, D&DEPARTMENT KYOTO）

028

효고
HYOGO

도시락과 우산井弁と傘

효코현 도요오카시 도베라 8-10 (히구라시 커피 내 '도시락과 우산' 편집실)

bentoutokasa.com

Bento to Kasa
Tobera 8-10, Toyooka, Hyogo (Hirugashi Coffee)

029

나라
NARA

나라호텔奈良ホテル 티라운지ティーラウンジ

나라현 나라시 다카바타케초 1096

0742-26-3300

narahotel.co.jp

Nara Hotel Tea Lounge
Takabatake-cho 1096, Nara, Nara

2011년 다지마지방但馬地方에서 창간된 독립출판물 "도시락은 잃어버려도 우산은 잃어버리지 마라." 맑다 가도 비가 오는 오락가락한 날씨의 해안 지방에서 자주 사용하는 속담이다. 효고현 북부 다지마 지역 여성 네 명이 자비로 출판한 소책자 '도시락과 우산'(애칭은 벤카사)의 제목은 속담에서 단어를 조합해 만들었다고 한다. 창간호에서는 황새(다지마 지역은 일본 최후의 야생 황새 생식지), 2호는 지역 산업인 가방을 특집으로 다뤄 주제에 대한 지역 주민들의 추억과 사연을 듣고 그녀들 자신이 좋아하는 것과 사람을 만나러 다닌다. 다지마의 멋진 매력을 알아내고자 만든 기삿거리로 풍성하다. 비정기 발행. B5 변형판 32페이지, 600엔(부가세 포함). (사토 아키라佐藤品 / d47 design travel store)

편안하게 즐기는 최고급 환대 '나라호텔'은 건축가 고 다쓰노 긴고辰野金吾, 가타오카 야스시片岡安가 설계한 관서 지방 영빈관으로, 1909년에 개업한 일본을 대표하는 클래식 호텔이다. 나라공원 내에 있어서 정원과 로비를 자유롭게 견학할 수 있다. 나라를 방문하는 지인과 여유롭게 차를 마시려면 이곳의 티 라운지를 선택한다. 편백나무로 만든 우아한 본관에 있는 공간으로 원래는 옥외 테라스였던 일부를 리모델링해 천정까지 높은 창문에 정원의 사계절 풍경이 펼쳐진다. 늘 주문하는 메뉴는 '케이크 세트(1,544엔부터)'이다. 애플파이나 치즈케이크와 함께 메인 메뉴인 잣을 듬뿍 넣은 케이크를 특히 추천한다. (기타 가즈오喜多和夫 / 카페 고조아토사무소工場跡事務所)

A small press based in Tajima and established in 2011 In the regions facing the Sea of Japan, there's a popular saying: "You can forget your lunchbox, but you can't forget your umbrella." The independent, small magazine *Bento to Kasa* [lunchboxes and umbrellas] is published by four women who live in Tajima, Hyogo Prefecture and takes its name from the popular saying. The premier issue had a feature on storks (Tajima is the last Japanese habitat of wild storks) and the second had a feature on the local industry of bags. The articles are researched and written by the four women, who talk to locals about their memories pertaining to the topic, interview people they want to meet, go see what they want to see, and learn about Tajima's accessible attractions. *Bento to Kasa* is published irregularly. The magazine, 32 page customized B5 format, costs ¥600. (Akira Sato, d47 design travel store)

A relaxing lounge with first-rate service Opened in 1909, "Nara Hotel" was designed by the late Kingo Tatsuno and Yasushi Kataoka as a hotel for welcoming foreign dignitaries to Kansai. It is one of Japan's best-known classic hotels. Located inside Nara Park, the hotel's garden, lobby, and other common spaces can be accessed freely. Whenever I need a place to talk to visitors in Nara, I bring them to the Nara Hotel Tea Lounge. It is located in the Japanese cypress-made main building in what used to be the outdoor terrace. The floor-to-ceiling windows provide great seasonal views and I always order the "cake set (¥1,544 and up)." I recommend the pine nut cake, which is part of the regular menu alongside the apple pie and cheesecake. (Kazuo Kita, cafe Kojoato Jimushitu)

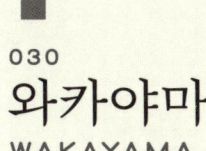

030
와카야마
WAKAYAMA

데라다상점 寺田商店
📍와카야마현 와카야마시 와카우라히가시 1-2-29
☎073-446-5087
🌐www.eonet.ne.jp/~teradasyoten/
Terada Shoten
📍Wakaura-higashi 1-chome 2-29, Wakayama, Wakayama

031
돗토리
TOTTORI

다이인슈제지협동조합大因州製紙協業組合 부속 야마네와시자료관山根和紙資料館
📍돗토리현 돗토리시 아오야초 야마네 128-5 (본사)
☎0857-86-0011
🌐www.daiinshu.co.jp/yamane_library.html
Daiinshu Seishi Yamane Japanese Paper Library
📍Aoya-cho Yamane 128-5, Tottori, Tottori

세대를 넘어 사랑받는 소박한 명과 바삭하고 가벼운 식감의 달걀 전병으로, 일본에서 가장 오래된 시가집 만요슈万葉集에도 실린 산수 경치가 아름다운 경승지 와카우라 풍경이 새겨진 '와카우라 전병'. 지역주민에겐 각자 좋아하는 문양이 있는데, 나는 어릴 적에 '후로다리不老橋'가 나오면 기뻐했다. 이곳 전병은 최적의 밀가루, 풍미가 과하지 않은 토종 벌꿀, 달걀 등 70여 년간 1대가 시행착오를 겪으고 터득한 재료와 배합을 3대까지 이어오고 있다. 주문 제작 전병은 무려 130종이나 되는데 지역 기업의 판촉물로 인기가 있다. 사찰 젠쇼지善称寺에서도 명함 대신에 받는 사람을 즐겁게 해주는 귀여운 오리지널 전병을 만들어 애용하고 있다. (우지다 사키宇治田沙希 / 젠쇼지)

변치 않는 와시和紙를 만드는 마음 목조건물인 초등학교를 히오키강日置川 강변으로 이전해 개조한 공간에 일본은 물론 아시아, 아프리카 등의 종이 장식품과 의복 등을 전시한 자료관이다. 그중에서도 불교 종파 정토종浄土真宗의 묘코닌妙好人(정토종의 독실한 신자) 중 한 명인 돗토리 동부 현자의 말이 새겨진 작품을 꼭 감상하길 바란다. 돗토리 방언으로 쓰인 '아무리 남들이 훔쳐가도 집에 있는 사람들은 배 불리 먹을 수 있다'는 현자의 말에 공감을 느낀다. 관장은 "제지 기술이 전승되어 발전한 것은 산과 강, 조상들 덕분"이라고 만드는 사람의 마음에 대해 말해주었다. 그 마음과 손의 감각에 매료되어 나는 다이인슈 와시로 명함을 만들어 사용하고 있다. 자료관은 일반 공개로 무료 관람(예약 필요)이며, 기념품 숍에서 일본 전통지로 만든 문구 등을 구입할 수 있다. (다나카 노부히로田中信宏 / cocoro store)

A simple, but great cake loved by customers of all ages
The "Wakaura Senbei" is a light, crisp egg cracker that melts in your mouth and is printed with various beautiful Wakaura sceneries, which were written about in *Manyoshu*, Japan's oldest poetry anthology. Locals tend to have a favorite image. When I was a child, I was always happy when I got a cracker with a picture of the Furo Bridge. At "Terada Shoten," third generation owner Kenji Terada continues to use the cracker recipe devised through trial and error by the first owner 70 years ago. The cracker is made with the best flour, a not too fragrant lotus honey, and locally produced eggs. Crackers can also be custom printed and local companies order them as novelty items. To date, Terada Shoten has produced over 130 custom crackers. Zenshoji Temple also uses customized crackers from Terada Shoten as a charming stand-in for a business card, which brings smiles to their recipients. (Saki Ujita, Zenshoji Temple)

Unchanging heart of Japanese papermaking The "Daiinshu Seishi Yamane Japanese Paper Library" is housed in a wooden schoolhouse, which was moved and renovated at its current site. Inside are paper ornaments and clothes from Japan, as well as Asian and African countries. Of particular note is a block-dyed paper printed with these words from Genza of Inaba, the devout worshipper of the Jodo-Shin sect: "Even if others take it, those in the house will eat a lot." The generous sentiment, written in Tottori dialect arouses one's sympathy. In regards to the thoughts of the object's maker, the library director explained, "The development of papermaking techniques is indebted to the mountains, the rivers, and our ancestors." Struck by his passion and the feel of the paper, I use Daiinshu Japanese paper for my business card. The library is free and open to the public (reservations are required). There is also a gift shop that sells Japanese paper stationery. (Tanaka Nobuhiro, COCOROSTORE)

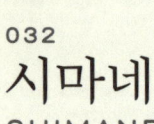

032
시마네
SHIMANE

우에다양과자ウエダの洋菓子 (미나미타마치점)
시마네현 마쓰에시 미나미타마치 32-13
0852-27-5689
Ueda no Yogashi (Minamitamachi branch)
Minamitamachi 32-13, Matsue, Shimane

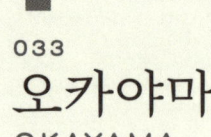

033
오카야마
OKAYAMA

기비쓰쓰치인형吉備津土人形
Kibitsu Tsuchi Dolls

차를 좋아하는 동네의 혼이 담긴 선물 차 명인 마쓰에松江 7대 번주 마쓰다이라 후모이松平不昧 공이 서민들에게 차 문화를 뿌리내렸다는 역사적 배경이 있어 마쓰에 사람들은 집에서 자주 말차를 마신다. 그런 마쓰에 동네에는 양과자, 화과자를 불문하고 과자점이 많다. 화과자 명가도 많지만 양과자점의 대표격은 '우에다양과자'의 와플이다. 6대째인 우에다 아키히사上田晃久 씨만 굽는 법을 아는 쫄깃하고 두툼한 와플 빵에, 풍성하게 들어있는 커스터드 크림. 흐르지 않게 손으로 누르면서 볼이 빵빵해지도록 입에 넣는다. 단것을 그다지 좋아하지 않는 나도 이것만큼은 항상 순식간에 먹어버린다. 패키지도 아키히사 씨가 직접 디자인한 것으로 "뭐든 스스로 만들어요. 장인이니까요"라고 부인 아키코章子 씨가 말한다. 이보다 더 제격인 선물이 없을 것이다. (메즈키 다쿠売豆紀拓 / 시네마프로모션 シマネプロモーション)

희소가치가 있는 향토 완구 오이타현 민예점 '분고'에서 몸에 물방울 무늬가 있는 독특한 원숭이 장식품을 발견했다. "가운데 작은 것을 주세요"라고 점주에게 말하자 "세 개를 나란히 진열하는 장식품이에요. 오카야마현의 '기비쓰쓰치인형'의 기비쓰사루吉備津猿라고 하지요"라고 설명해주었다. '기비쓰쓰치인형'은 오카야마시의 기비쓰 신사 참배길 등에서 메이지 초기까지 주로 봄가을의 큰 축제 전후로 판매하던 길조를 비는 장식품이다. 현지 전설을 모티브로 장식품을 제작하던 향토 완구 연구가 고 아즈마 다카시東隆志 씨가 제작했다고 한다. 또 '기비쓰다루마吉備津達磨'도 세 가족이 한 세트로, 원만한 부부 관계나 순산을 기원하는 것이라고. 그가 만든 인형은 현재 구라사키시 '일본향토완구관' 등에서 실물을 볼 수 있다고 하니 방문해보길 권한다. (하리야 아카네針谷茜 / D&DEPARTMENT PROJECT)

Soulful souvenir from a city that loves tea Fumai Matsudaira, the Matsue feudal lord of the Edo Period, established tea culture among Matsue's citizens. To this day, the people of Matsue drink a lot of *matcha* tea at home. And due to the popularity of tea there, Matsue also boasts many sweets shops, of both the Japanese and Western variety. There are many great Japanese sweets shops, but among Western sweets, the waffles from "Ueda no Yogashi" is one of the best known. The thick and chewy waffle, which only sixth-generation owner Akihisa Ueda can make, is filled with custard. You have to try to keep the custard from spilling out as you bite into the waffle. I don't usually like sweets, but these waffles are an exception. Ueda also designed the packaging. His wife Akiko says, "He makes everything himself because he's a craftsman." The waffles are a standard go-to souvenir. (Taku Mezuki, SHIMANE PROMOTION)

A scarce local toy While traveling to Oita Prefecture, I found a unique polka dotted monkey object at the folk craft shop "Bungo." I told the owner I wanted the small one in the middle and he responded, "They're meant to be displayed in threes. They're called 'Kibitsu monkeys.' They're a type of 'Kibitsu tsuchi doll,' which are made in Okayama Prefecture." "Kibitsu tsuchi dolls" were auspicious toys sold before and after the main spring and fall festivals on the paths leading to Kibitsu Shrine and others in Okayama during the early Meiji era. It's said that the late local toy researcher Takashi Azuma, who had been producing objects related to local mythology, resumed their production. "Kibitsutsuchi Daruma" is also sold in a family of threes and is believed to help realize happy marriages and safe and easy births. Azuma's dolls can now be seen in the Japan Rural Toy Museum in Kurashiki. (Akane Hariya, D&DEPARTMENT PROJECT)

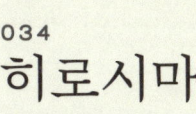

034
히로시마
HIROSHIMA

덴신카쿠 天心閣
📍 히로시마현 하쓰카이치시 미야지마초 413
☎ 0829-44-0611
🌐 www.sarasvati.jp
Tenshinkaku
📍 Miyajima-cho 413, Hatsukaichi, Hiroshima

035
야마구치
YAMAGUCHI

스미가와주조장 澄川酒造場
📍 야마구치현 하기시 나카오가와 611
☎ 0838-74-0001
Sumikawa Shuzojo
📍 Nakagawa 611, Hagi, Yamaguchi

미야지마섬의 새로운 명소, 절경 카페 매년 자주 방문할 정도로 무척 좋아하는 미야지마섬宮島. 선물점 등이 즐비한 마치야도리町家通り에서 아직 한 번도 들어가보지 않은 골목을 발견했다. 안쪽 돌계단을 올라가면 언덕 위에 낡은 단독주택 카페 '덴신카쿠'가 있다. 옛날에 귀족 별장으로 사용했던 건물을 리모델링해 카페를 만든 것은 섬 안에서 '이쓰키커피伊都岐珈琲'를 운영하는 대표 사사키 게이스케佐々木惠亮 씨이다. 마당에는 일본 정원, 아래를 내려다보면 화려한 붉은색 오층탑과 국가문화재 센조카쿠千畳閣와 이쓰쿠시마신사厳島神社가 있다. 아름다운 경치를 바라보며 농후한 초콜릿 테린과 자가 로스팅 커피를 즐겼다. 이곳의 경치를 보러 올해도 종종 다녀야겠다. (오카모토 유키岡本友紀 / 여성 대장장이)

전국민 대망의 명주 창고 부활 '지역술 마에쓰루地酒のまえつる'의 점주 마에쓰루 겐조前鶴健蔵 씨의 소개로 하기시萩市에 있는 '스미가와주조장'을 방문한 것은 2014년 10월의 일이다. 전년도에 입은 수해로 양조장 1층이 붕괴되어 당분간 주조가 힘들다고 전해졌는데, 전국으로부터의 지원에 힘입어 멋지게 재건을 이뤄냈다. 빛바랜 90년 역사의 흙벽은 새로운 나무벽으로 바뀌었고, 그 벽에 전국의 가게 주인들과 팬들이 남긴 응원 메시지가 빼곡하게 적혀있다. 그것을 보고 양조장가 지켜온 역사를 다시금 느낄 수 있었다. 다음달 도쿄에 돌아와 막 나온 '동양미인東洋美人 생주生酒 원점原点'이라는, 고소한 밤 향기가 가득한 술을 마시면서 양조장의 달콤한 술 향기와 벽의 메시지를 떠올리자 이내 흐뭇한 미소가 입가에 번졌다. (기쿠치 다에코菊池妙子 / D&DEPARTMENT TOYAMA)

A café with an amazing view that's become a new Miyajima destination I love Miyajima and visit it multiple times a year. On one visit, I found an alley that I'd never walked in off of "Machiya Dori", a street lined with souvenir shops. I climbed the stone stairs at the back of the alley and found "Tenshinkaku", a café housed in an old standalone home on a hill. The home was once used as a summerhouse by an aristocratic family and renovated into a café by Keisuke Sasaki, owner of "Itsuki Coffee", also on Miyajima. On the café's property is a Japanese garden. The café also offers a view of a bright vermillion-lacquered five-storied pagoda, the formidable Senjokaku, and Itsukushima Shrine. I looked at the beautiful bay as I drank coffee made with home roasted beans and a rich chocolate terrine. I will return to this café and its view this year. (Yuki Okamoto, female blacksmith)

The revival of a famed sake distillery that all Japanese waited for Kenzo Matsueru, owner of "Maetsuru Liquor Shop", took me to "Sumikawa Shuzojo" in Hagi in October 2014. The distiller had closed for a while due to water damage it suffered in 2013, but it was reconstructed with nationwide support. The approximately 90-years-old dusky earthen walls have been replaced with new woodenwalls that are now covered with messages from fans and sake shops from all over Japan that visited the distillery. Seeing these messages, I got strong sense of the history of the place. The following month, I returned to Tokyo and drank the freshly brewed unfiltered "Toyobijin Namazake Genten". The chestnut-like flavor of the malt reminded me of the sweet sake aroma that filled the distillery and I was filled with joy. (Taeko Kikuchi, D&DEPARTMENT TOYAMA)

036

도쿠시마
TOKUSHIMA

카페 폴스타カフェ・ポールスター
📍 도쿠시마현 가쓰우라군 가미카쓰초 후쿠하라 히라마 32-1
📞 0885-46-0338
🌐 cafepolestar.com
Cafe polestar
📍 Kamikatsu-cho Fukuhara Hirama 32-1, Katsuura, Tokushima

037

가가와
KAGAWA

구보 씨의 두부 くぼさんのとうふ
📍 가가와현 아야카군 우타즈초 하마 산반초 25-19
📞 0877-49-5580
🌐 www.kubosannotofu.co.jp
Kubo-san no tofu
📍 Utazu-cho Hama Sanban-cho 25-19, Ayaka, Kagawa

'제로 웨이스트'를 목표로 마을과 공생하는 카페 가쓰우라강勝浦川 부근의 언덕을 올라 가미카쓰초上勝町에 들어서면 예쁜 꽃과 나무들과 마주한다. '카페 폴스타'에서 만개한 수양벚꽃을 바라보며 계절 채소로 만든 오늘의 런치를 먹었다. 지역 명물인 다나다棚田 쌀과 특산물인 유자와 귤로 만든 음료가 맛있다. 가미가쓰초는 2020년까지 마을에서 발생하는 쓰레기를 제로로 만드는 '제로 웨이스트 선언'을 채택했다. '폴스타'에서도 채소 껍질을 벗기지 않고 조리하고, 손님에게 종이 냅킨 대신에 손수건을 지참하도록 권장하고 있다. 또 마을의 장래를 함께 고민하는 회의를 매달 개최한다. 마을을 사랑하는 사람이 조금씩 늘어나고 있다고 한다. (기타무로 준코北室淳子 / 수타소면 기타무로하쿠센北室白扇)

소박함이 가득한 본연 그대로의 맛 우타즈초宇田津町의 '구보 씨의 두부' 가게에는 구보 다카노리久保隆則 씨가 계약 재배하는 국산콩과 천일염으로 만든 두부, 두부 반찬이나 과자 등 '좋은 식품 만들기 협회'에서 인정한 식품이 진열되어 있다. 공장에서 두부 만드는 작업을 봤는데 삶은 두유를 큰 주걱으로 일정한 리듬에 맞춰 섞은 후 천연 간수를 넣어 한 번에 굳힌다. 자욱한 연기 속에서 힘있게 섞는 모습이 압권이었다. "중요한 것은 맛과 안전을 위해 재료나 제조법을 연구하는 것입니다. 그리고 당연한 말이지만 정성을 들여야 하지요"라고 말하는 구보 씨의 두부는 정성스럽게 우려낸 국물에 그대로 넣어 소박하게 먹는 것을 추천한다. 첫입은 소금으로! (곤도 미와코こんどうみわこ / 천연효모빵 o-ba'sh crust)

A café that coexists with a city that aims to eliminate trash I saw beautiful flowers and trees as I climbed the steep hill along the Katsuura River and entered Kamikatsu-cho. At "Café polestar," I had the daily special lunch plate with seasonal vegetables as I looked at the weeping cherry trees that were in full bloom. Café polestar offers a great drink made with Tanadamai rice, a source of local pride, yuzu (a type of citron), a local specialty, and yuko (a type of tangerine). Kamikatsu-cho has declared that it will eliminate all trash and achieve "zero waste" by 2020. Café polestar cooks its vegetables without peeling them and, rather than providing paper napkins, asks customers to bring their own hand towels. The café also hosts the monthly "Kamikatsu Hundred Years Conference," to which guests are invited to consider the city's future. Café polestar is actively promoting love for its home city. (Junko Kitamuro, Kitamuro Hakusen)

Proper-tasting tofu that's full of flavor and has no bitterness "Kubo-san no tofu" in Utazu-cho sells tofu that Takanori Kubo makes with contract-farmed domestic soybeans and sun-dried salt bitterns; prepared foods and snacks made with the tofu; and other foods approved by "Yoi-shokuhin-zukuri-no-kai (Good Food Product Association)". At the factory, Kubo showed me the process of gathering the cooked soymilk with a big paddle in a steady rhythm. The natural bittern is mixed in and the soymilk solidifies into tofu at once. It was amazing to see him forcefully mixing the soymilk in the intensely humid room. He explained, "The important thing is to carefully consider your ingredients and production methods for the sake of flavor and safety. And this goes without saying, but you need to take great pains to make your product." His tofu is best eaten simply, for example in carefully made broth. (Miwako Kondo, o-ba'sh crust)

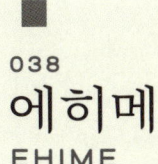

038

에히메
EHIME

이케우치오가닉 IKEUCHI ORGANIC
📍 에히메현 이마바리시 엔기 762 (이바바리 팩토리 스토어)
☎ 0120-939-683
🌐 www.ikeuchi.org
IKEUCHI ORGANIC
📍 Engi 762, Imabari, Ehime (Imabari Factory Store)

039

고치
KOCHI

휴게소 키라멧세 무로토 キラメッセ室戸
'쇼쿠유 이사노고 食遊 鯨の郷'
📍 고치현 무로토시 기라가와초 헤이 890-11
☎ 0887-25-3500
🌐 www.kiramesse-muroto.jp/syokuyu/goaisatsu
Roadside Station Kira Messe Muroto "Shokuyu Isanogo"
📍 Kiragawa-cho hei 890-11, Muroto, Kouchi

정직함이 넘치는 타월 브랜드 1953년 창업의 '이케우치오가닉(구 이케우치타월)'의 이케우치 게이지 池内計司 씨는 면 생산품에 다량의 농약과 살충제가 사용되거나 유전자 변형으로 만들어지는 사실을 직시하고 제조하는 모든 타월에 인체에 안전한 유기농 면을 사용하기로 결정했다고 한다. 2015년 2월에는 기존의 유기농 유아복에 재봉선이 없는 한층 착용감이 좋은 니트, 모자, 양말 등을 발표했다. 이케우치타월에서 회사명과 로고를 새롭게 바꾼 이유는 유기농 제품만을 제공하겠다는 이케우치 씨의 강한 의지의 표명이기도 하다. 내가 주로 애용하는 타월은 '오가닉 120'으로 정말 촉감이 기분 좋은 원단이다. (스기무라 기사 杉村希咲 / D&DEPARTMENT TOKYO)

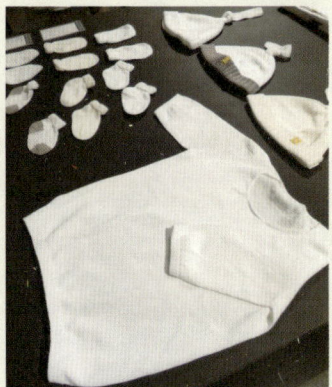

고래고기 요리를 맛볼 수 있는 가게 고래잡이가 한창이던 도사만 土佐湾에는 지금도 수많은 고래가 찾아온다. 사키하마어항 佐喜浜漁港에서 고래 관찰을 위해 어선에 올라타 비스듬히 앞으로 물을 내뿜는 고래를 발견한다면 그것은 향고래이다. 인도네시아에서 손 그물로 포획하는 고래잡이배에 탄 적이 있는데, 그때 갓 잡은 고래를 먹었던 기억이 생생하다. 창문으로 태평양이 한눈에 보이는 레스토랑 '이사노고鯨の郷 (고래의 고향)'에서 고래 요리를 시도해보길 바란다. 다양한 요리를 맛볼 수 있는데 전부 맛있다. 고래에 대한 상세한 정보를 알 수 있는 자료관도 근처에 있다. (마에다 지로 / d design travel 편집부)

A conscientious towel manufacturer Keiji Ikeuchi of "IKEUCHI ORGANIC (formerly Ikeuchi Towel)", established in 1953, found out that tons of defoliants and agricultural chemicals and genetically engineered cotton plants are used to produce cotton and decided that his company would only use organic cotton, which is safe to use on the body, to manufacture their towels. In February 2015, the company released its seamless knit hats and stoles that offer improved comfort in addition to its existent infants' wear line. The change in company name and logo was a result of Ikeuchi's strong desire to exclusively offer organic products. I use IKEUCHI OROGANIC's "ORGANIC 120". It really feels great to use. (Kisa Sugimura, D&DEPARTMENT TOKYO)

A restaurant serving delicious whale cuisine at all times Whaling was once popular in Tosa Bay and several types of whales still make their way to it. Take a whale watching boat from Sakihama Fishing Port. If you see a whale spraying diagonally forwards, it's a sperm whale. I once accompanied a whaling trip in Indonesia where a sperm whale was harpooned by hand. I'll never forget the amazing taste of the whale's gums, which we ate raw and without any flavoring right on the beach. I recommend going to "Isanogo," a restaurant with an expansive view of the Pacific Ocean, to try whale cuisine. It doesn't offer raw whale gum, but it does serve whale tongue with miso and vinegar, fried whale meat, and whale sashimi. They are all delicious. The restaurant is also adjacent to "Kujirakan," an archive museum where you can learn all about whales. (Jiro Maeda, d design travel Editorial Team)

040
후쿠오카
FUKUOKA

멘타이피리리 めんたいぴりり
(하카타좌 博多座)
🏠 piriri.tv
"Mentai piriri" (Hakataza Theater)

후쿠오카현민 모두가 빠져있는 명란젓 연극 '텔레비전니시니혼' 개국 55주년 기념으로 방송된 '멘타이피리리'는 일본 최초로 명란젓을 제조하고 판매한 '후쿠야 ふくや'를 모델로 그린 하카타 하나마루 博多華丸, 도미타 야스코 富田靖子 주연의 드라마이다. 2015년 3월에는 '하카타좌'에서 무대화되기도 했다. 극중에서는 실제 하카타기온야마가사 祇園山笠 나카스나가레 中洲流의 가키야마 舁山(대형가마)가 무대에 등장했다. 특별히 실제로 해마다 가마를 짊어지는 사내들이 나와서 관객과 하나 되어 구호를 외치는 박력 넘치는 공연이 되었다. 영상제작회사 'KOO-KI'의 에구치 간 江口カン 씨가 감수한, 후쿠오카현 사람들과 물건을 깊이 다룬 이야기이다. 인정 넘치고 넉살 좋은 지역 특성이 잘 드러나는 이야기는 타지역 사람들에게도 감동을 주었다. 드라마의 속편도 추천한다. (우미오 사치 海尾幸 / D&DEPARTMENT FUKUOKA)

041
사가
SAGA

쓰카모토 이치로 塚本猪一郎
Iichiro Tsukamoto

미소 예술가 사가시에서 예술가가 모이는 식당 '슌사이다이도코로 아웅 旬菜台所 あ・うん'의 단골 중에 지역 화가 쓰카모토 이치로 씨가 있다. 그의 주변에는 항상 사람들이 모여 웃음소리가 끊이지 않는다. 대학 졸업 후 포장마차에서 라면을 팔아 모은 돈으로 프랑스와 스페인에서 유학하고 귀국했다. 당시만 해도 일본에서 그림을 그리며 살 수 없을 거라 생각했지만, 매년 자비로 만든 달력이 많은 사람에게 알려져 그림 작품이 팔리기 시작했다고 한다. 2007년에는 파리의 '아이뎀 idem'에서 작품을 제작. 식물인지 동물인지 모를 그림을 그린다. "사람들에게 보여주기 위한 의도적인 그림을 그리지 않는다. 작위적이지 않은 그림을 그리자 처음으로 나만의 작품이 완성되었다"라고 말하며 그는 미소를 짓는다. (기타지마 마유미 北島真由美 / 퍼햅스갤러리 パハプスギャラリー)

A spicy cod roe drama that's captivated all Fukuoka citizens Television Nishinippon aired "Mentai piriri", a drama based on the first spicy cod roe made and sold by "Fukuya" and starring Yasuko Tomoita and Hanamaru Hakata, to commemorate its 55th anniversary. In March 2015, the story was dramatized at the "Hakataza" theater. In the theater version, an actual *kakiyama* [portable shrine] used in the annual Hakata Gion Yamakasa Festival was carried on stage by the men who carry it every year at the same festival. With their syncopated "oisa!" cheers, they simultaneously created tremendous intensity and brought everyone in the theater together. The story, which deals with Fukuoka people and things, was supervised by Kanro Eguchi of the video production company "KOO-KI" and depicts the friendly and warmhearted locals in detail. It's a moving story for those who grew up outside Fukuoka as well. I also recommend the sequel "Mentai piriri 2". (Sachi Umio, D&DEPARTMENT FUKUOKA)

Artist of Smiles Iichiro Tsukamoto is a regular at Saga City's "A-Un", where many artists gather. He is always surrounded by people who are constantly laughing. After graduating from college, he studied abroad in France and Spain using money he had earned working a ramen stall. He did not think he'd able to make ends meet as an artist back in Japan, but his hand-printed and independently produced calendar, which he makes several hundred of annually, helped to spread his work to many. In 2007, he made work at "idem" (formerly Mourlot Studios) in Paris. He drew plants and animals without any grand design. "I don't draw to show people. It's only when the intention disappears that I can make my work," explained Tsukamoto, who always has a smile on his face. (Mayumi Kitajima, PERHAPS GALLERY)

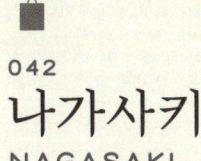

042

나가사키
NAGASAKI

오야마차밭 大山製茶園
📍 나가사키현 히가시소노기군 히가시소노기초 나카오고 1556
☎ 0957-46-1349
🌐 ooyamacha.ocnk.net
Ooyama Seichaen
📍 Higashi-sonogi-cho Nakaogo 1556, Higashi-sonogi, Nagasaki

오무라만 大村湾을 한눈에 볼 수 있는 100년 전통의 차밭 다이쇼 7년(1918년) 창업한 '오야마차밭'의 오야마 요시타카 大山良貴 씨는 20대까지 시부야 레코드점에서 일하고 클럽에서 DJ를 했다. 현재는 차의 즐거움을 널리 알리기 위해 라이브 이벤트 등 차와 함께 활동을 펼치고 있다. 히가시소노기군 東彼杵郡의 표고 330미터 대자연에 가족 네 식구가 토양부터 다른 소박한 차밭을 만들었다. '소노기차'는 찻잎이 동글동글 말린 옥엽차로, 깊은 향과 쌉쌀한 맛을 누른 부드러움이 특징이다. 시음해보고 깜짝 놀랄 감칠맛을 느꼈다. 차공장 옆 '차 마시는 곳 차라쿠 茶飲み処 茶楽'에서는 다도 교실도 열린다. 농림부장관상도 수상했다. (사와다 히로 澤田央 / d47 design travel store)

A nearly 100-years-old tea plantation with a view of Omura Bay Yoshitaka Ooyama, the fourth-generation owner of "Ooyama Seichaen", which was established in 1918, DJed clubs and worked at a record store in Shibuya until his 20s. He currently organizes tea service events at DJ and live events to spread knowledge about the enjoyment of tea. Located in Higashi-sonogi, 330 meters above sea level, the exquisite tea farm was created by the four-person family, who obsessed over every detail starting with the soil. "Sonogi Tea" is a steamed curled leaf tea. It has a robust aroma and mild, not very bitter, flavor. I was amazed by its tastiness. The teahouse "Chanomidokoro Charaku" hosts lessons on tea preparation, etc. Ooyama Seichaen is also a recipient of "Prime Minister Award at the Festival of Food, Agriculture, Forestry and Fisheries". (Hiro Sawada, d47 design travel store)

043

구마모토
KUMAMOTO

파바오 PAVAO
📍 구마모토현 구마모토시 주오구 미나미쓰보이초 1-9 야마무라빌딩 (지옥온천) 2층
☎ 096-351-1158
PAVAO
📍 Jigoku Onsen 2F, Chuo-ku Minamitsuboi-cho 1-9, Kumamoto, Kumamoto

감각이 남다른 지역 그릇을 전하는 가게 고향 구마모토에서 재수하던 때 친구 소개로 보물 같은 가게를 만났다. 구마모토시의 오래된 목욕탕 '지옥온천' 2층의 파바오라는 가게이다. 점주가 친구들과 함께 직접 리모델링한 식당과 갤러리에 화가 다가미 마사카쓰田上允克 씨의 그림과 민예 관련 도서, 구마모토의 쇼다이도자기 小代焼 등이 진열되어 개성 있는 분위기를 자아낸다. 올해 3월에 방문했을 때 운 좋게도 도자기 장인 이노우에 나오유키 井上尚之 씨의 전시를 관람했다. 여러 지역에서 인기가 높지만 구마모토의 전시는 '파바오'에서만 열린다고 한다. 뭘 고를지 고민하다 카페에서 잠시 쉬어가기로 했다. 그의 그릇에 담겨 나온 요리는 나의 상상력을 자극하기에 충분했다. (미야자키 고토코 宮崎琴子 / d47 식당)

A store with great taste and selection of local ceramics
A friend introduced me to "PAVAO", a jewel of a store in Kumamoto, where I grew up, while I was preparing for my college entrance examination. Located above the old "Jigoku Onsen" hot spring in Kumamoto City, PAVAO, which means "peacock", comprises a café and gallery, which was renovated by the owner and his friends. It is filled with maverick painter Masakatsu Tagami's works, folk art-related books, and Kumamoto Shodaiyaki ceramics, which create an exotic ambiance. When I returned to Kumamoto in March, I was fortunate enough to catch the Shodaiyaki artist Naoyuki Inoue's solo exhibition. Inoue is very popular in and outside Kumamoto, but his only solo exhibition in Kumamoto was at PAVAO. Unable to choose a piece, I took a break in the café, where the food was served on Inoue's dishes, which strengthened my aesthetic imagination. (Kotoko Miyazaki, d47 SHOKUDO)

044
오이타
OITA

구니모토 야스히데 国本泰英
knmtyshd.com
Yasuhide Kunimoto

045
미야자키
MIYAZAKI

구로키고이시점 하마구리오하지키
黒木碁石店 蛤おはじき
미야자키현 휴가시 히라이와 8491
0982-54-2531
www.kurokigoishi.co.jp
Kurokigoishiten Clamshell Ohajiki Stone
Hiraiwa 8491, Hyuga, Miyazaki

벳부의 새로운 명소를 만든 젊은 화가 구스마치玖珠町에 있는 어느 화가에 대해 알게 되었다. 아웃도어 몽벨의 티셔츠 디자인과 갤러리를 통해 작품을 감상한 후로 계속 머릿속에서 떠나질 않았다. 그러던 중 그가 벳부온천 '호텔 뉴쓰루타ホテルニューツルタ'에서 벽화를 제작 중이라는 소식을 듣고 현장으로 달려가 드디어 만날 기회를 얻었다. 구니모토 야스히데라고 하는 이 청년은 고향 구스마치에 살면서 작품을 제작하고 있다. 그는 인물을 그리는 것으로 보는 이들이 그 주변 풍경을 상상하게 한다. 바로 풍경이 떠오른다는 표현이 맞을 것 같다. 언젠든 그의 대형 작품을 볼 수 있는 곳이 생겨 벳부에 자주 방문할 계획이다. (하라 시게키原茂樹 / 히타시네마테크 리베르테日田シネマテーク・リベルテ)

모래에서 태어난 유리구슬 오쿠라가하마お倉ヶ浜의 해안가에서는 메이지시대부터 바둑돌을 만들어왔다. 일본 내에서 유일하게 바둑돌에 적합한 두께의 조개가 채취되었는데 현재는 거의 고갈되어 지금 쓰이는 재료는 멕시코산이 대부분이다. 바둑돌은 장인이 수공예로 작업하는데, 줄무늬와 색, 결 등 기준에 미달되는 것은 빨강, 파랑, 노랑 등으로 색칠해 '조개 유리구슬'로 만든다. 그 최고봉인 휴가日向의 조개 바둑돌이 값비싼 상품이 아닌 유리구슬이 되어 아이들에게 친근한 장난감이 된다는 점이 기쁘다. 조개 바둑돌이 지역 특산물인 이유는 모래에서 놀던 모두의 추억이 담겨 있기 때문이다. 부드러운 모래사장이 길러낸 휴가산 바둑돌의 부활이 앞으로 더욱 기대된다. (마에다 지로 / design travel store 편집부)

A young artist who created a new destination in Beppu I found out about a painter in Kusu-machi. I kept thinking about his work after I saw it in galleries and on t-shirts made by the outdoor brand "mont-bell". I then heard that he was painting a mural at "the Hotel New Tsuruta" in the Beppu hot spring region, went there, and finally met him. Yasuhide Kunimoto is a pleasant young man who lives and works in his hometown Kusu-machi. While his works are figurative, they also evoke surrounding landscapes. It's actually more accurate to say that one immediately sees a landscape in his work. With a readily viewable major work by Kunimoto, I'll likely visit Beppu hot springs even more frequently now. (Shigeki Hara, Hita Cinematheque Liberte)

Beach-born *Ohajiki* marbles Okuragahama beach has produced *go* stones since the Meiji era. It was the only place in Japan where clamshells with the right thickness for *go* stones could be found. The clamshells are now scarce and primarily sourced from Mexico. *Go* stones are made by hand by craftsmen. Clamshells that do not meet the standards in terms of grain, color, and hatching are dyed in primary colors and turned into "clamshell *ohajiki* marbles". It's nice to know that the finest *go* stones made in Hyuga are transformed not into expensive products but rather toys for kids. Everyone who has played on the beach in Hyuga knows why it's known for its *go* stones. The uniquely hatched and polished Hyuga *go* stones are produced by the fine sand of its beaches. I strongly hope that Hyuga *go* stones will experience a revival. (Jiro Maeda, d design travel Editorial Team)

046
가고시마
KAGOSHIMA

JR 오오스미요코가와大隅横川역
가고시마현 기리시마시 요코가와초 나카노 39-1
☎ 0995-72-0582
Osumi-Yokogawa Station
Yokogawa-cho Nakano 39-1, Kirishima, Kagoshima

047
오키나와
OKINAWA

하코니와 · ハコニワ
오키나와현 구니가미모토부초 이즈미 2566
☎ 0980-47-6717
Cafe Hakoniwa
Motobu-cho Izumi 2566, Kunigami, Okinawa

마을 사람들의 성장과 함께한 역사駅舎 미토오카 에이지 씨가 디자인한 관광열차 '하야토노 카제'도 정차하는, 메이지 36년(1903년)에 개통한 'JR 오오스미요코가와역'은 큐슈에서 가장 오래된 목조 역사로 등록유형문화재이다. 지은 지 110년이 넘은 플랫폼의 기둥에는 제2차 세계대전의 기총소사 세례 흔적이 지금도 생생하게 남아있다. 여름 축제나 평화 콘서트, 역 카페 등 다양한 이벤트가 열리는 등 세대를 불문한 마을 주민의 교류의 장이 되고 있다. 그중에서도 특히 성인식이 볼 만하다. 막 성인이 된 젊은이들이 화려한 옷을 입고 오랫동안 이용해온 역을 배경으로 사진을 찍는다. 밝은 표정에 저절로 미소가 지어진다. 이 역은 마을의 성장을 함께 지켜보고 훌륭한 성인이 되려면 거쳐야 하는 출발점인 것이다. 나도 이 역에서 성인식을 치렀다. (구리노 후미야栗野良弥 / D&DEPARTMENT KAGOSHIMA)

녹음 속에 자리한 류큐 고민가 카페 오키나와 본도 북부 숲속에 홀로 고즈넉하게 자리한 '하코니와'는 드라이브 중에 꼭 들르는 카페이다. 지금은 익숙해졌지만 처음에 방문했을 때는 무성한 숲속 길을 조심조심 들어갔던 기억이 있다. 50년이 넘은 오래된 민가를 리모델링한 가게는 숲에 둘러싸여 나무 사이로 비치는 햇빛이 무척 아름답다. 오키나와 식재료를 아낌없이 사용한 요리는 지역 출신 오너 다니구치 카오리 씨가 어릴 적 먹던 레시피로 만든 메뉴들이다. 사용하는 식기는 남편 무로오 씨가 빚은 나고시名護市의 '무로우가마室生窯' 도자기들이다. 다이내믹한 그림이 그려진 접시에 담겨 요리가 더욱 빛나 보인다. 맑은 날을 추천하지만 비 내리는 날엔 기와지붕에 떨어지는 빗소리를 감상하며 유유히 커피 한잔 마시면 그만이다. (야마노하 슌山入端 俊 / D&DEPARTMENT OKINAWA)

A train station that stands by locals Opened in 1903, "Osumi-Yokogawa Station" is Kyushu's oldest wooden train station. It is also a registered tangible cultural property and the Eiji Mitooka-designed "Hayato no Kaze" stops there. The pillars of the more than 110-years-old station remain pockmarked from the machinegun fire it endured during World War II. The station hosts various events including summer festivals, peace concerts, and a "station café", and is used by local residents of all generations as a place to socialize. My favorite event there is the coming of age ceremony. The new adults have their picture taken in formal dress, with happy expressions, and in front of the station they've used for many years. The station watches the growth of local residents and sees them off as they start their journey into adulthood. I too had my coming of age ceremony here. (Fumiya Kurino, D&DEPARTMENT KAGOSHIMA)

A café housed in an old Ryukyu-style folk home deep in the woods I always stop by "Café Hakoniwa", hidden deep inside a forest in the northern part of the main island of Okinawa, when I go on a drive. I'm now used to it, but the first time I drove to the café, I hesitantly drove the deep woods mountain roads. Housed in renovated folk home that's over 50 years old, the café is surrounded by woods, and bathed in sunlight beautifully filtered through them. It serves food based on recipes its owner Kaori Tanguchi grew up locally with and made with plenty of local ingredients. Beverages and food are served in wares made at "Murogama Pottery" by Tanguchi's husband Muroo Tanguchi. The dynamically painted ceramic wares perfectly match the food. I recommend slowly enjoying a coffee at Hakoniwa on a rainy day while listening to the rain hit the tiled roof. (Shun Yamanoha, D&DEPARTMENT OKINAWA)

서울 SEOUL

4월 20일, 21일은 일본 후쿠오카현 '커피 비미美美'의 모리미쓰 무네오森光宗男 씨와 서울 '커피 더쏠'의 이효숙 씨를 강사로 초대해 d SCHOOL '알기 쉬운 융드립 커피'를 개최했습니다. 모리미쓰 씨의 강연 후 참가자 전원이 강사 두 분의 지도를 받으며 실습해보는 시간을 가졌습니다. 아직 한국에서는 대중적이지 않은 융드립에 대해 깊이 배울 수 있는 시간이었습니다. (정슬기)

D&DEPARTMENT SEOUL
MILLIMETER MILLIGRAM

027 오사카 OSAKA

'오부네 카모메御船かもめ'와 협력해 실시한 D&D 크루즈는 가볍게 카페에 들르는 기분으로 참가해 작은 유람선을 승선하는 경험을 할 수 있도록 기획했습니다. 오가와강大川에서 네야강寝屋川으로 오사카성을 따라 직진하면, 평소와 다른 각도에서 오사카의 거리를 올려다 보고 둔치를 걷는 사람들과 손을 흔들며 인사도 나눌 수 있습니다. 이 기획은 시간대, 코스를 변경하며 앞으로도 한 해 동안 계속해갈 예정입니다. (하야시 유카리林由佳里)

D&DEPARTMENT OSAKA
Photo: 小倉優司

026 교토 KYOTO

부부아라레ぶぶあられ (5색 찹쌀로 튀겨 콩만한 크기로 만든 전통과자)와 교토의 식재료를 사용해 '부부 오차즈케'를 만드는 워크숍을 개최했습니다. '교아라레 나루미야京あられ鳴海屋'의 대표 나루미 유타鳴海悠太 씨를 강사로 초대해 1923년 창업 초기부터 지금까지 변함없는 제조 과정을 영상과 함께 소개했습니다. 그리고 각자 도자기 교야키와 기요미즈야키清水焼를 만드는 '고슌가마洸春窯' 다카하시 신이치高島慎一 씨의 그릇으로 나만을 위한 오차즈케 한 그릇을 만드는 시간을 가졌습니다. (오바라 류키)

D&DEPARTMENT KYOTO
교토조형예술대학

040 후쿠오카 FUKUOKA

2015년 1월에 d SCHOOL '알기 쉬운 연 만들기'를 개최했습니다. 스즈키 쇼헤이鈴木昭平 씨가 만든 '신라 연'의 발상지는 조선으로, 한국의 태극무늬가 디자인되어 있습니다. 이번에는 스즈키 씨의 제자 기요미즈 아키오清水章生 씨에게 더욱 심플한 연 만드는 법을 배웠습니다. 그후 실제로 만든 연을 들고 공예품점 '공예 후고'의 다카키 다카오 씨와 마이즈루공원에 나가 바람에 나부끼는 연들을 바라보며 상쾌한 시간을 보냈습니다. (무라야마 요시코村山芳子)

047 오키나와 OKINAWA

2015년 4월에 '오키나와 유리·유리 불기 공예 공방 루리 유리'를 개최했습니다. 류큐琉球 유리의 일인자인 이나미네 세이키치稲嶺盛吉 씨에게 사사하고 요미탄손読谷村에서 창작활동을 하는 오노 다이쿠코 씨小野田郁子의 작품전입니다. 이 전시는 블루, 그린, 연한 적갈색 등 알록달록 아름다운 색의 유리공예품을 보기 좋게 한데 모았습니다. 방문객이 원하는 색과 형태를 고르는 모습이 무척 즐거워보였습니다. (야마노하 슌山入端 俊)

D&DEPARTMENT OKINAWA
OKINAWA STANDARD

046 가고시마 KAGOSHIMA

'가고시마 아마미의 직물과 염색전展'에 맞춰 d SCHOOL '황토염색 워크숍'을 개최했습니다. 남부 아마미오섬奄美大島의 '가나이공예金井工芸' 가나이 유키히토金井志人 씨를 강사로 초빙해 황토 염색을 실제로 체험하고 아마미奄美 염색과 황토로 만드는 작업물에 대해 배웠습니다. 짙은 갈색의 따뜻한 색감과 다양한 작업물에 매력을 느끼고 오래 사용할수록 자신만의 고유의 색이 되는 즐거움까지 얻을 수 있었습니다. (아카사키 메구미赤崎めぐみ)

D&DEPARTMENT KAGOSHIMA
MARUYA

D&DEPARTMENT INFORMATION

47개 도도부현에 한 곳씩 매장 및 거점을 만드는 것을 목표로, 오래 지속되고 지역다움이 담긴 디자인 '롱 라이프 디자인'을 발굴해 소개하는 D&DEPARTMENT. 현재는 일본 내 매장 아홉 곳과 한국에 두 곳, 중국에 한 곳의 매장을 운영하고 있다.

016 도야마 TOYAMA

도야마점은 2015년 3월 14일 리뉴얼한 '도야마 현민회관' 1층에 오픈했습니다. 오프닝 리셉션에서는 'Koffe'의 커피와 채소를 사용한 '도유노土遊野'의 음식을 대접했습니다. 그래픽 디자이너 미야타 유미요宮田裕美詠 씨, '야마다 사진 인쇄소'의 구마쿠라 가즈미熊倉桂三 씨 등 지역 예술가들이 축하해주었습니다. 올해는 꼭 도야마점에 많은 분이 방문하기를 기대하겠습니다. (이시이 유이石井唯)

001 홋카이도 HOKKAIDO

2015년 2월에 사진가 이토 슌스케伊東俊介 씨의 '이토 사진관'을 개최. 촬영 중 이토 씨는 참가자의 분위기에 맞는 포즈를 제안하는 등 편안한 연출로 진행해주었습니다. 아이들을 포함해 회장에는 웃음소리가 끊이지 않았고, 함께한 모두가 기분 좋은 행사였습니다. 1년에 한 번씩은 소중한 사진을 남기길 바란다는 이토 씨. 내년에도 다시 개최할 계획입니다. (오노 히로시小野博史)

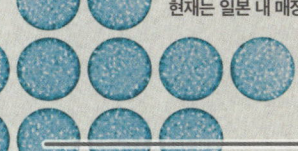
D&DEPARTMENT HOKKAIDO 3KG

019 야마나시 YAMANASHI

제2회 d SCHOOL '알기 쉬운 고슈된장甲州みそ'을 개최. 이번에도 강사로 '고미간장五味醬油'의 6대 고미 히토시五味仁 씨와 요코洋子 씨의 '발효남매発酵兄妹'를 초대했습니다. 그들은 '고슈된장'을 통해 발효식품 및 발효문화의 전파 활동을 전국적으로 하고 있습니다. 많은 참가자들이 모여 콩의 고소한 향기와 함께 시종일관 화기애애한 분위기를 자아냈습니다. (히로세 토모야廣瀬智也)

D&DEPARTMENT YAMANASHI
Sannichi - YBS

013 도쿄 TOKYO

도쿄점에서는 장인에게 직접 상담과 접수가 가능한 '긴쓰기金継ぎ(깨지거나 일부가 떨어져 나간 도자기를 옻으로 다시 붙이고 이음새를 금색, 은색, 붉은색 등으로 장식하는 일본 전통 수리 기법)' 접수'를 비정기적으로 개최하고 있는데, 2015년 봄부터는 도쿄의 긴쓰기 장인 모치나가 가오리持永かおり 씨를 초대해 홀수 달에 정기적으로 개최하기 시작했습니다. 앞으로는 긴쓰기 외에도 일용품을 고쳐쓰며 생활하기 위한 공부회, 워크숍 등을 개최해나갈 예정입니다. (아리마 마도카有馬まどか)

D&DEPARTMENT TOKYO

022 시즈오카 SHIZUOKA

D&DEPARTMENT SHIZUOKA
TAITA

'BOOKS AND PRINTS'는 사진가 와카키 싱고若木信吾 씨가 경영하는 사진전 등을 개최하는 멋진 서점입니다. 또 최연장자 직원이자 와카키 씨의 아버지이기도 한 긴야欣也 씨가 그린 그림이 새겨진 쇼핑백 등 깜찍한 물건도 만날 수 있습니다. 이번에 시즈오카점에서는 그동안 작업한 쇼핑백 100점을 전시하고, 전시 기간 중에 긴야 씨도 초대했습니다. (모리 지나쓰森千夏)

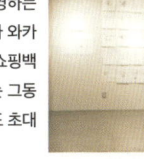

회원이 함께 만드는
롱 라이프 디자인회
회원 소개

롱 라이프 디자인회에 대해

'롱 라이프 디자인회'는 D&DEPARTMENT의 활동을 통해 '오랫동안 지속되는 것'을 연구, 소개, 활용하면서 좋은 가게와 장소, 생활도구가 언제까지나 존속하고 이어질 수 있도록 소중한 의식을 전하는 장으로 시작했습니다. 지역과 동료와 연결되고, 지속성을 창조하는 D&DEPARTMENT의 활동을 연중 응원하는 회원 제도입니다.

※ 이름 기재에 동의한 분들만 소개합니다.
※ 2023년 8월 말까지 입회한 개인 및 법인 회원 중에서

FUTAGAMI
일본디자인진흥회 日本デザイン振興会
드라이브디렉션 ドライブディレクション
주식회사도쿄체인소스 株式会社東京チェンソーズ
디자인 모리커넥션 デザインモリコネクション
대지예술제 大地の芸術祭
다이아테크 「BRUNO」 ダイアテック [BRUNO]
주식회사 캡라이터 株式会社キャップライター
가리모쿠가구 カリモク家具
가메자키센코 유한회사 亀﨑染工有限会社
옻공예오시타고센 주식회사 「Classic Ko」 漆工芸大下香仙株式会社 [Classic Ko]
이마무라제도 「JICON」 今村製陶 [JICON]
version zero dot nine

외 익명 44명

로쿠노주나나/와카마쓰 데쓰야/와시라라 다쿠야/야마모토 야에코/야마모토/야유진/요코야마 준코/요시나가 유카리/야마구치 아유코/야마코야 야마사키 가오루/야마자키 요시키/야마모토 요시키/야마구치회계사무소/meadow_walk/모리우치 아야코/모리 미쓰오/야마모토 겐지/미야자키회계사무소/meadow_walk/모리우치 아야코/모리 미쓰오/야마모토 후미코/마루히 고구마말랭이 구로사와 가즈요시/미우라 게이코/미치바 후미카/야에다 가즈시/야자와 사쿠라/후쿠야 유리카/주식회사 분부쿠/호텔 뉴니시노/Marc Mailhot/마쓰다 나오/후지사와 준코/후지와라 신야/plateau books/FURIKAKE 도쿠마루 나루히토/후루야 가즈에/Hiroshi Tatebe/fhans-satoshi/POOL INC. 고니시 도시유키/후쿠이시 히데키/후지에다 아오/HUMBLE CRAFT/히카시오 아쓰지/히카시마 미라이/히노데야제과 지쿠사 히로시/히로/하쓰카메양조 주식회사/하야시구치 사리/하라다 마사히로(지가사키 시청)/하루바루재목소/DRAWING AND MANUAL/나카무라 료타/Nabe/난조 모에미/니시야마 가오루/바이케쓰도/Daiton/DESIGN CLIPS/DO-EYE-DO/도쿠라건축설계/도리이 다이시/작은 정원/지사토/주식회사 쓰노키치/쓰마가타엔/쓰무기우타/쓰루 히토미/쓰루마키바네/STAN STORE TOKYO/sail 나카무라 게이고/소야마 시게루/다이타이스튜디오/다케하라 아키코/시라사키 류야/사카이 하루나/시라카와 교코/주식회사 스기공장/무라누시 요코/시바큐구보 하지메/JunMomo/사토 도모히로/사누키가가리테마리보존회/무라카미 요코/사가 요시유키/야마토 쓰요시/사토 도모히로/사누키가가리테마리보존회/saredo 사레도/COMFORT STYLE Co.,Ltd./이마 유키/사카이 다카코/사구치 요시키/사카모토 마사후미/구와하라 히로미쓰/고쿠커피/COCOO 마에다/kobayashi pottery studio/고루포건축설계사무소/기장주공업 주식회사/구니아 쓰시(히타치나카 시청)/구로노 다케시/구와하라 센케이/변호사법인 가타오카종합법률사무소/가네코 사쓰키/고노 히데키/스가노 에쓰코/유한회사 오타나/오야마 요/오쿠무사 마루셰/까사프로젝트 주식회사/가제 노모리/주식회사 INSTOCK/우타타네/mldkdesigns LLC/August Kekulé/오지 마사노리/잇소 커피 배전소/inutaku3/이리타 유키에/이와미카구라 도쿄샤추 고가모토 유키히로/아사노유카(아침부터 밤까지)/아사미 유스케/아즈미 도모에/이지마 도시유키/이소 겐스케/AHH!!/알스스튜디오 무라카미리에/아이자와 신야/아이자와목재공예/아사이 유키

D&DEPARTMENT SHOP LIST

D&DEPARTMENT HOKKAIDO
by 3KG
- 홋카이도 삿포로시 주오구 오도리 니시 17-1-7
- 011-303-3333
- O-dori Nishi 17-1-7, Chuo-ku, Sapporo, Hokkaido

D&DEPARTMENT SAITAMA
by PUBLIC DINER
- 사이타마현 구마가야시 고이즈카 4-29 PUBLIC DINER 옥상 테라스
- 048-580-7316
- PUBLIC DINER Rooftop Terrace 4-29 Koizuka, Kumagaya, Saitama

D&DEPARTMENT TOYAMA
- 도야마현 도야마시 신소가와 4-18 도야마현민회관 1층
- 076-471-7791
- Toyama-kenminkaikan 1F, Shinsogawa 4-18, Toyama, Toyama

D&DEPARTMENT MIE
by VISON
- 미에현 다키군 다키초 비전 672-1 산세바스찬도리 6
- 0598-67-8570
- 6 Sansebastian-dori, 672-1Vison,Taki-cho, Taki-gun Mie

D&DEPARTMENT KAGOSHIMA
by MARUYA
- 가고시마현 가고시마시 고후쿠마치 6-5 마루야가든스 4층
- 099-248-7804
- Maruya gardens 4F, Gofuku-machi 6-5, Kagoshima, Kagoshima

D&DEPARTMENT SEOUL
by MILLIMETER MILLIGRAM
- 서울시 용산구 이태원로 240
- +82 2 795 1520
- Itaewon-ro 240, Yongsan-gu, Seoul, Korea

D&DEPARTMENT HUANGSHAN
by Bishan Crafts Cooperatives
- 안후이성 황산시 이현 벽양진 비산마을
- +86 13339094163
- Bishan Village, Yi County, Huangshan City, Anhui Province, China

D&DEPARTMENT FUKUSHIMA
by KORIYAMA CITY
- 후쿠시마현 고리야마시 히우치다 195 JR고리야마역 2층 고리야마관광안내소 안
- 024-983-9700
- JR Koriyama Station 2F (Koriyama tourist information center), 195 Hiuchida, Koriyama, Fukushima

D&DEPARTMENT TOKYO
- 도쿄도 세타가야구 오쿠사와 8-3-2
- 03-5752-0120
- Okusawa 8-3-2, Setagaya-ku, Tokyo

d news aichi agui
- 아이치현 지타군 아구이초 야타카고탄다 37-2
- 0569-84-9933
- Yatakagotanda 37-2, Agui-cho, Chita-gun Aichi

D&DEPARTMENT KYOTO
- 교토부 교토시 시모교구 다카쿠라도리 붓코지 사가루 신카이초 397 붓코지 경내
- 숍 075-343-3217
- 식당 075-343-3215
- Bukkoji Temple, Takakura-dori Bukkoji Sagaru Shinkai-cho 397, Shimogyo-ku, Kyoto, Kyoto

D&DEPARTMENT OKINAWA
by PLAZA 3
- 오키나와현 오키나와시 구보타 3-1-12 프라자하우스 쇼핑센터 2층
- 098-894-2112
- PLAZA HOUSE SHOPPING CENTER 2F, 3-1-12 Kubota, Okinawa, Okinawa

D&DEPARTMENT JEJU
by ARARIO
- 제주도 제주시 탑동로2길 3
- +82 64-753-9904/9905
- 3, Topdong-ro 2-gil, Jeju-si, Jeju-do, Korea

d47 MUSEUM / d47 design travel store / d47식당
- 도쿄도 시부야구 시부야 2-21-1 시부야 히카리에 8층
- d47 MUSEUM /d47 design travel store 03-6427-2301　d47식당 03-6427-2303
- Shibuya Hikarie 8F, Shibuya 2-21-1, Shibuya, Tokyo

CONTRIBUTORS

아이마 유키 Yuki Aima
D&DEPARTMENT PROJECT
단골이 되고 싶은 교토가 많이 있었다.
매일 다니겠습니다!

오바라 류키 Ryuki Obara
D&DEPARTMENT KYOTO
by 교토조형예술대학
교토를 즐기고 있습니다.

사카타 사부로 Saburo Sakata
디자이너
국립공원과 가모가와강을 무척 좋아합니다.

아사노 우라노 Urano Asano
D&DEPARTMENT KYOTO
by 교토조형예술대학
직원 평균 연령을 높이고 있습니다.

가이세 키키 Cristina Lucia Geisse Bottles
마루큐고야마엔 영업부
차 한잔 어떠세요?
🌐 www.totousha.com

사카모토 다이자부로 Daizaburo Sakamoto
산악 수행자/화가
지금까지 갈 기회가 적었던 교토.
이 책을 손에 쥐고 관광하고 싶다!

이시이 유이 Yui Ishii
D&DEPARTMENT TOYAMA 숍 점장
오사카점에서 후쿠야마점으로 이동했어요.
호쿠리쿠신칸센을 타고 후쿠야마에 놀러 오세요.

기쿠치 다에코 Taeko Kikuchi
D&DEPARTMENT TOYAMA 다이닝 점장
도야마는 풍요롭다. 음식도 사람도!
그리고 술도!

사코 가즈나리 Kazunari Sako
hickory03travelers
2015년 여름은 '니가타 물과 흙의 예술제'
에 간다. 옛 후타바중학교에서 가게를 열
계획이다.

이토 아이 Ai Ito
머플러 제작
미야기현 오사키시에서 추운 겨울에
제격인 머플러를 만들고 있습니다.

기타 가즈오 Kazuo Kita
고조아토 오너
나가오카 메일 매거진 구독자 모임에
참가했습니다. 정말 재밌더군요.

사토 아키라 Akira Sato
d47 design travel store
디자인 트래블을 즐기고 있습니다.
d47에도 오세요!

이와이 다쓰미 Tatsumi Iwai
동북예술공과대학 학생
교토조형예술과 동북예술공과대학은 자매학교.
졸업작품전은 볼 만합니다.

기타지마 마유미 Mayumi Kitajima
퍼햅스 갤러리
사가현 사가시에서 흥겹게 갤러리를
운영하고 있습니다.

사와다 히로 Hiro Sawada
d47 design travel store
교토가 이토록 도쿄에서 가까울 줄이야!
당일치기로 충분!

우지타 사키 Saki Ujita
젠쇼지 사찰 도우미
와카야마시의 작은 사찰에서 매일
정진하는 템플 라이프. 🌐 zensho-ji.com

기타무로 준코 Junko Kitamuro
유한회사 기타무로하쿠센
시코쿠 도쿠시마에서 맛있는 국수를
만들고 있어요.

시모모토 도시유키 Toshiyuki Shimomoto
합동회사 시모켄 대표
교토에서 사람과 사람을 연결하는 회사를
운영. 교토 사람과 마을이 좋아요.

우치다 유키에 Yukie Uchida
d47 식당 점장
멋진 동료들 덕분에 식당 아주머니를
4년째 하고 있습니다!

구보 쓰네지 Tsuneji Kubo
리소노 모리(래쎄の森 프로젝트 도우미
강 하류에 사는 사람들에게 맑은 물을 보내는
일을 자랑스럽게 생각하고 있습니다.

시로 다카유키 Takayuki Shiro
D&DEPARTMENT KYOTO
by 교토조형예술대학 숍 점장
교토의 매력을 전하는 계기가 되었으면
합니다.

우미오 사치 Sachi Umio
D&DEPARTMENT FUKUOKA
후쿠오카의 좋은 곳 보러 오실래요?

구리노 후미야 Fumiya Kurino
D&DEPARTMENT KAGOSHIMA by MARUYA
소주는 항상 뜨겁게 마십니다.

신카이 고스케 Kosuke Shinkai
아넥스호텔 후쿠이/니노마루 그릴
후쿠이에서 작은 호텔과 작은 양식점을
운영하고 있습니다.

우메노 다카시 Takashi Umeno
호호호카 / homehome
기타큐슈 정보지 '구름 위雲のうえ'의
서포터즈도 맡고 있어요!
🌐 kumonoue-fanclub.net/

구로에 미호 Miho Kuroe
d47 MUSEUM 사무국
교토의 중화요리는 흥미롭습니다.

신도 히토미 Hitomi Shindo
d47 design travel store
여행 계획 중.

오카다케 요시히로 Yoshihiro Okatake
d47 식당
교토의 중화요리 맛있었어요.
배부른 매일이었죠.

곤도 다이치 Taichi Kondo
교오케京桶 장인(오케야 곤도 대표)
오케(나무로 만든 통)가 없으면 진정한
교토 요리도, 전통 과자도, 절임도 만들 수
없습니다.

스가 가쓰미 Katsumi Suga
곤충 양생류 연구 및 교열
얼마 전 아이돌 그룹 아라시의 '사쿠라'를
열창하다 다른 손님들을 놀라게 했습니다.

오카모토 유키 Yuki Okamoto
대장간
조명이나 오브제 등 제작.
시세이도, 산토리 맥주 광고에도 출연.
🌐 forgerone.com

곤도 미와코 Miwako Kondo
오밧슈크러스트 스텝
베이커리&카페에서 일하면서 도루시마의
계절 빵을 즐기는 일상. 🌐 o-bashcrust.com

스기무라 키사 Kisa Sugimura
D&DEPARTMENT TOKYO
드디어 자전거를 구입했습니다.
올해 목표는 100km 달리기.

오지카 유카리 Yukari Ojika
농학부 예술학과
기획과 정원 일.
🌐 www.nougei.tumblr.com

사이토 노조무 Nozomu Saito
히로사키어린이커뮤니티 피플 이사
오늘도 내일도 '아이들을 가운데에 두고~'

스즈키 소노코 Sonoko Suzuki
교토조형예술대학 홍보실
헤이안시대 시인이 시를 읊었던 풍경에
계절마다 조우하는 교토 생활이 즐겁습니다.

오노 후미코 Fumiko Ono
주식회사 이오리 프로듀스
'일상적인 여행이 가능한 마을 조성을
돕고 있습니다.

사에구사 리카 Rika Saegusa
라이터
교토에 가면 꼭 방문하는 곳은
난젠지입니다.

소노베 아키코 Akiko Sonobe
d47 design travel store
교토 철학의 길을 산책하고 싶습니다. 여름에는
가모가와강 근처에서 맥주도 마시고 싶어요.

다카키 다카오 Takao Takaki
공예 홍보 점주
후쿠오카인예협회 사무국이 되었습니다.
많이 참가해주세요.

나카야마 사유리 Sayuri Nakayama
d47 식당
사람들과 생활, 풍경이 떠오르는
향토 요리, 정말 재밌다.

미야자키 고토코 Kotoko Miyazaki
d47 식당
d47에서 일본을 배우고,
언젠가 고향 구마모토에 d를!

다시로 준 Jun Tashiro
우루시누리 다시로
d 긴쓰기 부원의 성장이 눈부셔서
고문으로서 무척 기쁘다.

나리타 마이 Mai Narita
포토그래퍼
현재 마루타마치에 사진관을 제작 중입니다.

무라이 가즈키 Kazuki Murai
Life is Beautiful 실행위원
다치야마산 산기슭에서 편안하게 즐기는
음악 페스티벌을 열고 있습니다.

다나카 노부히로 Nobuhiro Tanaka
코코로스토어
산인 근처의 현에서 자연과 함께 살아가는
사람과 기술을 소개하고 있다.

누마타 겐이치 Kenichi Numata
트라토리아 블랙버드 쉐프
쿠킹 스쿨 개최 중. 상세한 정보는
홈페이지에서. ●blackbird-mito.com

무라키 사토시 Satoshi Muraki
프로듀서
맛있는 커피와 달걀 샌드위치를 좋아합니다.

다니구치 료타로 Ryotaro Taniguchi
다이테크프로덕트 프로모션 담당
trip tour travel journey tools BRUNO
여행 도구 BRUNO

노구치 다다노리 Tadanori Noguchi
d47 design travel store 점장
교토에는 자랑할 만한 '진품명품'이
있습니다.

메즈키 다쿠 Taku Mezuki
시마네프로모션 YUTTE 프로듀서
시마네의 좋은 것만을 모아 기프트를 만들고
있습니다. ●http://yutte.com/

다니 슈코 Shuko Tani
허브 요리 전문가
일본의 자랑 교토를 느끼고 생각할 기회가
생겨 감사하다.

하라 시게키 Shigeki Hara
히다리베르테 지배인, 영화기자 등
오이타현 히다시에서 영화관을 운영하고
있습니다. ●hita-liberte.com

모리 유코 Yuko Mori
주식회사 타이요 약품 약제사
매년 셈본도리이의 후시미이나리신사로
새해 기원을 하러 간다. 좋아하는 장소는
인클라인이다.

쓰지이 기후미 Kifumi Tsujii
일러스트레이터
일러스트를 그리고 있어요.
기대하던 교토편입니다.

하리야 아카네 Akane Hariya
D&DEPARTMENT PROJECT
특별한 날에는 '모리타야'의 스키야키를
추천합니다.

야기 기요아키 Kiyoaki Yagi
붓코지 총무
합창단원입니다.

쓰치야 유이치 Yuichi Tsuchiya
슈리안
군마를 거점으로 책이 있는 생활을
제안하고 있습니다.

히로세 도모야 Tomoya Hirose
D&DEPARTMENT YAMANASHI
by Sannichi-YBS
야마나시점은 올해 2주년을 새로운
마음가짐으로 맞이합니다.

야스나가 겐타로우스 Kentarous Yasunaga
카메라맨
D가 발견하는 교토가 기대됩니다.

쓰치야 유카 Yuka Tsuchiya
D&DEPARTMENT KYOTO
by 교토조형예술대학
붓코지에서 기분 좋은 식당을 하고 있습니다.

마키메 아야코 Ayako Makime
d47 식당
맥주 담당이 되었습니다.
평소에 맥주 감별한다고 너무 마셔서
뱃살이 살짝 걱정됩니다.

야마시타 겐지 Kenji Yamashita
호호호좌 좌장
교토는 전통만으로는 성립되지 않는
혁신 개념과의 관계가 있다.

데라사키 미오 Mio Terasaki
어번리서치디어스 브랜드 판촉
이번 인타운 뷰티In-Town Beauty는 신선하면서도
교토스럽다. 교토에 가면 가모가와강으로!

마스다 겐타로 Kentaro Masuda
8175 inc. 대표
상당히 오지랖인 편. 교토의 중화요리
안내해드릴게요. (＾＾)

야마다 후지오 Fujio Yamada
DEAN & DELUCA
활 꽃피는 장소를 찾아 거리를
서성이고 있습니다.

도리하라 요시히로 Yoshihiro Torihara
집사, 2급 건축사
일본에서 가장 우아한 자전거 통근을
하고 있습니다.

마스다 하루코 Haruko Masuda
이케우치오가닉 매장 총괄 매니저 겸
교토 스토어 점장
IKEUCHI ORGANIC에 방문해주세요.

야마노하 슌 Shun Yamanoha
농부
(D&DEPARTMENT OKINAWA 옛 직원)
세련되고 멋진 농업을 늘 모색하고 있습니다.

나카가와 가족 Nakagawa-ke
기요시(부) 아키코(모) 히사코(장녀)
모토카(장남) 사야카(차녀)
모두 어릴 때부터 자주 놀던 곳.
오늘도 산책하러!

마쓰모토 신야 Shinya Matsumoto
호호호좌 고문
시모조일가 문화사업 기획실장 겸임.

야마모토 사토시 Satoshi Yamamoto
가모가와강 매니아
깊은 매력을 가진 가모가와강을 여러분도
체험해보시기를.

나카무라 신 Shin Nakamura
쇼엔 구미히모 영업 기획
'교 구미히모'의 깊이에
푹 빠져 있습니다.

미쓰모리 요시히로 Yoshihiro Mitsumori
토마토
미용사 (라인 헤어 살롱 & 오타쿠)
세계를 도발하다. ●www.otaku-project.com

요시다 아카네 Akane Yoshida
D&DEPARTMENT KYOTO
by 교토조형예술대학
아침에 차를 마시는 습관이 있다.
교토점으로부터 설레임을 보내드립니다.

나카무라 치아키 Chiaki Nakamura
d47 design travel store
만남이 즐거운 d47. 헬로, 니하오, 어서 오세요.
일본 과자 만들기도 계속하고 있습니다.

미야코시 요코 Yoko Miyakoshi
D&DEPARTMENT HOKKAIDO by 3KG
홋카이도스러운 것, 활동을 생각해
찾아갑니다.

와타나베 B 신야 Shinya B Watanabe
템플대학 아트학과 준교수
사사키 씨와 구가 씨와 함께 'DIAMONDS ARE
FOREVER'에 갔습니다.

구가 오사무
Osamu Kuga

교토조형예술대학 이야기
KYOTO by D&DEPARTMENT

조금 긴 편집장 후기

'교토편' 취재를 하면서 매일 다녔던 '이노다커피 본점'의 주소는 고 다카다 와타루高田渡의 노래 '산조 사카이마치의~'라는 구절로 잘 알려져 있다. 실제로 교토에서 자주 들었던 것은 일반적으로 '사카이마치도리 산조사가루(세로길을 먼저 말하고, 세로길에만 거리라는 뜻의 '도리'를 붙인다)'에 이어 '사카이마치 산조사가루(도리 생략. 보통 도리를 생략하면 교차로를 지칭)'인데 의외로 노래처럼 '산조 사카이마치사가루', 또는 '사카이마치도리 산조도리사가루(가로세로 길에 '도리'를 붙인다)'라고 말하는 사람은 거의 없다. 그렇다면 '사카이마치도리 산조사가루'가 올바르고 다른 명칭은 틀린 것일까? 교토 사람에게 물어보면 "틀린 것은 아니네요"라는 대답이 돌아온다. "그렇게 말하는 게 맞다" "무리해서 통일할 필요는 없다"라면서도 정답이라고는 하지 않는다.

이번 교토편 취재 편집실로 사용한 곳은 다카구라도리高倉通リ 붓코지사가루仏光寺下ル의 혼잔붓코지本山佛光寺 경내에 있는 D&DEPARTMENT KYOTO by 교토조형예술대학이었다. 시민들에게 열려 있는 친근한 분위기의 절로, 멋지게 서있는 은행나무 한 그루와 수양 벚나무가 아름다운 경내에서 매일 동네 주민들이 체조를 한다. 숍 매니저인 시로 다카유키城敬之 씨를 비롯해 모든 직원에게 우동을 대접받기도 하고, 자전거를 빌려 타거나 가끔 세탁도 대신 부탁하고 휴일에는 게스트 하우스에 함께 묵으며 노료유카에서 맥주를 마시거나 하는 등 즐기면서 '한마디로 정의할 수 없는, 정의해서는 안 되는 교토'에 대해 생각하고 고민하면서 교토편을 완성할 수 있었다. 돌이켜보면 늘 도움을 받기만 했다. 정말 감사의 마음을 전하고 싶다.

Instead of the Afterwards by the Editor-in-Chief, a word about "D&DEPARTMENT KYOTO by Kyoto University of Art and Design"

Our temporary editorial team for this Kyoto issue was at "D&DEPARTMENT KYOTO by Kyoto University of Art and Design" inside the Bukko-ji temple property, a wonderful place where there's an ancient gingko tree and where neighbors come to sit and chat. Takayuki Shiro, the head manager and the rest of the shop staff took care of us by feeding us in their cafeteria and hosting us by letting us stay at the guesthouse overnight, and drank beer together on the wooden platforms by the river.

The campus of Kyoto University of Art and Design, D&DEPARTMENT KYOTO's owner, is in the Uryuyama neighborhood of Sakyo-ku with a Noh stage where we can observe the entire city of Kyoto. This creative educational campus also has Ultra Factory, the atelier of Kenji Yanobe; a farm atop the mountain supervised by Toyohiro Akiyama, the first Japanese astronaut to go to space. And our very own Kenmei Nagaoka, the publisher of this magazine, teaches

　D&DEPARTMENT KYOTO 오너인 '교토조형예술대학' 캠퍼스는 사쿄구 우류산瓜生山에 있는데 산 정상 부근에서 뇨이가타케산의 다이몬지가 바로 근처에서 보여 교토 시내를 한눈에 전망할 수 있는 무대도 있다. 급한 경사면에 수많은 건물이 세워져있고 그 건물들이 비탈길이나 계단으로 복잡하게 연결되어 전체 모습을 바깥에서 짐작하기는 힘들다. 건물의 깊은 내부에는 아티스트 야노베 겐지ヤノベケンジ 씨가 디렉터로 있는 공방 '울트라팩토리ULTRA FACTORY' 씨의 '울트라팩토리'가 있거나 산 정상에는 일본 최초의 우주비행사 아키야마 도요히로秋山豊寬 씨가 지도하는 농원이 있거나 해서 창조적인 작업 현장이 곧 교육 현장이 되기도 한다. 그리고 '롱 라이프 디자인'을 전수하는 본 잡지 발행인 나가오카 겐메이의 강의는 캠퍼스를 벗어나 D&DEPARTMENT KYOTO에서 진행되어 학생들은 매장에서 직접 손님들에게 상품을 설명하거나 함께 운영하는 갤러리에서 전시회를 기획하거나 한다. 교토에 방문하는 사람들 모두가 교수이고, 교토 거리 자체가 '최고의 롱 라이프한 캠퍼스'이자 강의실인 셈이다. 또 교토에서 배우려는 학생들도 물론 소중한 교토스러움의 일부분이다.

　타지 사람들은 보통 '교토는 이렇다'고 마음대로 정의하려는 경우가 많다. 하지만 교토 사람들은 그러한 '틀에 박힌 교토'에 얽매이지 않고, 세월의 흐름에 몸을 맡기며 가모가와강의 강물과 사계절의 풍경, 그 위에 펼쳐진 하늘과 바람, 구름의 변화를 즐긴다. 순간순간의 아름다움, 어쩌면 서글픔의 감정을 저마다가 순수하게 느끼며 자유롭게 살아간다. 그 순수함과 자유로움이 우리가 교토로부터 배운 멋진 해답이었다.

courses in Long-Life Design at this university; his students do not stay in classroom but also go into D&DEPARTMENT KYOTO where they work as interns at the shop as salespeople and curators. For these students, everyone is their teacher: not just people who visit Kyoto, but the city itself teaches them about what makes designed products "super-long life design". And I also think that these students contribute to the essence of what makes Kyoto unique.

　Often times, Kyoto is defined and categorized by people who do not really know, or live, in Kyoto. However, people here do not really care about that. They go through each season, enjoying what they want to enjoy whether it's the river or the clouds in the sky or the colors of the sky. They live without limits. They live according to their own rhythms and aesthetics. That is what Kyoto taught me: to be yourself.

d MARK REVIEW KYOTO INFORMATION

 가모가와강 (→p. 024)
Kamo River (→p. 025)

 가와이간지로기념관 (→p. 026)
📍 교토부 교토시 히가시야마구 고조자카카네이초 569
☎ 075-561-3585
KAWAI KANJIRO'S HOUSE (→p. 027)
📍 Gojozaka Kanei-cho 569, Higashiyama-ku, Kyoto, Kyoto

 다쿠타쿠 (→p. 028)
📍 교토부 교토시 시모교구 도미노코지도리 붓코지사가루 스지야초 136-9
☎ 075-351-1321
Taku Taku (→p. 029)
📍 Sujiya-cho 136-9, Tominokoji-dori Bukkoji Sagaru, Shimogyo-ku, Kyoto, Kyoto

 작은쪽염색미술관 (→p. 030)
📍 교토부 난탄시 미야마초 기타카미마키41
☎ 0771-77-0746
The Little Indigo Museum (→p. 031)
📍 Kita-kamimaki 41, Miyama-cho, Nantan, Kyoto

 세이보리 (→p. 032)
📍 교토부 교토시 나카교구 히가시토인도리 산조사가루 산몬지초 220 야오이치 본관 3층
☎ 075-223-2320
Savory (→p. 033)
📍 Yaoichi Honkan 3F, Higashino-toin-dori Sanjo Sagaru Sanmonji-cho, Nakagyo-ku, Kyoto, Kyoto

 주니단야 본점 (→p. 034)
📍 교토부 교토시 히가시야마구 기온마치 미나미가와 570-128
☎ 075-561-0213
JUNIDANYA (→p. 035)
📍 Gion-machi Minamigawa 570-128, Higashiyama-ku, Kyoto, Kyoto

 다우타샤 (→p. 036, 132)
📍 교토부 난탄시 미야마초 도우타 가미고나미1-1
☎ 0771-77-0509
Tautasha (→p. 037, 130)
📍 Tota Kamigonami 1-1, Miyama-cho, Nantan, Kyoto

 쓰지모리자전거상회 (→p. 038)
📍 교토부 교토시 나카교구 히가시토인도리 롯카쿠아가루 산몬지초
☎ 075-221-5732
Tsujimori Cycle (→p. 039)
📍 Higashino-toin-dori Rokkaku Agaru Sanmonji-cho, Nakagyo-ku, Kyoto, Kyoto

 아리쓰구 (→p. 040)
📍 교토부 교토시 나카교구 니시키고지도리 고코마치 니시이루
☎ 075-221-1091
Aritsugu (→p. 041)
📍 Nishikikoji-dori Gokomachi Nishi-iru, Nakagyo-ku, Kyoto, Kyoto

 시바큐 (→p. 042, 122, 137)
📍 교토부 교토시 사쿄구 오하라 쇼린인초 58
☎ 075-744-4893
Shibakyu (→p. 043, 120, 137)
📍 Ohara Shorinin-cho 58, Sakyo-ku, Kyoto, Kyoto

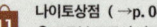 나이토상점 (→p. 044)
📍 교토부 교토시 나카교구 산조오하시 니시즈메 기타가와
☎ 075-221-3018
Naito Shoten (→p. 045)
📍 Sanjo-Ohashi Nishizume Kitagawa, Nakagyo-ku, Kyoto, Kyoto

 이노다커피 본점 (→p. 046, 082, 137)
📍 교토부 교토시 나카교구 사카이마치도리 산조사가루 도유초 140
☎ 075-221-0507
Inoda Coffee Honten (→p. 047, 083, 137)
📍 Sakaimachi-dori Sanjo Sagaru Doyu-cho 140, Nakagyo-ku, Kyoto, Kyoto

 잇포도차호 다실 가보쿠 (→p. 048, 078)
📍 교토부 교토시 나카교구 데라마치도리 니조아가루
☎ 075-211-3421
Ippodo Tea Main Store in Kyoto Kaboku Tearoom (→p. 049, 079)
📍 Teramachi-dori Nijo Agaru, Nakagyo-ku, Kyoto, Kyoto

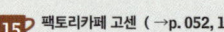 미야마스이센안 SAI (→p. 050, 136) ※휴업
📍 교토부 난탄시 미야마초 우치쿠보 시모카루노 54-1
☎ 0771-75-1555
Miyamasuisen-an SAI (→p. 051, 136)
📍 Uchikubo Shimo-karuno 54-1, Miyama-cho, Nantan, Kyoto

 팩토리카페 고센 (→p. 052, 137)
📍 교토부 교토시 가미교구 가와라마치도리 이마데가와사가루 가지이초448 기요와 테넌트하우스 2층 G호실
☎ 075-211-5398
FACTORY KAFE KOSEN (→p. 053, 137)
📍 Kawaramachi-dori Imadegawa Sagaru Kajii-cho 448 2F Room G, Kamigyo-ku, Kyoto

 이시하라 (→p. 054) ※휴업, 재오픈 예정
📍 교토부 교토시 나카교구 야나기노반바도리 아네야코지아가루 야나기 하치만초 76
☎ 075-221-5612
Ishihara (→p. 055)
📍 Yanagino-banba-dori Aneyakoji Agaru Yanagi-hachiman-cho 76, Nakagyo-ku, Kyoto, Kyoto

 오야도누노야 (→p. 056)
📍 교토부 교토시 가미교구 아부라노코지도리 마루타마치아가루 고메야초 281
☎ 075-211-8109
Oyado Nunoya (→p. 057)
📍 Aburanokoji-dori Marutamachi Agaru Komeya-cho 281, Kamigyo-ku, Kyoto, Kyoto

 교토아트호스텔 구마구스쿠 (→p. 058)
📍 교토부 교토시 나카교구 미부반바초 37-3
☎ 075-432-8168
KYOTO ART HOSTEL kumagusuku (→p. 059)
📍 Mibu-banba-cho 37-3, Nakagyo-ku, Kyoto, Kyoto

 니시진이사초 마치야 (→p. 060) ※휴업
📍 교토부 교토시 가미교구 오미야도리 가미타치우리아가루 니시이루
Nishijin Isa-cho Machiya (→p. 061)
📍 Omiya-dori Kamitachiuri Agaru Nishi-iru, Kamigyo-ku, Kyoto, Kyoto

 호리베 아쓰시 (게이분샤 이치조지점) (→p. 062)
📍 교토부 교토시 사쿄구 이치조지 하라이토노초 10
☎ 075-711-5919
Atsushi Horibe (Keibunsha Ichijoji) (→p. 063)
📍 Ichijoji Haraitono-cho 10, Sakyo-ku, Kyoto, Kyoto

 미나토 산지로 (사우나 우메유) (→p. 064)
📍 교토부 교토시 시모교구 기야마치도리 가미노쿠치아가루 이와타키초 175
☎ 080-2523-0626
Sanjiro Minato (Sauna Umeyu) (→p. 065)
📍 Kiyamachi-dori Kaminokuchi Agaru Iwataki-cho 175, Shimogyo-ku, Kyoto, Kyoto

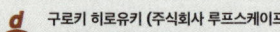 후지와라 호마루 (→7. 다우타샤) (→p. 066)
Homaru Fujiwara (→7.Tautasha) (→p. 067)

구로키 히로유키 (주식회사 루프스케이프) (→p. 068)
📍 교토부 야와타시 미노야마 히루즈카 100-9
☎ 075-925-8420
Hiroyuki Kuroki (Roofscape Architect) (→p. 069)
📍 Hiruzuka 100-9 Minoyama, Yawata, Kyoto

d design Travel KYOTO INFORMATION

1 쇼민 (→p. 077)
교토부 교토시 시모교구 오미야초 시조사가루 시조오미야초 18-6
Shomin (→p. 076)
Omiya-dori Shijo Sagaru Shijo Omiya-cho 18-6, Shimogyo-ku, Kyoto, Kyoto

2 모리카게셔츠 교토 (→p. 077)
교토부 교토시 가미교구 가와라마치도리 마루타마치아가루 마스야초 362-1
☎ 075-241-7746
MORIKAGE SHIRT KYOTO (→p. 076)
Kawaramachi-dori Marutamachi Agaru Masuya-cho 362-1, Kamigyo-ku, Kyoto, Kyoto

3 이가와창호점 (→p. 078)
교토부 교토시 나카교구 히가시큐켄초 328
☎ 075-231-2646
Ikawa Tateguten (→p. 076)
Higashi-kyuken-cho 328, Nakagyo-ku, Kyoto, Kyoto

4 긴시마사무네호리노기념관 (→p. 078)
교토부 교토시 나카교구 사카이마치도리 니조아가루 가메야초 172
☎ 075-223-2072
Kinshi Masamune Horino Memorial Museum (→p. 079)
Sakaimachi-dori Nijo Agaru Kameya-cho 172, Nakagyo-ku, Kyoto, Kyoto

5 산가쓰쇼보 (→p. 078)
교토부 교토시 나카교구 데라마치도리 니조아가루 니시가와
☎ 075-231-1924
Sangatsu Shobo (→p. 079)
Teramachi-dori Nijo Agaru, Nakagyo-ku, Kyoto, Kyoto

6 운소도 (→p. 078)
교토부 교토시 나카교구 데라마치도리 니조미나미이루 묘만지마에초 459
☎ 075-231-3613
Unsodo (→p. 079)
Teramachi-dori Nijo Minami-iru Myomanji-mae-cho 459, Nakagyo-ku, Kyoto, Kyoto

7 규쿄도 (→p. 079)
교토부 교토시 나카교구 데라마치도리 아네요코지아가루 시모혼노지마에초 520
☎ 075-231-0510
Kyukyodo (→p. 078)
Teramachi-dori Aneyakoji Agaru, Nakagyo-ku, Shimo-Honnoji-mae-cho 520, Kyoto, Kyoto

8 스마트커피점 (→p. 080, 140)
교토부 교토시 나카교구 데라마치도리 산조아가루 덴쇼지마에초 537
☎ 075-231-6547
Smart Coffee (→p. 078, 140)
Teramachi-dori Sanjo Agaru Tenshoji-mae-cho 537, Nakagyo-ku, Kyoto, Kyoto

9 스타벅스커피 교토산조오하시점 (→p. 081)
교토부 교토시 나카교구 산조도리 가와라마치 히가시이루 나카지마초 113 1층
☎ 075-213-2326
Starbucks Coffee Kyoto Sanjo Ohashi (→p. 081)
Sanjo-dori Kawaramachi Higashi-iru Nakajima-cho 113, Nakagyo-ku, Kyoto, Kyoto

10 모토릿세이초등학교 (→p. 082)
교토부 교토시 나카교구 비젠지마초 310-2
☎ 075-708-5318
Rissei Elementary School (→p. 080)
Bizenjima-cho 310-2, Nakagyo-ku, Kyoto, Kyoto

11 모리타야 기야마치점 (→p. 082)
교토부 교토시 나카교구 기야마치도리 산조아가루 가미오사카초 531
☎ 075-231-5118
Moritaya Kiyamachi (→p. 080)
Kami-osaka-cho 531, Kiyamachi-dori Sanjo Agaru, Nakagyo-ku, Kyoto, Kyoto

12 시마즈제작소창업기념자료실 (→p. 082)
교토부 교토시 나카교구 기야마치 니조 미나미
☎ 075-255-0980
Shimadzu Foundation Memorial Hall (→p. 080)
Nijo Minami, Kiyamachi, Nakagyo-ku, Kyoto, Kyoto

13 이노다커피 산조지점 (→p. 083)
교토부 교토시 나카교구 산조도리 사카이마치 히가시이루 마스야초 69
☎ 075-223-0171
Inoda Coffee Sanjo (→p. 083)
Masuya-cho 69, Sanjo-dori Sakaimachi Higashi-iru, Nakagyo-ku, Kyoto, Kyoto

14 교고쿠스탠드 (→p. 084)
교토부 교토시 나카교구 신쿄고쿠도리 시조아가루 나카노마치 546
☎ 075-221-4156
Kyogoku Stand (→p. 082)
Nakanomachi 546, Shin-kyogoku-dori Shijo Agaru, Nakagyo-ku, Kyoto, Kyoto

15 홈홈 (→p. 085)
교토부 교토시 시모교구 하야오초 313-3 고조몰 201
homehome (→p. 085)
Gojo-mall 201, Hayao-cho 313-3, Shimogyo-ku, Kyoto, Kyoto

16 구라일용품점 (→p. 085)
교토부 교토시 가미교구 호리가와 시모다치이루리 아가루 4-55 호리가와 상점가 내
☎ 075-841-7304
Kura Daily Store (→p. 084)
Horikawa-shotengai-nai, Horikawa Shimodachiuri Agaru, Kamigyo-ku, Kyoto, Kyoto

17 신메 (→p. 086, 140)
교토부 교토시 가미교구 센본도리 나카다치우리아가루 니시가와 다마야초 38
☎ 075-461-3635
Shinme (→p. 084, 140)
Tamaya-cho 38, Senbon-dori Nakatachiuri Agaru Nishigawa, Kamigyo-ku, Kyoto, Kyoto

18 오가와커피 교토역점 (→p. 099)
교토부 교토시 시모교구 히가시시오코지초 지하철 교토역 중앙 1개찰구 북쪽 고토치카 교토 내
☎ 075-352-0808
OGAWA COFFEE Kyoto Station (→p. 099)
Higashi-shiokoji-cho, Shimogyo-ku, Kyoto, Kyoto

19 교토 다카바시 본가 다이이치아사히 (→p. 099, 140)
교토부 교토시 시모교구 히가시시오코지 무카이하타초 845
☎ 075-351-6321
Dai-ichi Asahi (→p. 099, 140)
Mukaihata-cho 845, Higashi-shiokoji, Shimogyo-ku, Kyoto, Kyoto

20 신푸쿠사이칸 본점 (→p. 099)
교토부 교토시 시모교구 히가시시오코지 무카이하타초 569
☎ 075-371-7648
Shinpukusaikan Honten (→p. 099)
Mukaihata-cho 569, Higashi-shiokoji, Shimogyo-ku, Kyoto, Kyoto

21 교오고코쿠지 (→p. 099)
교토부 교토시 미나미구 구조초 1
☎ 075-691-3325
Kyoogokoku-ji (→p. 099)
Kujo-cho 1, minami-ku, Kyoto, Kyoto

22 호소미미술관 (→p. 100)
교토부 교토시 사쿄구 오카자키 사이쇼초 6-3
☎ 075-752-5555
Hosomi Museum (→p. 101)
Saishoji-cho 6-3, Okazaki, Sakyo-ku, Kyoto, Kyoto

23 로쿠 (→p. 100)
교토부 교토시 사쿄구 쇼고인 산노초 18 메타보 오자키 101
☎ 075-756-4436
Roku (→p. 101)
Metabo Okazaki 101, Shogoin San-no-cho 18, Sakyo-ku, Kyoto, Kyoto

24 그릴 고다카라 (→p. 101, 141, 142)
교토부 교토시 사쿄구 오카자키 기타고쇼초 46
☎ 075-771-5893
Grill Kodakara (→p. 101, 141, 142)
Okazaki Kitagosho-cho 46, Sakyo-ku, Kyoto, Kyoto

25 곤치인 (→p. 101)
교토부 교토시 사쿄구 난젠지 후쿠치초 86-12
☎ 075-771-3511
Konchi-in (→p. 100)
Fukuchi-cho 86-12, Nanzenji, Sakyo-ku, Kyoto, Kyoto

26	호호호좌 (→p. 102, 109, 111, 112) 교토부 교토시 사쿄구 조도지 반바초71 하이네스트 빌딩 1층, 2층 ☎ 075-741-6501 HOHOHOZA (→p. 100, 109, 111, 113) Hainesuto Bldg 1F 2F, Banba-cho 71, Jodoji, Sakyo-ku, Kyoto, Kyoto
27	고쇼 젠코도 (→p. 102) 교토부 교토시 사쿄구 조도지 니시다초 82-2 ☎ 075-771-0061 Kosho Zenkodo (→p. 103) Nishida-cho 82-2, Jodoji, Sakyo-ku, Kyoto, Kyoto
28	카페 신신도 교토대북문앞점 (→p. 105) 교토부 교토시 사쿄구 기타시라카와 오이와케초 88 ☎ 075-701-4121 Café Shinshindo Kyodai Kitamon-mae (→p. 102) Oiwake-cho 88, Kita-shirakawa, Sakyo-ku, Kyoto, Kyoto
29	데마치후타바 (→p. 105) 교토부 교토시 가미교구 데마치도리 이마데가와아가루 세이류초 236 ☎ 075-231-1658 Demachi Futaba (→p. 102) Seiryu-cho 236, Demachi-dori Imadegawa Agaru, Kamigyo-ku, Kyoto, Kyoto
30	기타노텐만구 (→p. 106) 교토부 교토시 가미교구 바쿠로초 기타노텐만구사무소 ☎ 075-461-0005 Kitano Tenman-gu Shrine (→p. 105) Kitano Tenman-gu Shamusho, Bakuro-cho, Kamigyo-ku, Kyoto, Kyoto
31	조분야 (→p. 106, 137) 교토부 교토시 기타구 기타노 시모하쿠바이초 54-8 ☎ 075-467-0217 Chobunya (→p. 107, 137) Kitano Shimo-hakubai-cho 54-8, Kita-ku, Kyoto, Kyoto
32	고세키나카무라소토지건축회사 (→p. 106) 교토부 교토시 기타구 무라사키노 니시고쇼덴초 15 ☎ 075-451-8012 KOHSEKI (→p. 107) Nishi-goshoden-cho 15, Murasakino, Kita-ku, Kyoto, Kyoto
33	겐코안 (→p. 107) 교토부 교토시 기타구 다카가미네 기타다카가미네초 47 ☎ 075-492-1858 Genko-an Temple (→p. 107) Kita-takagamine-cho 47, Takagamine, Kita-ku, Kyoto, Kyoto
34	고에쓰지 (→p. 107) 교토부 교토시 기타구 다카가미네 고에쓰초 29 ☎ 075-491-1399 Koetsu-ji Temple (→p. 106) Koetsu-cho 29, Takagamine, Kita-ku, Kyoto, Kyoto
35	플랫츠 (→p. 114) 교토부 교토시 우쿄구 사가 덴류지 쓰쿠리미치초 5 ☎ 075-861-1721 Platz (→p. 115) Ukyo-ku Saga Tenryuji Tsukurimichi-cho 5, Kyoto, Kyoto
36	가미소에 (→p. 114) 교토부 교토시 기타구 무라사키노 히가시후지노모리초 11-1 ☎ 075-432-8555 Kamisoe (→p. 114) Higashi-fujinomori-cho 11-1, Murasakino, Kita-ku, Kyoto, Kyoto
37	도사이 (→p. 115) 교토부 교토시 히가시야마구 고조바시 히가시 6-539-26 ☎ 075-561-4130 Tosai (→p. 114) Gojobashi Higashi 6-539-26, Higashiyama-ku, Kyoto, Kyoto
38	아사히맥주오야마자키산장미술관 (→p. 127) 교토부 오토쿠니 오야마자키초 제니하라 5-3 ☎ 075-957-3123 Asahi Beer Oyamazaki Villa Museum of Art (→p. 127) Zenihara 5-3, Oyamazaki-cho, Otokuni, Kyoto
39	겟케이칸오쿠라기념관 (→p. 127) 교토부 교토시 후시미구 미나미하마초 247 ☎ 075-623-2056 Gekkeikan Okura Sake Museum (→p. 127) Minami-hama-cho 247, Fushimi-ku, Kyoto, Kyoto
40	기자쿠라갓파컨트리 (→p. 127) 교토부 교토시 후시미구 시오야초 228 ☎ 075-611-9919 Kizakura Kappa Country (→p. 127) Shioya-cho 228, Fushimi-ku, Kyoto, Kyoto
41	다이아테크프로덕트 (→p. 127) 교토부 교토시 후시미구 가키노키하마초 431 ☎ 075-644-7776 Diatech Products (→p. 127) Kakinokihama-cho 431, Fushimi-ku, Kyoto, Kyoto
42	사카쿠라 바 엔 (→p. 128) 교토부 교토시 후시미구 이마마치 672-1 ☎ 075-611-4666 Sakagura Bar En (→p. 129) Ima-machi 672-1, Fushimi-ku, Kyoto, Kyoto
43	아사히야키 사쿠토칸 (→p. 128) 교토부 우지시 우지야마다 11 ☎ 0774-23-2517 Asahiyaki Sakutokan (→p. 129) Uji-yamada 11, Uji, Kyoto
44	군제박물관 (→p. 130) 교토부 아야베시 아오노초 가메나시 6 ☎ 0773-43-1050 GUNZE Museum (→p. 128) Kamenashi 6, Aono-cho, Ayabe, Kyoto
45	다케마쓰우동집 (→p. 130) 교토부 아야베시 시가사토초 기이치마에 13 ☎ 0773-21-1665 Takematsu Udon-ten (→p. 130) Shigasato-chogiichi-mae 13, Ayabe, Kyoto
46	가야부키마을 (→p. 130) 교토부 난탄시 미야마초 아가케시모 23 ☎ 0771-75-1906 (미야마초관광협회) Kayabuki no Sato (→p. 128) Agake Shimo 23, Miyama-cho, Nantan, Kyoto
47	가네마스석쇠구이 (→p. 132) 교토부 미야즈시 료시 1714 ☎ 0772-25-0058 Kanemasu Shichirin-yaki (→p. 133) Ryoshi 1714, Miyazu, Kyoto
48	무카이주조 (→p. 133, 136) 교토부 요사군 이네초 히라타 67 ☎ 0772-32-0003 Mukai Shuzo (→p. 132, 136) Hirata 67, Ine-cho, Yosa, Kyoto
49	후나야노사토 이네 (→p. 135) 교토부 요사군 이네초 가메시마 459 ☎ 0772-32-0680 Funaya no Sato Ine (→p. 132) Kameshima 459, Ine-cho, Yosa, Kyoto
50	후나야민박 가기야 (→p. 135) 교토부 요사군 이네초 가메시마 864 ☎ 0772-32-0356 Kagiya (→p. 132) Kameshima 864, Ine-cho, Yosa, Kyoto
51	무라카미카이신도 (→p. 078, 136) 교토부 교토시 나카교구 도키와기초 62 ☎ 075-231-1058 Murakami Kaishindo (→p. 079, 136) Tokiwagi-cho 62, Nakagyo-ku, Kyoto, Kyoto
52	마루큐코야마엔 (→p. 136) 교토부 우지시 오구라초 테라우치 86 ☎ 0774-20-0909 Marukyu Koyamaen (→p. 136) Ogura-cho Terauchi 86, Uji, Kyoto

53 아자리모치혼포 만게쓰 (→p. 136)
📍 교토부 교토시 사쿄구 마리코지도리
이마데가와아가루
☎ 075-791-4121
Ajari Mochi Honpo Mangetsu (→p. 136)
📍 Marikoji-dori Imadegawa Agaru, Sakyo-ku, Kyoto, Kyoto

 54 후카 (→p. 137)
📍 교토부 교토시 가미교구 니시노토인도리
사와라기초아가루 히가시우라쓰지초 413
☎ 075-231-1584
Fuka (→p. 137)
📍 Nishino-toin-dori Sawaragi-cho Agaru Higashi-uratsuji-cho 413, Kamigyo-ku, Kyoto, Kyoto

 55 이오양조 (→p. 121, 137)
📍 교토부 미야즈시 오다슈쿠노 373
☎ 0772-25-0015
Iio Jozo (→p. 120, 137)
📍 Odashukuno 373, Miyazu, Kyoto

 56 니시토미야크로켓집 가와라마치점 (→p. 140)
📍 교토부 교토시 시모교구 가와라마치도리
마쓰바라사가루 우에마쓰초 735
☎ 075-202-9837
Nishitomi-ya Croquette Shop (Kawara-machi branch) (→p. 140)
📍 Kawaramachi-dori Matsubara Sagaru Uematsu-cho 735, Shimogyo-ku, Kyoto, Kyoto

 57 마스다 차호 (→p. 141)
📍 교토부 우지시 우지렌게 21-3
☎ 0774-21-4034
MASUDA TEA STORE (→p. 141)
📍 Ujirenge 21-3, Uji, Kyoto

 58 커피하우스 마키 데마치점 (→p. 141)
📍 교토부 교토시 가미교구 가와라마치
이마데가와아가루 세이류초 211
☎ 075-222-2460
COFFEE HOUSE maki (Demachi-ten) (→p. 141)
📍 Kawaramachi-dori Imadegawa Agaru Seiryu-cho 211, Kamigyo-ku, Kyoto, Kyoto

 59 교노스시도코로 스에히로 (→p. 141)
📍 교토부 교토시 나카교구 데라마치도리
니조아가루 요호지마에초 711
☎ 075-231-1363
SUEHIRO (→p. 141)
📍 Teramachi-dori Nijo Agaru Yohojimae-cho 711, Nakagyo-ku, Kyoto, Kyoto

 60 교고쿠 가네요 (→p. 142)
📍 교토부 교토시 나카교구 롯카쿠도리 신교고쿠
히가시이루 마쓰가에초 456
☎ 075-221-0669
Kyogoku Kaneyo (→p. 142)
📍 Rokkaku-dori Shinkyogoku Higashi-iru Matsugae-cho 456, Nakagyo-ku, Kyoto, Kyoto

 61 찻집 마도라구 (→p. 143)
📍 교토부 교토시 나카교구 가미마쓰야초 706-5
☎ 075-744-0067
La Madrague (→p. 143)
📍 Kamimatsuya-cho 706-5, Nakagyo-ku, Kyoto, Kyoto

 62 에비스야 교토아라시야마총본점 (→p. 167)
📍 교토부 교토시 우쿄구 사가 덴류지 스스키노바바초 3-24
☎ 075-864-4444
Ebisuya (→p. 167)
📍 Saga Tenryuji Susukinobaba-cho 3-24, Ukyo-ku, Kyoto, Kyoto

편집 후기

신도 히데토　Hideto Shindo

교토는 정식으로 취재하기 전까지 여러 번 재방문한 가게가 많았다. 갈 때마다 조금씩 그 가게에 대해, 점주에 대해, 상품에 대해 상세히 알게 되었다. 충실한 제작 기간, 그리고 그것이 당연한 것이라는 것을 새삼 깨닫게 해준 여행이었다. 그렇게 어렵게 취재에 응해줬던 날에는 너무나 기쁜 나머지 숙취를 두려워하지 않고 선술집에서 밤새 축배를 들었다. 또 가겠습니다. 교토. 몇 번이고 꼭!

마에다 지로　Jiro Maeda

교토의 행사를 조사하고, 교토의 토산품을 받고, 본지 코너에서 소개했던 책을 읽고 CD를 듣고 영화를 보면서 '다카라 캔 츄하이'를 매일 밤 마셨다. 'd design Travel KYOTO'의 제작을 통해 독창적인 활동에 대해 많은 것을 알게 되었다. 그리고 새로운 교토를 배웠다. 한 발 한 발 걸어 어느새 3개월이 흘렀다. 그동안 도와주신 모든 분께 감사드린다.

사사키 아키코　Akiko Sasaki

교토 취재가 결정된 4월 초순에 본지 '후쿠오카편'의 조력자로 캠브릿지의 숲을 주최하는 후지와라 신이치로 씨의 '교토건축탐방'에 동행한 적이 있었다. "올해는 교토에 올 일이 많아질 테니 좋은 책 만들어주세요!"라고 웃으며 열렬히 응원해 주셨던 후지와라 씨가 2015년 6월 17일에 돌아가셨다. 마음속 깊이 삼가 고인의 명복을 빈다.

발행인 / Founder
나가오카 겐메이　Kenmei Nagaoka (D&DEPARTMENT PROJECT)

편집장 / Editor-in-Chief
구가 오사무　Osamu Kuga (D&DEPARTMENT PROJECT)

부편집장 / Deputy Editor
신도 히데토　Hideto Shindo (D&DEPARTMENT PROJECT)

편집 / Editors
마에다 지로　Jiro Maeda (D&DEPARTMENT PROJECT)
사사키 아키코　Akiko Sasaki (D&DEPARTMENT PROJECT)

집필 / Writers
아이마 유키　Yuki Aima (D&DEPARTMENT PROJECT)
우메노 다카시　Takashi Umeno (HOHOHOZA)
사카모토 다이자부로　Daizaburo Sakamoto
노구치 다다노리　Tadanori Noguchi (d47 design travel store)
마쓰모토 신야　Shinya Matsumoto (HOHOHOZA)
야마시타 겐지　Kenji Yamashita (HOHOHOZA)
후카사와 나오토　Naoto Fukasawa

디자인 / Designers
엔도 나오토　Naoto Endou (D&DEPARTMENT PROJECT)
다카하시 게이코　Keiko Takahashi (D&DEPARTMENT PROJECT)
나카가와 사야카　Sayaka Nakagawa (D&DEPARTMENT PROJECT)
무라타 하나에　Hanae Murata (D&DEPARTMENT PROJECT)

일러스트 / Illustrator
쓰지이 기후미　Kifumi Tsujii

촬영 / Photographers
야스나가 겐타로우스　Kentarous Yasunaga
나리타 마이　Mai Narita

일본어 교정 / Copyediting
스가 가쓰미　Katsumi Suga

번역 · 교정 / Translation & Copyediting
그레이 마타노 유키코　Yukiko Matano Gray (GT Partners / Spice Rack)
나가이 마리코　Mariko Nagai (Temple University Japan)
네틀턴 다로　Taro Nettleton
와타나베 B 신야　Shinya B Watanabe (Temple University Japan)

제작 서포트 / Production Support
오카타케 요시히로　Yoshihiro Okatake (d47 SHOKUDO)
하리야 아카네　Akane Hariya (D&DEPARTMENT PROJECT)
다키구치 요코　Yoko Takiguchi (D&DEPARTMENT PROJECT)
다카노 도모코　Tomoko Takano (3KG)
D&DEPARTMENT FUKUOKA
D&DEPARTMENT HOKKAIDO by 3KG
D&DEPARTMENT KAGOSHIMA by MARUYA
D&DEPARTMENT KYOTO by Kyoto University of Art and Design
D&DEPARTMENT OKINAWA by OKINAWA STANDARD
D&DEPARTMENT OSAKA
D&DEPARTMENT SEOUL by MILLIMETER MILLIGRAM
D&DEPARTMENT SHIZUOKA by TAITA
D&DEPARTMENT TOKYO
D&DEPARTMENT TOYAMA
D&DEPARTMENT YAMANASHI by Sannishi YBS
GOOD DESIGN SHOP COMME des GARÇONS D&DEPARTMENT PROJECT
d47 design travel store
d47 MUSEUM
d47 식당 SHOKUDO　d47 SHOKUDO
Drawing and Manual

광고 / Public Relations
마쓰조에 미쓰코　Mitsuko Matsuzoe (D&DEPARTMENT PROJECT)
시미즈 무쓰미　Mutsumi Shimizu (D&DEPARTMENT PROJECT)

판매 영업 / Publication Sales
다나베 나오코　Naoko Tanabe (D&DEPARTMENT PROJECT)
호리베 구미코　Kumiko Horiba (D&DEPARTMENT PROJECT)
시보 가오리　Kaori Shibo (D&DEPARTMENT PROJECT)

표지 협력 / Cover Cooperation
운소도　Unsodo

OTHER ISSUES IN PRINT

1 홋카이도 HOKKAIDO	2 가고시마 KAGOSHIMA	3 오사카 OSAKA	4 나가노 NAGANO	5 시즈오카 SHIZUOKA	6 도치기 TOCHIGI	7 야마나시 YAMANASHI	8 도쿄 TOKYO		
9 야마구치 YAMAGUCHI	10 오키나와 OKINAWA	11 도야마 TOYAMA	11.2 도야마2 TOYAMA2	12 사가 SAGA	13 후쿠오카 FUKUOKA	14 야마가타 YAMAGATA	15 오이타 OITA		
17 시가 SHIGA	18 기후 GIFU	19 아이치 AICHI	20 나라 NARA	21 사이타마 SAITAMA	22 군마 GUNMA	23 지바 CHIBA	24 이와테 IWATE		
25 고치 KOCHI	26 가가와 KAGAWA	27 에히메 EHIME	28 오카야마 OKAYAMA	29 이바라키 IBARAKI	30 후쿠시마 FUKUSHIMA	31 미에 MIE	32 가나가와 KANAGAWA		

HOW TO BUY

'd design travel'을 구입하는 방법은 아래와 같습니다.

오프라인 숍
Offline Stores
· D&DEPARTMENT 각 지점 (매장 정보 p.181)
· 가까운 서점 (전국의 주요 서점에서 판매 중. 재고가 없는 경우 주문하실 수 있습니다.)

온라인 숍
Online Stores
· 밀리미터밀리그램 온라인 숍 store.mmmg.kr
· D&DEPARTMENT 글로벌 사이트 www.ddepartment.com

* 가까운 판매점 안내, 재고 문의 등은 D&DEPARTMENT SEOUL 서적 유통 팀으로 연락해 주세요. ☎ 02-3210-1601 ⏰ 평일 10:00-19:00

표지 한마디

'야쓰하시' 가미사카 셋카神坂雪佳 (1866년~1942년)

교토시에 있는 목판 출판사 '운소도'를 통해 메이지부터 쇼와에 걸쳐 활약한 교토 출신 화가이자 도안가 가미사카 셋카를 알게 되었다. 린파의 전통 기술과 모티프를 현대적 감성으로 계승한 두 화가, 오가타 고린尾形光琳과 사카이 호이쓰酒井抱—도 그린 적이 있는 '야쓰하시도八つ橋図' 및 '가키쓰바도燕子花図'의 대표적인 풍경을 대담한 구도 위에 선명한 파란색과 녹색을 평면적으로 표현한 작품을 확대해 '교토편' 표지로 삼았다. 지금 봐도 유례가 드문 아름다움을 간직한 작품이라 느낀다. (구가 오사무)

A Word on the Cover

"Yatsuhashi" by Sekka Kamisaka (1866–1942)

I learned of Sekka Kamisaka, an artist from Meiji and Showa eras, at Unsodo, a publisher of woodblock printing in Kyoto. Sekka took the traditional process and motifs and rendered them from an avande-garde sensibility. Traditional motifs of *Yatsuhashi* and *Kakitsubata* landscapes which have been drawn by artists such as Korin Ogata and Hoitsu Sakai were made startlingly modern by Sekka with bold strokes and vivid use of blue and green. We used the close-up of this painting for the cover of Kyoto issue. Even after 80 years, this painting is quite modern. (Osamu Kuga)

---

d design travel KYOTO
디 디자인 트래블 교토
2023년 5월 1일 1판 1쇄 / First printing: May 1, 2023
2023년 9월 27일 1판 2쇄 / Second printing: September 27, 2023

발행처 / Distributor
디앤디파트먼트 프로젝트 D&DEPARTMENT PROJECT

옮긴이 / Translator
박선형 Sunhyung Park

펴낸이 / Publishers
유미영 Miyoung Yu
배수열 Suyel Bae

편집 / Editors
김송이 Songyi Kim
유혜정 Hyejung You
서하나 Hana Seo

한글 조판 / Designer
임하영 Hayoung Im

교정·교열 / Proofreading
이지혜 Jihye Lee

마케팅 / Marketing
김송이 Songyi Kim
신소담 Sodam Shin

인쇄 및 제작 / Printing & Binding
투데이아트 todayart

펴낸곳 / Published by
밀리미터밀리그람 MILLIMETER MILLIGRAM

서울시 용산구 이태원로 240 우편번호 04400
02 3210 1601
Printed in Korea
ISBN 978-89-962640-9-5 03910

이 책의 한국어판 출판권은 디앤디파트먼트 프로젝트와
독점 계약한 (주) 밀리미터밀리그람에 있습니다.
저작권법에 따라 한국 내에서 보호를 받는 저작물이므로,
무단 전재와 복제를 금합니다.
d design travel KYOTO
Copyright ⓒ 2015 D&DEPARTMENT PROJECT. All right reserved
Original Japanese edition published by D&DEPARTMENT PROJECT
Korean translate rights ⓒ 2023 MILLIMETER MILLIGRAM

게재 정보는 2022년 1월 시점입니다.
일부, 2018년 7월 시점의 정보인 경우가 있습니다.
정기 휴일, 영업 시간, 상세 가격 정보 등 변경되는 경우가 있습니다.
이용 시에는 사전에 확인을 부탁드립니다.
게재된 가격은 특별한 기재가 없는 한 모두 부가세가 포함된 가격입니다.
정기 휴일은 연말연시, 골든위크, 추석 연휴 등을 생략한 경우가 있습니다.
The information provided is generally accurate as of January 2022,
and some are as of July 2018.
Readers are advised to check in advance for any changes in closing days,
business hours, prices, and other details.
All prices shown, unless otherwise stated, include tax.
Closing days listed do not include national holidays such as
new year's, obon, and the Golden Week.

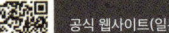 공식 웹사이트(일본어)
http://www.d-department.com/m/

 글로벌 웹사이트(다국어)
http://www.ddepartment.com